트럼프혁명
암호화폐

한정환 ▎ 정승욱

쇼팽의서재

들어가면서

도널드 트럼프 전 대통령이 얼마 전 대표적 스윙스테이트인 펜실베이니아주에서 유세 도중 암살될 뻔했다. 미국에서 암살 배후가 밝혀진 사례는 거의 없다. 다만 짐작할 뿐이다. 연설 현장이 훤히 내려다 보이는 지붕 위에 총격범이 올라가는 장면이 보여 누가 보아도 암살 시도가 있을 것으로 짐작했다. 그러나, 소위 백악관 비밀경호국은 신고를 묵살했다. 그래서 암살 시도 방조 논란이 이어지고 있다.

한국의 중견 언론인 정승욱 기자와 함께 이 책을 쓴 본인은 미국 버지니아 아난데일에서 개업중인 현직 내과의사이다. 미국 현지에서 트럼프의 생각을 가감없이 전하고자 이 책을 썼다. 도널드 트럼프 전 대통령의 백악관 복귀는 확실하다.

우선 트럼프에 대한 시각 교정이 필요하다. 워싱턴 주재 한국 특파원들은 대부분 미국 주류 언론이 쓰는 그대로 보도하고 사례가 보인다. 대부분 트럼프에 대해 비틀어 보도한다. 쉽게 말해 그는 워싱턴 정치의 기득권 카르텔에 도전하는 인물이다. 공화당이 전폭적으로 지지하는 것 같지만, 실상은 그렇지도 않다. 워싱턴 정치의 아웃사이더라는 트럼프의 한세가 분명하기에 기득권 언론들도 비틀어 보도하는 경우가 적지 않다. 따라서 국내에서는 트럼프의 진면목을 잘못 이해하는 경우가 대부분이다.

최근 '방위비 인상'이라는 트럼프의 말폭탄만 해도 그렇다. 방위비 인상에만 치우쳐 속칭 '국뽕'보도하는 듯한 인상을 준다. 필자가 트럼프를 두둔할 이유는 없다. 다만, 그 의도를 분명히 알아야 한다는 점을 지적한 것이다.

우리 대한민국의 주된 관심사는 동아시아와 한반도를 향한 트럼프의 행보이다. 종종 비전통적인 방식을 구사하는 트럼프의 두 번째 임기는 전 세계에 상당한 변화를 가져올 것이 분명하다. 트럼프는 1기 때보다는 훨씬 세련되고 신중하게 한반도 문제를 다룰 것이다. 트럼프의 생각 가운데 분명한 것은 미국만이 잘먹고 잘살자는 것이 아니다. 심지어 북한까지도 함께 가자는 생각을 갖고 있다.

유럽의 경우 지금처럼 국방비 예산 증액에 미적대면 '나토 탈퇴'를 선언할 가능성이 높다.

특히 트럼프와 참모들은 암호화폐와 블록체인 기술이 앞으로 세계 금융을 이끌어갈 것으로 확신하고 있다. 그는 블록체인의 가치를 인식하는 인물이며, 미국이 디지털 경제를 주도할 계획을 갖고 있다. 트럼프가 주도할 디지털 세계경제를 제대로 알 필요가 있는데, 이 책은 상당한 도움이 될 것이다. 트럼프를 개인적으로 만나보면 마음 따뜻한 사람이다. 미래를 내다보는 젊은 투자자들은 트럼프와 미국이 향후 펼칠 디지털 금융 시대에 대비해 확실히 공부할 필요가 있다. 트럼프와 북한, 중국 대응에 관해 비교적 자세히 소개해 놓았는데, 트럼프를 이해하기 쉽도록 하기 위함이다.

7월 30일
미국 버지니아 의학연구실에서 **한정환** 드림

목차

도널드 트럼프에 대한 미국인들의 생각

하버드대 케네디스쿨의 행정학 교수인 그레이엄 앨리슨Graham Allison이 6월 4일자 미국 외교안보 전문지 '포린 폴리시'에 기고한 글을 요약 소개한다.

"미국 정부가 제대로 작동하느냐는 질문에 대부분의 미국인은 '아니오'라고 답한다. 미국 성인의 3분의 2 이상이 국가가 잘못된 방향으로 가고 있다고 생각한다. 대통령직, 대법원, 의회 등 미국의 주요 기관에 대한 신뢰도는 대략 26%에 불과하다. 18~25세 미국인의 거의 절반이 민주주의나 독재가 '차이가 없다'거나 '특정 상황에서는 독재가 좋을 수 있다'고 생각한다고 답했다. 싱가포르 국민의 4분의 3은 자국의 민주주의가 작동하는 방식에 만족하고 있다. 또한 80%는 자국이 올바른 방향으로 나아가고 있다고 생각한다.

싱가포르가 다른 나라보다 단순히 통치 능력이 뛰어날까?

이에 대한 답을 찾기 위해 국제기구의 데이터를 사용하여 올해 주요 선거를 치르는 두 국가, 즉 미국, 영국과 함께 싱가포르를 평가한 다음 세

가지 성적표를 살펴보자

첫째, 리셴룽은 미국인보다 더 부유한 국민을 후임자에게 물려주었고, 과거 영국 식민지 지배자보다 거의 두 배나 더 부유한 국민을 후임자에게 물려주었다. 2004년 그가 취임했을 때는 이미 이른바 싱가포르의 기적이 일어났던 시기였다. 1960년대 이후 싱가포르의 경제는 급성장하여 빈곤에서 벗어나 1인당 GDP가 미국의 약 4분의 3 수준에 이르렀고, 많은 분석가들은 싱가포르가 이 수준에 머물 것으로 예상했다. 그러나 20년이 지난 지금 싱가포르의 1인당 GDP는 미국보다 4% 이상 높다. 88,500달러로 미국의 85,000달러에 비해 4% 이상 높다.

둘째, 급속한 경제 성장은 종종 더 큰 소득 격차를 낳지만, 지난 20년 동안 싱가포르는 0.47에서 0.37로 불평등을 크게 줄인 반면(지니계수로 측정한 결과 0은 완전한 평등, 1은 완전한 불평등) 미국은 약 0.47을 유지했다.

셋째, 싱가포르 사람들은 일반적으로 미국과 영국의 사람들보다 더 건강하고 더 오래 살고 있다. 불과 20년 전만 해도 세 나라의 기대 수명은 거의 비슷했다. 오늘날 싱가포르의 기대수명은 84세로 미국(76세)과 영국(80세)보다 더 길다. 싱가포르의 영아 사망률은 1965년 출생 1,000명당 27명에서 2004년 4명으로 감소하여 현재 1.8명으로 다른 두 국가(미국: 5.3명, 영국: 3.6명)보다 훨씬 낮다. 또한 싱가포르 국민의 93%가 자국의 의료 시스템에 만족한다고 답해 미국인의 75%, 영국인의 77%와 대조를 이뤘다.

넷째, 싱가포르는 주요 공중 보건 위기에 가장 잘 대비하고 있다. 코로나19 팬데믹은 거의 동시에 모든 국가를 강타했기 때문에 각국의 대응 시스템을 명확하게 테스트할 수 있는 기회가 되었다. 싱가포르인은 1명이 사망할 때 미국인 또는 영국인은 약 10명 꼴로 사망했다.

다섯째, 싱가포르인, 미국인, 영국인의 약 3분의 1이 대학을 졸업하지만 싱가포르의 학생들은 다른 두 나라의 학생들보다 학문적으로 앞서 있는 경향이 있다. 2022년 싱가포르 고교생의 41%는 경제협력개발기구 OECD 국가 중 수학시험에서 최고 성적을 받은 반면, 미국인은 7%, 영국인은 11%에 불과했다.

여섯째, 세계은행의 세계 거버넌스 지표에 따르면 싱가포르는 법치주의와 부패 통제 측면에서 미국과 영국을 모두 능가한다. 이는 싱가포르가 사법 시스템에 대한 시민들의 신뢰도(89%)와 정부에 대한 전반적인 만족도(93%)에서 OECD 국가 중 1위를 차지한 OECD 데이터와도 일치한다.

일곱째, 싱가포르는 세계에서 가장 안정적인 국가 중 하나이다: 세계은행은 '정치적 안정과 폭력/테러리즘 부재'(모든 국가를 100위로 구분할 때)에서 20년 전 85번째에서 97번째에 속하는 국가로 평가했다. 이에 비해 미국은 45번째, 영국은 62번째에 불과하다.

여덟째, 다국적 기업들은 일반적으로 싱가포르의 정치 및 법적 환경이 비즈니스하기에 세계 최고라고 생각한다. 세계경제포럼의 글로벌 경쟁력 지수에서 싱가포르는 2004년 5위에서 2019년 미국을 제치고 1위로 올라섰다. 이코노미스트 인텔리전스 유닛이 매년 발표하는 비즈니스하기 좋은 국가 순위에서 싱가포르는 지난 16년 동안 1위를 차지했다. 미국은 보통 3위를 차지하고 영국은 상위 10위권에도 들지 못했다.

정부는 무엇을 위한 존재인가? 서구의 관점에서 볼 때, 보다 독재적인 국가가 보다 개방적인 민주주의보다 더 효과적으로 통치할 수 없다고 본다.

지난 20년간을 비교해보자. 싱가포르의 독재적이면서도 기술적인 모델은 높은 경제 성장, 불평등 감소, 우수한 공중보건 성과, 안정적인 비즈니스 환경이라는 결과를 가져왔다. 효율적이고 중앙집권적인 의사 결정은 코로나19 팬데믹과 같은 위기 상황에서 매우 중요한 신속한 정책 시행을 가능하게 했다.

미국은 혁신 주도의 성장을 통해 경제적으로 견고한 상태를 유지하고 있다. 그러나, 정치적 양극화, 소득 불평등, 건강 격차는 거버넌스를 복잡하게 만들었다. 민주적 절차는 대중의 참여와 책임성을 허용하지만 의사 결정과 정책 실행을 늦추며 사회적 혼란을 야기한다. 혼란은 곧 사회적 약자에게 전가되기 마련이다.

영국은 브렉시트, 정치적 도전, 지역경제 격차 등의 영향으로 어려움을 겪어 왔다. 강력한 보건 및 교육 시스템을 유지하고 있지만 압박을 받고 있다.

트럼프가 지향하는 거버넌스 모델은 싱가포르 유형에 가깝다 할 것이다. 강력한 통지 능력을 어떻게 구현할지 주목된다.

하원에서
세 번
탄핵되다

하원에서 세 번 탄핵되다

낸시 펠로시가 트럼프를 싫어하는 근거

쟁쟁한 워싱턴의 여성 정치인 낸시 펠로시는 왜 트럼프를 싫어할까. 적이어서 그럴까. 그러나, 반대당이어서 싫어한다는 것만으로는 설명이 부족하다. '정치 문외한'이 신성한 워싱턴 정가를 휘젓고 있으니 배가 아파 그런가. 트럼프는 대통령 자리에 있으면서 세 번이나 미 하원에서 탄핵되었다. 그 선두에는 낸시 펠로시가 있었다. 펠로시는 2007년 1월 여성으로선 처음 하원의장에 올랐다. 2018년 중간선거에서 민주당이 하원을 장악하면서 두 번째로 하원의장직에 올라 2019년부터 2023년까지 권력을 누렸다.

2016년 11월 대통령 선거에서 트럼프가 러시아와 공모했는지에 대한 유례없는 조사가 벌어졌다. 그러나, FBI는 물론 당시 야당인 민주당은 직접적 물증을 찾아내지 못했다. 보수적 여론은 민주당이 트럼프를 매장시키려는 행태라며 비난했고, 트럼프를 그렇게 포지셔닝하는데 성공했다.

2019년 12월 미 하원은 당시 트럼프 대통령을 첫 번째로 탄핵했다. 트럼프 대통령이 우크라이나에 조 바이든과 아들을 조사하도록 압력을 가했다는 이른바 무고에 대해 미 하원이 조사하고 대통령을 탄핵했다. 펠로시가 내건 트럼프 탄핵 죄목은 사법 방해와 권력 남용 등 광범위한 헌법 위반이었다. 그러나, 2020년 2월 5일 상원에서 증거 불충분으로 무죄 결론이 났다.

두 번째 탄핵은 2021년 1월 이른바 내란 선동이었다. 그해 1월 6일 일단의 트럼프 지지자들이 미 국회의사당을 공격해 수십명이 사망하고 부상당했다. 트럼프 지지자들은 대통령직을 도둑 맞았다며 난동을 부렸다. 또 다시 펠로시와 민주당은 트럼프가 뒤에서 조종한게 분명하다며 탄핵 절차에 착수했다. 국회의사당 폭동 일주일 후 하원은 내란 선동 혐의로 트럼프를 탄핵했다. 펠로시가 주도한 이 탄핵으로 트럼프는 현직에 있으면서 두 번 탄핵당한 첫 대통령이 되었다. 트럼프는 2021년 2월 상원에서 다시 무죄 판결을 받았다. 상원의원 과반수가 유죄 판결에 찬성했지만, 필요한 3분의 2 과반수에는 미치지 못했다.

그러자 또다시 펠로시는 그 해 6월 내란 음모 혐의를 재조사한다며 '초당파적 조사위원회'를 구성했다. 조사위는 트럼프 탄핵의 마지막을 장식하려 했으나, 증거 불충분으로 기소하지 못했다. 여론은 들끓었고 '마녀사냥'이라며 민주당을 비난했다. 트럼프로서는 하원에서 세 번이나 탄핵된 셈이다.

2022년 중간선거에서 민주당은 근소한 차이로 패배했고, 펠로시는 2023년 1월 의장직에서 물러났다. 하원 다수당인 공화당은 케빈 매카시를 새 하원의장으로 선출했다. 당시 트럼프는 펠로시를 의장직에서 떨어뜨리는게 목표였는데, 결국 성공한 셈이다.

펠로시의 의장 재임 기간 미국 정치는 양극화로 몸살을 앓은 시기라고 언론은 평가했다. 그녀가 하원 수장으로 있는 동안 미국 정치는 유례없는 분열을 맛보았다고 언론은 지적한다.

2022년 중간선거는 민주 공화 양 당 모두에게 중요했다. 트럼프의 목표는 공화당이 하원을 장악해 펠로시 의장을 해임하는 것이었고 성공했다. 당시 트럼프는 이른바 "MAGA(Make America Great Again = 미국을 다시 위대하게) 운동을 벌여 재미를 봤다. 조 바이든 대통령은 MAGA 지지자들을 파시스트라고 비난했다.

흥미로운 점은 트럼프가 공격받을수록 그의 열렬 지지층이 늘어난다는 사실이다.

2021년 1월 여론 조사에 따르면 트럼프가 공화당을 떠나 '애국자당'(Patriot Party)을 창당한다면 따라가겠다고 응답한 사람이 공화당 지지자의 대략 30%에 달했다. (공화당 지지자는 대략 미국 국민의 45%) 30%는 전 국민의 13.5%에 해당한다. 미국 국민의 13.5%가 지지하는 트럼프의 인기도를 짐작할 수 있다.

트럼프가 전 국민의 13.5%라는 열렬 지지층을 갖고 있는 한 공화당은 '트럼프 없는' 선거를 생각할 수 없다. 21세기 들어 다섯 번의 대통령 선거 중 일반 투표에서 승자-패자 사이에 5% 이상 차이가 난 경우는 딱 한 번 있었다. 2008년 오마마 대 매케인의 대결에서 7.2% 차이였다. 다시 말해 13.5%의 지지자를 잃으면 공화당은 민주당에 절대 이길 수 없다는 말이 된다. 트럼프는 어떤 위치에 있든 공화당의 생사를 쥐고 있다는 의미다. 공화당은 2016년부터 '트럼프의 당이 되었다'고 불릴 만하다. MAGA 시시사들이 몰려들고 이를 결집시키는 트럼프의 카리스마는 어디에 근거할까.

그 배경에는 몇 가지가 있다.

억만장자 부동산 재벌이자 리얼리티 TV 스타였던 트럼프는 2015년 혜성처럼 정계에 등장했다. 그의 이념적 배경을 굳이 말하자면 경제 민족주의, '미국 우선'으로 통칭하지만 논리 정연한 이론 체계는 아니다. 트럼프의 수사는 화려하고 전투적이다. 기존 정치권에 소외감을 느끼고 기득권에 도전하는 혁신적 파괴자를 갈망하는 유권자들에게 큰 반향을 일으켰다.

2017년 시작된 대통령 임기 내내 트럼프의 직접 소통과 파격적인 스타일은 미국 정치를 양극화시켰지만, 충성도 높은 지지층도 만들어 냈다.

이와 대조적으로 워싱턴에서 수십 년의 경험을 쌓은 노련한 여성 정치인 낸시 펠로시는 기존 민주당을 구체화했다. 펠로시는 의료 개혁, 성소수자 인권, 환경 보호에 주력했다. 그녀의 이념적 배경은 자유주의, 사회

정의 등 민주당의 전통 가치에 뿌리를 두고 있다.

트럼프와 펠로시의 전쟁은 단순한 정견 차이를 넘어, 미국 미래에 대한 비전의 충돌이었다. 트럼프는 기존의 규범과 제도에 도전하여 정치 지형을 재편코자 했고, 펠로시는 기득권 정치 세력을 대표했다.

트럼프와 펠로시는 각자의 선거구에서 상징적인 인물이다. 트럼프 지지자들은 그를 국민의 옹호자로, 펠로시의 지지자들은 그녀를 독재와 선동에 맞서는 보루로 여겼다. 두 사람의 대결은 미국내에서 확산하고 있는 광범위한 이념 대결의 축소판이다.

트럼프의 영향력은 공화당 노선에 큰 영향력을 미쳤다. 친트럼프 세력과 전통적인 보수 의제를 추구하는 세력 간에 분열이 일기도 했다. 특히 민주당 텃밭이었던 주요 스윙 스테이트의 노동자층에게 어필한 것이 순전히 트럼프의 공로였다. 공화당은 앞으로도 이런 유권자층에 대한 홍보를 우선시할 것이다.

스윙 스테이트의 민심 변화

대통령 선거에서 결정적 판세를 가르는 주요 스윙 스테이트swing state를 분석해본다.

먼저 동부 핵심 지역 펜실베니아주(PA)를 들 수 있다. PA는 도시, 교외, 농촌 유권자가 혼합된 다종 다양한 지역이다. 피츠버그를 포함한 펜실베이니아 서부는 역사적으로 민주당세가 강한 반면, 스크랜턴 등 중부-북동부 지역은 공화당에 우호적이었다. 그러나, 트럼프의 전략이 서부지역의 노동자층에 파고들면서 주 전체가 주요 격전지로 변하고 있다. 제조업 블루칼라 노동자들이 모여 있는 민주당 텃밭 필라델피아가 대표적인 격전지로 변했다.

미시간 주(MI)는 디트로이트, 플린트와 같은 제조업 중심지에 대규모 노동자층을 포함하고 있다. 제조업 중심인 자동차 산업 근로자는 미시간 주의 표심을 대표한다. 전통적으로 민주당의 텃밭이었지만 최근 몇 년 동안 트럼프의 공화당이 자리 잡으면서 경쟁이 치열해졌다.

2016년 대선에서 트럼프가 처음으로 근소한 차이로 승리했지만, 2020년에는 바이든이 승리했다. 2024년 대선을 앞두고 트럼프가 6월말 여론조사에서 근소한 차이로 앞섰다.

위스콘신 주(WI)는 밀워키를 중심으로 한 도농 혼합 지역이다. 제조업과 농업에 의존하는 백인 노동계급 인구가 다수를 차지해, 박빙 선거를 자주 경험한 격전지다.

2016년 대통령 선거에서 트럼프가 승리했으나, 2020년에는 바이든의 손을 들어주었다. 위스콘신의 백인 노동자층이 대선의 핵심 계층이다. 2016년 트럼프는 제조업 일자리를 되찾고 무역 협상을 재협상하겠다는 공약으로 백인 계층의 마음을 사로잡았다. 2024년 대선에서 도농 격차 해소에 중점을 두는 후보가 선택받을 것이다.

오하이오 주(OH) 마호닝 밸리와 남동부는 노동자들 표심이 매우 중요하다. 전국적인 트렌드를 반영하는 대표적 전형적인 스윙 스테이트로 변했다. 2016년 트럼프, 2020년 바이든이 각각 승리했지만, 표심이 언제 변할지 모른다. 농촌 지역과 소도시는 공화당의 든든한 기반이 되었다. 그러나, 클리블랜드, 콜럼버스, 신시내티 등의 도시 지역은 민주당의 거점이다. 이 때문에 해리스가 승리하기 위해서는 도시 지역에서 투표율을 높여야 한다.

2020년 선거에서 바이든이 승리한 요인도 도시 지역 투표율을 높였기 때문이다. 애리조나 주는 피닉스 등 주요 도시에 히스패닉계가 늘고 있다. 아메리카 원주민 인구가 많고 보수 유권자와 온건 유권자가 혼합되어 있다. 마리코파 카운티는 면밀히 관찰해야 하는 스윙보트 지역이다.

2020년 대선에서 애리조나주에서 조 바이든이 승리했다. 1996년 이후 처음으로 민주당이 승리한 지역이다. 피닉스 등의 히스패닉 인구 증가로 바이든이 승리한 것이다. 애리조나의 자연과 기후 변화, 환경 보존에 대한 공약이 승패를 가르는 주요인이다.

플로리다 주(FL)는 올랜도, 탬파, 팬핸들 등의 노동자 계층 표심이 결정적 역할을 해왔다.

2012년 대선에서 민주당은 의료 개혁, 경제 평등 등에 집중하여 올랜도, 탬파 및 주요 도시에서 승리했다. 그러나, 2016년엔 트럼프가 일자리 창출, 경제 번영, 무역 불균형 시정 등으로 노동자층을 사로잡아 승리했다. 2020년에는 바이든 대통령 전략이 흑인 및 히스패닉 유권자에게 먹히면서 승리했다.

2012년, 2016년, 2020년 대선에서 플로리다는 번갈아 당을 선택하면서 주요 스윙 스테이트로 부상했다. 올랜도, 탬파의 노동자 계층, 팬핸들 지역의 쿠바계 미국인, 남부의 은퇴자 등 주요 유권자 그룹은 자신들 목표에 따라 후보를 선택한다.

2022년 중간선거 결과에 대해 워싱턴포스트 등 주류 언론은 트럼프 책임론을 지적했다. 연방 상원에서 공화당 49석, 민주당 51석이라는 결과가 나왔다. 워싱턴포스트 등 주류 언론은 '공화당 패배', '트럼프 책임론'을 연일 쏟아냈다. 그러나, 상원은 이번 중간선거에서 정족수 100석 중 35석이 재선거 대상이다. 개선된 부분만 보면 공화당 20석, 민주당 15석으로, 이 것만 보면 트럼프가 승리했다. 다만 언론의 예측대로 공화당이 압승하지는 못했다. 언론은 이에 뿔이난 것 같다. 연방 하원은 공화당이 222석을 차지, 과반수(218석)를 장악했다(민주당 213석). 하원은 예산안 선결권, 대통령 탄핵 발의권을 가지고 있으며, 특히 국내 문제의 결정 권한은 상원보다 더 크다. 중간선거에서 공화당이 하원에서 승리하면서 바이든은 국내 정치 운신의 폭이 좁아졌다.

트럼프의 대법원 보수화 작업

트럼프의 첫 임기 말인 2020년 연방대법관의 대폭 개편이 있었다. 트럼프는 닐 고서치Neil Gorsuch(2017), 브렛 캐버노Brett Kavanaugh(2018), 에이미 코니 배럿Amy Coney Barrett(2020)을 임명하면서 연방대법원(종신 정원 9인)은 6대 3의 보수적 다수가 되었다. 보수적 다수는 향후 수십 년 동안 낙태권, 총기 규제, 금융 규제 등 중요 문제에서 결정적 영향을 미칠 것이다. 특히 입법부와 행정부를 견제하는데 적잖은 역할을 수행한다.

보수 성향 대법관은 헌법 해석에서 원문주의 또는 본문주의를 우선시한다. 클래렌스 토마스Clarence Thomas와 새뮤얼 알리토Samuel Alito가 이런 성향이다. 온건파 대법관으로 대법원장 존 로버츠John Roberts를 들 수 있다. 보수 성향이지만, 종종 스윙보터로 간주된다.

자유주의 대법관으로는 소냐 소토마요르 Sonia Sotomayor와 엘레나 케이건Elena Kagan을 들 수 있다. 헌법을 폭넓게 해석하고 개인의 권리, 사법적 심사를 사회 발전의 중요한 도구로 인식한다.

닐 고서치(2017)와 함께 브렛 캐버노(2018)는 스윙보터였던 앤서니 케네디 대법관을 대체하여 보수 다수파를 구성했다. 에이미 코니 배럿(2020)은 진보 아이콘으로 이름을 알린 루스 베이더 긴즈버그 대법관을 대체했다.

아울러 트럼프는 첫 임기 동안 200명이 넘는 연방 판사를 임명하여 하급 연방법원을 보수화 했다. 브루스 웨스터Bruce Wester 하원의원(캔자스주)는 "사법부가 헌법에 대한 보다 전통주의적이고 엄격한 해석으로 돌아가는 중요한 승리"로 평했다.

자유주의 법학자들은 부정적으로 해석한다. 보수적인 성향의 사법부가 과거 판례를 뒤집고 정치적 목표대로 움직일 것이라고 비난한다. 보수적 판결로 인해 시민권, 투표권, 사생활 보호에서 후퇴할 수 있다고 우려했다.

이러한 보수로의 변화는 당연히 미국 사회에 큰 변화를 가져왔다.

예컨대 대법원은 2022년 로 대 웨이드Roe v. Wade 판결(1973년 낙태를 합법화)을 뒤집었다. 대법원은 임신 15주 이후 대부분의 낙태를 금지하는 미시시피 주법을 지지하고 개별 주에 낙태 규제, 금지할 수 있는 권한을 부여했다. 낙태권은 개별 주에서 결정되며, 낙태 금지를 가속화 시켰다.

이에 반발한 조 바이든 대통령은 "이 나라 여성의 건강과 생명이 위험에 처했다"고 단언했다. 그는 "이 나라에서 정의를 뒤집고 여성의 기본권을 박탈하기로 한 오늘 결정의 핵심에 트럼프 전 대통령이 지명한 세 명의 대법관이 있다"라고 비난했다. 낸시 펠로시Nancy Pelosi 전 하원의장은 "여성에 대한 모욕이다. 대법원은 여성의 권리를 박탈하고 여성의 건강과 안전을 위협한다"고 비판했다.

● 연합뉴스 인용

여성의 선택권을 외치는 인권 단체들은 12개 주에서 여성이 낙태할 권리를 제한할 것이라고 내다봤다. 그러면 임신 가능 연령대의 여성 3600여만 명이 낙태를 금지한 주에 살게 된다. 저소득층 여성과 소수 인종계 여성들이 가장 큰 영향을 받을 것으로 예측됐다. 낙태를 금지하려는 곳은 대부분 미 남서부 지역이다. 이들 주에서 낙태가 불법으로 규정되면, 성폭행 등으로 원치 않게 임신한 일부 여성은 낙태가 허용된 다른 주로 이동해야 한다.

2022년 총기 관련 판결에도 큰 파장이 일었다. 연방 대법원은 뉴욕주가 제정한 공공장소의 권총 휴대 면허 취득 요건이 위헌이며, 거주지 외에 무기를 휴대하는 것은 각 주법이 정한다고 판결했다. 대법원이 하급 법원 관할 총기 규정에 개입한 것은 처음이다. 수정헌법 제2조의 권리(개인이 자기 방어를 위해 항상 총기를 휴대할 수 있다)를 확대 해석한 것이다.

판결은 보수 대법관 6명 찬성, 진보 대법관 3명 반대로 갈렸다. 이제 공공장소에서 총기 소지가 가능하다. 당연히 총기 규제 찬성자들은 공공 안전을 걱정했고, 총기 소지 지지자들은 개인의 자유와 정당방위권을 강화한다며 찬성했다. 이 판결로 총기 소지가 더욱 자유화될 것이다. 총기 규제 시민 단체들이 "우리가 다 죽길 바라나", "대법원은 전미총기협회(NRA)의 꼭두각시"라며 항의했다(사진참조).

2020년 6월 15일 연방 대법원은 성적 지향과 성 정체성에 근거해 직원 차별하는 것을 금지한다고 판결했다. 보수 성향의 닐 고서치 대법관은 이번 판결의 주심을 맡아 대법원장 존 로버츠 및 다른 4명의 자유주의 성향 대법관과 함께 성소수자 차별 금지에 찬성해 6 대 3으로 판결났다. 1964년 시민권 운동의 성과로 제정된 민권법 제7조는 성별에 근거한 직장 내 차별을 금지하고 있다. 연방 대법원은 이 조항에 성적 지향도 포함되는 것으로 해석돼야 한다고 판시했다.

이에 따라 트랜스잰더 등 성소수자도 여성, 남성 등 자연 태생과 같은 성으로 인정돼야 한다는 의미로 해석될 수 있다. 즉 이 판결은 성소수자의 권리를 더 많이 수용하고 보호하는 방향으로 해석되었다. 직장 내 작업자 보호 조처가 전국의 성소수자(LGBT, 레즈비언·게이·바이섹슈얼·트랜스젠더) 직원까지 확대할수 있다. 이는 성소수자에 대한 미국인들의 근본적인 시각 변화를 반영하는 증거이다. 이번 판결은 또한 2015년 6월 동성결혼 합법화 등 연방대법원이 지난 25년 동안 추진한 성소수자 권리 옹호에서 한 걸음 더 나아갔다.

전국적으로 약 810만명의 성소수자 노동자에게는 큰 이익이 될 수 있는 판결이다. 미국의 모든 성소수자는 약 1130만명으로 추산된다. 지금까지 그 어떤 동성애자 인권 보호 결정보다 더 많은 미국인들의 삶과 생계에 영향을 미칠 수 있다.

그러나, 이 판결은 당시 선거를 앞둔 도널드 트럼프에게는 타격이었다. 오바마 행정부는 트랜스젠더의 군 복무도 허용했으나, 트럼프 행정부는 이를 되돌려 트랜스젠더의 군 복무를 제한했고, 성전환 수술의 건강보험 혜택도 폐지했기 때문이다.

특히 보수 성향의 대법관 닐 고서치가 진보 쪽으로 가세하면서, 트랜스젠더가 유리한 쪽으로 결정나는 바람에 기독교 복음주의자 등 사회적 보수 세력에게는 뼈아팠다. 그는 트럼프가 임명한 보수주의 대법관이다.

이 소송은 직장에서 6년간 남성으로 일하다 성전환 이후 여성 복장으로 일하려다 해고된 에이미 스티븐스와 게이 소프트볼 동호회에 가입했다가 실직한 제럴드 보스토크 등이 제기했다.

미국에서는 법원이 온건 보수화하는게 바람직하다는 견해가 우세한 편이다. 법원이 자유주의에 친화적일수록 급격한 사회변혁을 야기하는 법률이나 법령이 쉽게 통과될 수 있기 때문에 법원이 최후 사회적 안전장치로 꼭 필요하다는 의미에서다.

진보가 극단적인 사회변혁을 지향하는 세력이 되어버린 국가에서는 통상적으로 사회 전체를 불안정하게 만들 수 있다. 급진적 사회는 전통과 역사, 문화 등 사회가 쌓아온 유-무형의 재산을 파괴할 수 있다.

마오쩌둥 시대 중국 홍위병이 유-무형의 전통 유산을 파괴하거나, 아프간 탈레반이 수천년 유적을 파괴하거나, 불태운 사례가 그것이다. 물론 이를 미국과는 평면 비교할 수는 없지만, 성소수자의 경우 각 주에 적절한 통제 장치를 갖고 인권 존중에 힘써야 한다는 사실이다.

트럼프의 행동 유형, 철학

크게 생각하자

트럼프 행동 철학의 첫 번째는 '크게 생각하라'이다.

"저는 크게 생각하는 것을 좋아합니다. 무엇이든 생각하려면 크게 생각하는 것이 좋습니다." 2016년 대통령 재임 중 행한 연설에서다. 트럼프의 사업과 삶에 대한 사고 방식이 묻어나는 말이다. 종종 그는 대담한 행동과 원대한 전략을 선호한다.

그는 크게 생각하는 것이 큰 성공을 거두는 데 필수적이라고 믿는다. 이같은 트럼프식 방식은 부동산 개발에서도 여실히 드러난다. 그의 부동산 사업의 대표적인 사례는 1983년 뉴욕 트럼프 타워 개발이다.(한국에서도 트럼프의 이름을 딴 오피스텔 등이 등장했다). 뉴욕 아르마니 5번가에 위치한 58층의 아트리움 트럼프 타워는 단순한 부동산이 아니다. 트럼프의 야망과 성공을 상징한다. 유명 세입자와 방문객을 유치하기 위해 럭셔리한 주거 공간을 비롯해 사무실, 소매점이 혼합된 고품격 복합 공간이다.

자신을 대통령으로 만든 것은 사실상 이 프로젝트의 성공 덕분이라는 게 그의 말이다. 그는 개발 과정에서 적잖은 문제에 부닥쳤다. 부동산에 대한 복잡한 협상, 자금 조달, 뉴욕시의 복잡한 부동산 및 구역법 등 수많은 난관에 직면했지만, 트럼프는 성공했다. 집념의 소산이었다.

아트리움은 분홍색 대리석과 60피트 높이의 폭포로 장식되어 트럼프가 원했던 웅장함을 상징한다. 사실 트럼프 타워의 개발은 모험이었다. 유례없는 큰 규모와 뉴욕 한복판이라는 높은 비용으로 인해 모두들 실패를 예상했지만, 그는 멋지게 성공했고 뉴욕 재개발에 대한 새로운 기준을 세웠다.

시카고의 '트럼프 인터내셔널 호텔 앤 타워'도 유사한 사례이다. 2005년에 착공되어 2009년 완공 당시 건물 높이는 첨탑을 포함하여 1,389피트, 98층에 달한다. 완공 당시 미국에서 가장 높은 건물 중 하나였을 뿐만 아니라 세계에서 가장 높은 주거용 건물이다. 스키드모어, 오윙스&메릴의 건축가 애드리언 스미스가 주도한 이 디자인은 시카고 강변에 위치한 멋진 자리와 어울려 역사적인 건축물로 탄생했다. 고급스러움과 혁신의 새로운 기준을 제시하는 랜드마크를 만드는 트럼프의 접근 방식을 상징한다.

트럼프의 성향은 외교 안보에서도 드러난다. 색다른 접근 방식을 보여주는 사례는 김정은과의 만남이다. 북한에 대해 전통적으로 사용했던 미국식 신중한 외교에서 벗어났다. 보다 직접적이고 광폭의 접근이었다. 미국은 줄곧 북한의 존재를 무시하거나 대화 상대로 여기지 않았다. 워싱턴 정가에서 그나마 진보적이었던 빌 클린턴조차 북한을 핵으로 제거하려고 했다.

그러나, 트럼프는 달랐다. 워싱턴 정가의 아웃사이더였던 그는 무언가를 성공시켜 본인의 존재감을 드러내고 싶어 안달이 날 지경이었다. 2018년 싱가포르와 2019년 하노이에서 열린 트럼프와 김정은의 대화는 역사적인 구경거리였다. 구체적인 비핵화 결실로 이어지지 않았다. 외교 정책에서 대담하고 주목을 끄는 이니셔티브를 선호하는 트럼프의 성향을 보여주는 대표적인 사례다.

김정은과 만남 이후 트럼프는 아마도 큰 교훈을 얻었을 것이다. 국제 관계에서 북한을 다루는 것이 얼마나 어렵고 복잡한지를 깨달았다. 이와 관련해 뒤에서 상세히 풀이할 것이다.

최악의 시나리오에 대비하자

트럼프는 거래에서 최악의 시나리오에 대비하는 방식으로 접근한다. '업사이드 극대화, 다운사이드 최소화'로 압축된다. 그는 비즈니스 거래에서 잠재적 손실을 제한하고 잠재적 이익을 극대화하는 방식으로 거래를 구성하는 경우가 많다. 이는 리스크에 신중하면서도 낙관적인 접근 방식을 선호하는 트럼프의 성향을 나타낸다.

북미자유무역협정NAFTA의 재협상은 상징적이다. 기존 NAFTA를 폐기하고 미국-멕시코-캐나다협정USMCA을 이끌어냈다. NAFTA는 대단히 잘못된 협정이라면서 미국은 계속할 생각이 없다고 했다. 두 나라 정상은 깜짝 놀라 서둘러 협상 테이블로 나와야 했다. 실제 트럼프는 최악의 경우 NAFTA에서 탈퇴할 생각이었다. 말 폭탄은 캐나다와 멕시코를 협상 테이블로 끌어내기 위한 지렛대였다. 이에 따르지 않을 경우 미국은 세계무역기구 관세율로 돌아갈 수 있다고 엄포를 놓아 두 나라를 협상장에 끌어냈다. 이에 대한 설명은 뒤에서 설명할 것이다.

홍보에 열중하자

트럼프는 마케팅과 홍보의 달인으로 유명하다. 그의 미디어 기술은 대중적 이미지와 브랜드를 형성하는데 결정적 역할을 했다. 그는 논란을 일으키는 발언을 주무기로 사용, 즉각적인 언론 보도와 공개 토론을 유도한다. 브랜딩과 메시지 전달에 뛰어나며, 간결하고 기억에 남는 슬로건이나 문구를 사용한다. "미국을 다시 위대하게"라는 슬로건은 그 사례이다. 이를 통해 지지층에 공감을 이끌어낸다. 소셜 미디어의 활용에서도 트럼프의 스킬은 다양하다. 그는 트위터를 통해 기존의 미디어 채널을 우회한다. 청중에게 직접 메시지를 전달한다.

2017년 7월 트럼프는 트랜스젠더의 미군 복무를 금지하겠다고 트위터에 올렸다. 많은 젊은이들을 놀라게 하고 전국적인 논쟁을 촉발시켰다. 그는 트위터에 힐러리 클린턴에 대해서는 '비뚤어진 힐러리', 조 바이든에 대해 '졸린 조' 등의 별명을 붙여 기억에 남는 말을 날렸고 언론이 주목하도록 했다.

2017년 6월 1일 대통령 트럼프는 다음과 같이 트윗에 글을 올렸다.

"앞으로 며칠 동안 파리 협정에 대한 나의 결정을 발표할 것입니다. 미국을 다시 위대하게!"

다음 날인 2017년 6월 2일 그는 이렇게 올렸다. "저는 파리협정 탈퇴에도 불구하고 내일 기후변화 연설을 하지 않기로 결정했습니다. 대신 일자리와 우리 군에 집중할 것입니다!"

트럼프는 트위터를 사용하여 팔로워들과 직접 소통했다. 기존 미디어

매체에 의존하지 않고 중요한 내러티브와 메시지를 효과적으로 전달할 수 있었다.

지난 4월 2일 유세는 미국 유권자들 구미에 딱 맞는 말이었다. 그는 조 바이든 행정부의 전기차 보조금을 비판하며 "(11월 대선에서 승리하면) 임기 첫날 '전기차 보조금 폐기' 행정명령에 서명할 것"이라고 했다. 중국이 관세 혜택을 노리고 멕시코에 전기차 제조 공장을 세워 미국 공략의 전진 기지로 삼으려 한다는 것을 비판한 것이다.[1]

1 트럼프는 이날 대선 경합주인 미시간·위스콘신주를 찾았다. 미시간·위스콘신은 2016년엔 트럼프, 2020년엔 바이든이 각각 승리했다. 특히 미시간은 제너럴모터스(GM)·포드·스텔란티스 등 미 자동차 3사 본사가 있는 곳이다. 자동차 덕에 한때 지역 경제가 번성했지만, 지금은 외국 업체와 경쟁에서 밀려 쇠락한 이른바 '러스트 벨트'다. 트럼프는 내 연차에서 전기차 전환에 따른 노동자들의 실직 우려와 관련해 "나는 우리가 세계 그 어느 나라보다 휘발유가 많기 때문에 휘발유를 많이 쓰기 바란다"며 "임기 첫날 (전기차에 주는 보조금을) 즉시 끝낼 것"이라고 했다. 바이든은 인플레이션감축법(IRA) 등을 통해 전기차 보조금을 지급하고 기업 투자를 독려하며 전기차로의 이행을 촉진해왔다. 반면 트럼프는 전기차로 전환에 속도 조절이 필요하다는 입장을 보이면서 IRA 폐기를 벼르고 있다. 트럼프는 "모든 곳에서 자동차를 전기차로 대체하려 하는데 모두 중국에서 만들어질 것이고 이것은 매우 나쁘다"라며 "중국이 관세를 내지 않으려 멕시코에 공장을 지은 뒤 미국에 수출하려 하는데 그러면 미시간과 전미자동차노조(UAW)는 완전히 망할 것"이라고 했다. 트럼프는 재집권하면 모든 수입품에 10% 관세를 추가로 부과하는 '보편 관세'를 공약했다. 그는 "한국·중국·일본과 맺은 참 많은 끔찍한 합의를 재협상했다"며 더 높은 무역장벽을 시사했다. 트럼프는 이민정책과 관련해서도 "바이든 정부의 유약한 국경 정책 때문에 불법 이민자들이 나라를 망가뜨리고 있다"며 "세계에서 제일 나쁜 죄수와 살인범, 마약범, 정신병자, 테러리스트를 미국으로 보내고 있다. 바이든의 '국경 대학살'이자 이주민 범죄"라고 했다. 미시간에선 지난달 20대 여성이 한 차례 추방 전력이 있는 멕시코 출신 불법 이민자에게 살해된 채로 발견돼 반이민 감정이 고조되고 있다. 또 김정은 북한 국무위원장, 블라디미르 푸틴 러시아 대통령과의 친분을 과시하며 "내 재임 기간엔 푸틴·김정은이 여러분들의 대통령을 존중해 누구도 핵무기에 관해 이야기하지 않았지만 지금은 모두 핵무기를 얘기한다"면서 "우리는 미치광이(바이든) 때문에 3차 세계대전을 치를 수도 있다"고 했다. 월스트리트저널WS은 "바이든에 대한 불만이 유권자들 사이에 광범위하게 퍼져 있다"

선택지를 다양하게 하라

트럼프의 옵션 극대화 원칙은 비즈니스 거래와 정치적 책략에서 자신의 유연성을 높이고 상대방에게는 예측을 불가능하게 한다. 트럼프는 부동산 사업에서 다양한 잠재적 거래를 동시에 탐색하는 경우가 많다. 어떤 옵션이 가장 좋은 조건을 제시하는지 확인할 때까지 확정하지 않는다. 여러 부동산에 대해 동시 협상하는 방식으로 진행한다. 이는 협상력을 높일 수 있을 뿐만 아니라 한 거래에서 실패할 경우 대안을 확보하도록 해준다.

1980년대에 트럼프는 당시 새로운 사업이었던 애틀랜틱시티 카지노에 투자했다. 동시에 한 곳에만 매달리지 않고 다른 카지노 프로젝트를 추진했다. 1984년 트럼프의 첫 카지노 사업장으로 애틀랜틱시티 카지노가 문을 열었다.

부동산 사업은 특히 그랬다. 트럼프의 전략 중 가장 주목할 만한 사례는 1990년에 문을 연 트럼프타지마할의 개발이다. 이미 애틀랜틱시티에 두 개의 카지노가 있었음에도, 트럼프는 세계 최대 규모의 카지노를 목표로 트럼프타지마할에 새로 투자했다.

트럼프는 애틀랜틱시티에 중복 투자함으로써 시장에서 중요한 플레이어가 되었고, 더 많은 영향력을 행사할 수 있었다. 각 카지노마다 자체적인 리스크가 있었지만(특히 빚이 많은 트럼프타지마할), 여러 개의 부동산을 보유하고 있었기 때문에 상쇄할 수 있었다. 트럼프의 포트폴리오에는 호텔, 카지노, 주거용 건물, 골프장 등 다양한 부동산이 포함된다. 사업 다각화란 한 바구니에 모든 달걀을 담지 않는다는 전략이다.

옵션 다각화 전략은 대선에서도 적용했다. 2020년 대통령 선거를 앞

고 분석했다. 나토 회원국들은 우크라이나에 5년간 1000억달러(약 134조원)를 지원하는 군사 지원 패키지를 계획중이다. 이는 트럼프 재집권 시 나타날 수 있는 변화에 대비하는 것이다.

두고 트럼프는 선거 결과에 이의를 제기하기 위해 다양한 전략을 썼다. 여러 주에서 선거 결과에 대한 법적 문제를 제기하고, 재검표를 요구하고, 여론 흔들기에 몰두했다.

트럼프의 무역 전략, 특히 중국에 대해서는 관세 인상, 추가 인상 위협, 무역 협상을 동시에 진행하는 수법이었다. 관세 위협을 활용하는 동시에 합의 가능성도 열어 두어 협상력 우위를 유지했다. 트럼프는 자신의 의도를 예측할 수 없게 하고 동시에 유연성을 유지한다.

트럼프는 비즈니스 의사 결정에서 시장과 타이밍을 잘 포착한다.

트럼프의 부동산 투자 타이밍에 대한 전략적 접근 방식을 보여주는 사례 중 하나는 뉴욕의 플라자 호텔 매입과 매각이다. 1988년 트럼프는 맨해튼 5번가와 센트럴파크 사우스 코너에 위치한 역사적이고 상징적인 럭셔리 호텔인 플라자 호텔을 매입했다. 비교적 싼 3억9,000만 달러에 사들였다.

그러나 1990년대에 부동산 시장이 회복되고 번성하기 시작하자 영업 수익이 급증했다. 적잖은 돈을 번 트럼프는 플라자 호텔의 가치 상승을 활용할 타이밍이 왔다고 판단했다. 이후 1995년 트럼프는 알-왈리드 빈 탈랄 사우디 왕자 등에 3억2,500만 달러에 팔았다. 영업 이익 이외에도 초기 투자금의 대부분을 회수할 수 있었다. 당시 시장 상황에서 매우 잘 팔았다는 평가가 나왔다.

끈기있게 견뎌내라

끈기는 트럼프가 갖고 있는 장점이다. 그는 어려움에 닥쳤을 때 포기하지 않는 자세가 성공하는 데 매우 중요하다고 믿는다. 사업적 좌절을 극복하거나 정치 캠페인에 몰입하기까지 그의 경력 전반에 걸쳐 적용해 온 원칙은 끈기였다.

트럼프는 부동산 사업에서 성공보다 실패를 훨씬 더 많이 맛보았다.

1980년대 말과 1990년대 초 애틀랜틱시티 카지노로 인해 자금 압박에 시달렸다. 인고의 시간을 참아낸 그는 부채를 재조정하고 사업을 계속할 수 있었다. 1990년대 애틀랜틱시티에 있는 트럼프타지마할 카지노 사업은 그 사례 중 하나다. 1990년에 문을 연 트럼프타지마할은 당시 가장 비싼 카지노 중 하나였다. 얼마 지나지 않아 카지노는 심각한 자금난에 직면했다. 카지노 수익으로는 이자를 감당할 수 없었다. 그는 은행을 설득했다. 경영권을 유지하고 사업을 정상화할 시간을 주는 것이 파산보다 더 낫다고 은행을 설득했다. 트럼프는 개인 제트기와 요트를 포기하는 등 특권을 내려놔 구조조정에 대한 의지를 보여줬다. 70개 이상의 은행으로 구성된 컨소시엄을 설득하여, 대략 10억 달러의 빚을 재조정하는 데 성공했다. 일일이 찾아다니며 설득했다.

2004년 트럼프의 방송 진출, 특히 리얼리티 TV '디 어프렌티스'(NBC 방영)는 그의 순발력을 제대로 보여준다. 트럼프는 TV에 대한 경험이나 방송 지식이 없었음에도 프로그램을 이끌었고, 이는 대중적 인기를 올리는 기폭제가 되었다.

트럼프가 중심인물로 등장하고 "넌 해고야!" You're fired!라는 자극적인 말을 던져 유명해졌다. '디 어프렌티스'가 성공할 수 있었던 이유는 실시간이라는 TV의 매력과 비즈니스 경험 때문이었다.

'디 어프렌티스'는 리얼리티 TV의 장점, 비즈니스 세계의 도전과 전략, 탈락 위협을 결합하여 흥미를 유발하면서, 시청자의 공감을 불러일으키는 경험을 선사했다. 인종차별적 언어로 트럼프가 해고된 이후, 아놀드 슈워제네거가 프로그램을 이어 받았다.

유권자와 직접 소통하자

트럼프의 2016년 대선 출마에 대해 많은 사람들은 회의적인 반응이었다. 그럼에도 불구하고 집회와 소셜 미디어를 통해 지지층과 직접 소통하는 데 중점을 둔 색다른 선거 전략을 고수했고, 이는 선거 승리의 원동력이 되었다.

2015년 7월 뉴욕에서 열린 공화당전국위원회(RNC)가 주최한 제1회 후보 토론회였다. "불법 이민을 막고 싶다면 멕시코 국경에 만리장성을 만들면 된다!. 지금까지의 미국 지도자들은 모두 어리석었고, 국가의 문제를 해결하지 못했다"고 비난했다. 다른 후보들은 대부분 '착한 공약'을 내세우며 당원들을 졸리게 만들었으나, 트럼프는 토론회 시작 몇 초 만에 무대를 자신의 것으로 만들었다. 실제 트럼프는 취임 하자 장벽을 만들었다. 특히 딥스테이트(공무원 기득권 조직을 일컫는 용어)를 처부수겠다고 공언해 공화당원들을 열광시켰다. 대통령 재임 기간 동안 트럼프는 다양한 미디어 플랫폼을 활용했다. 국내외에서 행정부의 행동과 정책에 대한 내러티브를 만들어냈다.

트위터 사용

트럼프의 트위터 사용은 현직 대통령으로서는 전례가 없었다. 그는 전통적인 미디어 채널을 우회하여 대중과 직접 소통했다. 본인이 토론의 틀을 짜고 의제를 설정하는 등 자신의 방식대로 의제를 설정했다.

가짜뉴스

트럼프는 자신에게 불리한 보도를 '가짜 뉴스'로 선전, 기득권 언론을 비판했다. 자신의 내러티브를 강화하는 효과를 가져왔다. 기존 매체보다

직접 소통하는 커뮤니케이션을 더 신뢰하도록 하는 전략이었다.[2]

무역 정책과 관세

트럼프는 특히 중국을 공격했다. 대중국 공격을 무역 정책과 관세를 불공정한 무역 관행을 바로잡기 위한 필수 조치로 포장했다. 아울러 미국 우선 경제 정책을 내세우며 자신의 약속을 강조하기 위해 내러티브를 형성했다.

이란 핵 협상 탈퇴

트럼프는 이란 핵 합의 탈퇴 결정을 중대한 글로벌 위협에 대응하기 위한 조치로 제시했다.

기존 협정에 결함이 있고 위험하다는 프레임을 씌워 자신의 결정을 국

---

2 주류 언론과 각을 세운 대표적인 사례는 CNN이었다. CNN을 대하는 트럼프의 태도는 애초부터 전략적이었다. 2017년 기자회견에서 트럼프는 기자회견 도중 CNN의 백악관 선임기자 짐 아코스타Jim Acosta에게 "당신은 가짜 뉴스"라고 내뱉었다. 그가 확인되지 않은 내용을 보도한 직후였다. CNN을 가짜 뉴스라고 규정하고 편향적이거나 부정확한 보도라고 주장했다. 이 전략은 주류 언론을 신뢰할 수 없다는 생각을 강화하여 자신의 지지자들 사이에서 언론에 대한 신뢰를 약화시키려는 것이었다. 언론에 대한 트럼프의 공격은 뉴스 매체를 객관적인 관찰자가 아닌 정치적 행위자로 간주하는 분위기를 조성하는 데 기여했다. 이로 인해 저널리즘과 정치적 견해의 경계가 모호해지면서 대중 담론도 갈라졌다. 트럼프의 전략은 그의 지지층을 효과적으로 동원하여 더욱 양극화된 미디어 환경을 조성했다. 대중의 상당수가 기존 뉴스 소스나 기존 미디어 환경을 신뢰하지 않았다.

트럼프는 유력 매체 뉴욕타임스NYT와도 대립했다. 소셜 미디어와 각종 집회 등을 통해 뉴욕타임스를 '실패 언론'이라며 편향 보도를 비난했다. 그럼에도 NYT와 인터뷰 했다. 앞서 NYT는 2018년과 2020년에 세금 회피와 사업 손실 의혹을 다룬 일련의 비판 기사를 내보냈다. 덕분에 NYT 디지털 구독자가 크게 증가했다. 이 전략은 저널리즘, 진실, 미디어의 편향보도에 대한 담론을 촉발시켰다.

가 및 국제 안보를 위해 필요한 조치로 포장했다.

나토와 국방비 지출

트럼프는 나토 동맹국들이 방위비 분담금 약속을 지키지 않는다고 자주 비판하면서, 미국이 불공평한 부담을 짊어지고 있다는 프레임을 씌웠다. 이는 미국 국민이 동맹국과의 협정을 불신하도록 만들었다.

반격의 명수

트럼프는 공격을 받으면 공격적으로 반격해야 한다고 말한다. 이는 비판이나 반대에 강력하게 대응하는 정치 활동에서 분명하게 드러난다. 그는 공격받으면 공격적으로 대응해야 한다는 철학을 갖고 있다.

"누군가가 나를 공격하면 나는 항상 100배 더 세게 공격한다." 트윗에 올린 이 말은 그가 다양한 분쟁과 갈등에서 나온 경험에 따른 것이다. 그는 최초 공격보다 더 강력하게 대응하며, 향후 비판이나 도전을 억제하기 위한 전략이다. 비즈니스와 개인적 관계에 대한 트럼프의 철학을 반영하는 것으로, 잘못된 행동에는 강력하게 보복한다는 것이다.

"내 좌우명이란 '항상 복수하라. 누군가 당신을 엿먹이면 스페이드로 되갚아줘야 한다'는 것이다."

트럼프의 행동 요령을 명확하게 표현한 말이다. 트럼프는 비즈니스 협상에서 정치적 경쟁에 이르기까지 다양한 상황에서 적을 상대하는 데 있어 가차없는 접근법을 선호한다. 그의 리얼리티 쇼인 '디 어프렌티스'에서도 참가자들에게 반복적으로 조언한다.

"결국, 당신은 얼마나 많은 일을 하느냐가 아니라 최종적으로 무엇을 성취하느냐로 평가받는다."

"나는 나 자신을 매우 유연한 사람이라고 생각하고 싶다. 나는 매우 열심히 싸우고 있지만 모든 측면에서 보면 모든 사람과 잘 지내고 싶다."

전투적이면서도 사람들과 잘 지내고 싶어하는 도널드 트럼프의 호전적 삶을 드러내는 말이다. 북한 김정은과의 상호작용에서도 드러난다. 공격적인 수사와 외교적 노력 사이를 오가며 강경함과 협력적 관계를 이어가는 트럼프의 변화무쌍 전략을 보여준다.

취임 초기 트럼프의 대북 접근 방식은 전례 없이 공격적이고 전투적이었다. 북한을 폭격한다고 위협하고 김정은을 '리틀 로켓맨'이라고 조롱했다. 때마침 북한이 미사일을 쏴대고 미국이 군사훈련으로 대응하는 등 긴장 고조 시기였다. 하지만, 트럼프는 후진 기어로 바꿨다. 그는 김정은과 직접 소통했다. 트럼프는 김 위원장을 칭찬하고 양국 관계의 잠재력을 강조하는 등 톤의 변화를 보였다.

트럼프의 대북 접근 방식에 대해 엇갈린 반응이 나왔다. 트럼프 대통령의 지지자들은 이번 정상회담이 핵 갈등의 위협을 줄인 획기적인 외교 성과라고 찬사를 보냈다. 반대 측은 비핵화에 가시적인 성과가 없다는 점에서 지나치게 화해적이고 김정은에게 득이 될 뿐인 접근이라고 비난했다. 분명한 양보도 없이 김정은 정권을 정당화했다고 비판하는 등 언론의 시선은 싸늘했다.

그러나, 트럼프의 대북 활동은 한반도의 긴장을 완화하는 효과를 가져왔다. 잠재적 군사 충돌에 대한 우려를 불러일으켰던 공격적인 태도에서 물러섰다. 한국으로선 한숨 돌리게 되었다.

트럼프의 발언과 행동은 일종의 비즈니스 개념을 반영한다. 비즈니스와 정치는 끊임없는 갈등의 장이며 성공과 생존을 위해 공격적으로 싸워야 한다는 것이 그의 신념이다. 이러한 접근 방식은 자신의 지지자들에게 공감을 불러일으켰고 그의 전투성을 힘과 효율성의 신호로 여긴다. 반면 반대자들은 트럼프를 분열적이고 파괴적이며 천박한 장삿꾼이라고 비난한다.

워싱턴 기득권에 맞서는 트럼프

트럼프에게는 특유의 논쟁적이고 즉흥적인 스타일로 인해 찐 팬도 많지만, 안티 세력도 그에 못지 않다. 기존 미국 정치판 멤버가 아닌 아웃사이더 출신이라는 한계는 분명하다. 특히 국회의사당 침범 사주 의혹 등은 가담 여부를 떠나 대선 가도에 선 그를 곤혹스럽게 만들었다. 이는 안티 세력들이 들먹이는 폭발력 있는 비판 소재였다. 그럼에도 정치 애널리스트 다수는 그의 재선 가능성을 점치고 있다. 근거는 무엇인가.

트럼프를 둘러싼 워싱턴의 정치 환경은 확고한 지지와 격렬한 반대, 법적 논란이 뒤섞여 혼선이며 다면적이다. 사법적 논란에도 공화당 내에서 트럼프의 영향력은 여전하다.

공화당의 정책이나 노선 변경은 트럼프의 공로 덕분이다. 트럼프는 2020년 대선에서 패배했지만, 공화당의 정책, 노선 변경에 큰 영향을 미치는 중심 인물이 되었다. 특히 무역, 이민, 외교 분야에서 당 정책을 변화시켰다. 구체적인 사례를 하나 들어 본다.

트럼프가 '역사상 최악의 무역협정'이라고 비난한 북미자유무역협정 NAFTA이 그것이다. 역사적으로 공화당은 낮은 관세와 시장 개방을 통해 경제 성장을 촉진하는 수단으로 자유무역을 견지해왔다. 그러나, 트럼프의 무역에 대한 접근 방식은 보호무역주의에 가깝다. 미국의 이익, 특히 일자리 감소 등 불이익이 많다고 주장하며 NAFTA를 재협상했다. 그 결과 미국-멕시코-캐나다 협정USMCA으로 대체되었다.[3]

---

3   이 협정의 포인트는 첫째, 자동차가 무관세 혜택을 받기 위해서는 북미 지역에서 제조되어야 하는 자동차 부품의 비율을 높인 것이다. 이 비율은 NAFTA의 62.5%에서 75%로 높아졌다. 즉 차량 부품의 75%는 북미에서 제조되어야 한다. 또한 자동차 부품의 40~45%는 시간당 16달러 이상을 받는 근로자가 생산해야 한다. 이는 멕시코에서 미국

이는 공화당의 노선이 바뀌고 있다는 가장 뚜렷한 증거이다.

공화당 대통령 후보는 트럼프다. 경쟁자는 거의 사라졌다. 론 드산티스Ron DeSantis 플로리다 주지사는 올해 1월 공화당 대선 선거운동을 중단했다. 아이오와 코커스에서 2위를 차지했던 드산티스는 트럼프에게 맞설 수 없음을 스스로 인정했다. 트럼프와 비슷한 전투적 스타일로 부상했지만, 거기까지였다.

전 유엔 대사이자 사우스캐롤라이나 주지사인 니키 헤일리는 보수적인 이미지를 유지하면서 당의 더 넓은 층에 어필할 수 있는 색다른 접근법을 구사했지만 역부족을 실감했다.

현재 공화당은 트럼프 등장 이후 당의 노선을 두고 내부 논쟁 중이다. 전통 보수적 가치로의 복귀를 주장하는 진영과 트럼프의 포퓰리즘적 노선을 수용하려는 사람들 사이에서 논쟁 중이다. 공화당은 아웃사이더 트럼프와 전통 가치 사이에서 기로에 서 있다.

이를 토대로 대선을 앞둔 공화당내 정치 환경을 정리해본다.

첫째, 트럼프는 자신을 '마녀사냥의 희생양'이라고 포지셔닝하는 데 성공한 듯 하다. 2020년 대선에서 민주당 후보 바이든에 불공정하게 빼앗겼다는 여론전에서 성공한 듯 보인다. 트럼프는 정치적으로 매장당했다는 믿음이 공화당원들 사이에 널리 퍼져 있기 때문이다. 이로 인해 트럼프 지지자들은 강한 충성심과 재선 열망을 표출하고 있다. 전통적으로

이나 캐나다로 일자리를 옮기는 것을 목표로 한 규정이다. 둘째, USMCA는 캐나다의 낙농 시장을 미국 농부들에게 개방하도록 했다. 캐나다는 특정 유제품에 대한 7등급 가격 범주를 없애, 미국 낙농가들이 캐나다 시장에 더 많이 접근할 수 있도록 했다.

셋째, 지적 재산권 보호를 위해 저작권 및 특허 기간을 연장했다. 지적 재산권에 의존하는 제약 회사 등 혜택을 주는 조치다. 저작권 보호 기간을 NAFTA의 50년에서 저작자 사망 후 70년으로 연장하여 미국 표준에 더 가깝게 맞췄다. 넷째, USMCA는 전자 전송에 대한 관세를 금지했다. 전자책, 비디오, 음악, 소프트웨어 및 게임과 같은 디지털 제품 무관세를 보장했다. USMCA는 특히 디지털 사기를 방지하고 온라인 개인정보보호 조항을 포함시켰다.

열렬 공화당 지지층은 민주당 적극 지지층에 비해 단결력이 강하다. 이미 트럼프는 당내 경쟁자들에 비해 여론조사에서 40%포인트 가까이 앞서고 있다.

아이오와 코커스의 우세는 당내에서 그의 탄탄한 지지세를 반영한다.

둘째, 경제 문제에서의 역량이다. 공화당이 경제를 더 잘 관리할 수 있다는 믿음이 중간층에 확산하는 추세에 있다. 분명히 바이든 행정부의 경제 지표는 더 개선되고 증시도 활황이며, 이에 따라 GDP도 예년에 비해 성장했다. 그럼에도 공화당, 특히 트럼프를 더 나은 경제 관리자로 본다.

트럼프의 경제 메시지는 단순하다. 물가 앙등을 걱정하는 유권자들에게 매우 단순한 메시지로 공략하고 있다. 이를 테면 보호 관세를 대폭 올리면, 생활 물가가 앙등하겠지만, 트럼프는 이를 상쇄할 방책을 내놓았다. 그는 취임 첫날부터 석유 세일가스 천연가스를 최대치로 생산하겠다고 했다. 사우디 등 중동을 전부 합친 것보다 더 많은 화석연료를 생산한다고 말했다. 에너지 가격의 하락은 사실상 모든 기초 물가를 낮추는 나비효과를 낳는다. 이는 고율 관세로 인한 생활물가로의 전이를 상쇄하고도 남는다는게 트럼프의 논리다.

셋째, 범죄, 이민 문제, 문화적 박탈감에 대한 두려움을 활용한다. 그의 포퓰리스트적 호소는 박탈감을 느끼거나 위협을 느끼는 보수층에 공감을 불러일으킨다. 일부 보수 성향 유권자층에서는 이러한 두려움을 해결하고 잃어버린 자신을 회복할 수 있는 구원자로 트럼프를 꼽고 있다. 예를 들어, 2016년 대선 캠페인과 대통령 재임 기간 동안 그는 시카고와 같은 도시에서 발생한 폭력 사건을 강조하며 "미국을 다시 안전하게"를 약속했다. 2016년 선거운동 초반부터 불법 이민을 막기 위해 미국 남부 국경에 장벽을 건설하고 멕시코가 비용을 지불할 것이라는 발언으로 화제를 모았다. '흑인의 생명도 소중하다(Black Lives Matter)'와 같은 운동을 비판하고 남부동맹 동상 철거에 반대한다. 이러한 행위가 역사와 문화를 지운다고 주장하고, "미국을 다시 위대하게"라는 슬로건으로 과거 향수를 불러일으킨다.

넷째, 트럼프를 옥죄고 있는 갖가지 법적 문제는 오히려 그의 지지층을 점차 결집시키는 촉매 역할을 하고 있는 것은 역설적이다. 정치적 동기에 의한 공격, 즉 그를 정치적 마녀사냥의 희생자로 선전하는 것이다. 트럼프의 정치 선전이 효과적임을 드러낸다.

로버트 케네디 주니어의 돌풍

11월 미 대선에서 가장 큰 변수는 로버트 케네디 주니어다.

2023년 2월 5일 존 F. 케네디(1917~1963)의 조카이자 로버트 F. 케네디 전 법무부 장관의 장남 RFK Jr.(Robert F. Kennedy Jr. 로버트 케네디 주니어)가 무소속 후보로 출마한다고 발표했다. 그의 아버지 로버트 F. 케네디는 케네디 대통령의 동생이다. 케네디는 동생을 법무장관 등 요직으로 기용했다.

RFK Jr.는 제3당을 결성하고 민주당을 떠나 무소속 후보로 출마한다. 민주당 전국위원회가 분열을 우려해 당내 경선 출마를 방해했기 때문이다. 과거 집권당 내 무소속 후보의 출마는 여당 분열로 이어져 모두 본선에서 패하는데 기여했다. 과거 월리스Wallace, 앤더슨Anderson, 페로 Perot의 사례가 있다.

실제 케네디 가문에서도 조카 때문에 공화당으로 정권이 넘어갈 것을 크게 우려하고 있다.

급기야 케네디 가문의 10여 명이 지난 4월 18일 바이든 대통령의 필라델피아 유세에 참가해 바이든 지지를 선언했다. 암살당한 존 F. 케네디 대통령의 동생으로 다시 암살당한 로버트 케네디 전 법무장관의 딸이자

RFK Jr. 의 누이인 케리가 나섰다.

케리는 "바이든이 우리를 신나게 만들고 신뢰를 회복시켰으며 선한 이웃으로 지내게 다시 만들었다. 조와 로즈 케네디(케네디 전 대통령의 부모)의 거의 모든 손주들이 조 바이든을 지지한다. 케네디 가문은 바이든을 대통령으로 인정한다"고 말했다.

RFK Jr. 의 정치 색깔은 트럼프와 유사하다.

RFK Jr.는 작은 정부를 내세운다. 백신 불필요, 우크라이나 지원 중단, 특히 '이권의 카르텔' 구조인 미국 정치를 비판해 왔다. 마치 트럼프가 민주당 후보로 출마한 것 같은 인상을 주기도 한다.

영국 시사 주간 이코노미스트는 RFK Jr. 출마에 대해 이렇게 풀이한다. "바이든 현 대통령은 트럼프를 상대로 싸우지만, 케네디는 바이든과 트럼프 모두와 싸우고 있다. 트럼프와 바이든 모두에 진절머리가 난 미국 유권자들은 실제로 케네디에게 투표할 수도 있다. 그것 자체가 이번 선거 의미가 될 것이다."

사실 여론조사가 분명하게 보여주는 것은 상당수의 미국 유권자들이 바이든이나 트럼프에 대해 호감을 갖지 않는다는 점이다. RFK Jr. 에 대

● 케네디가 사람들이 바이든 지지를 선언하고, 박수를 치고 있다

[도표 84] 2024년 미국 대선 주요 일정

일정	세부내용
1월 15일	공화당 경선 시작
2월 3일	민주당 경선 시작
3월 5일	공화당, 민주당 슈퍼 화요일
7월 15-18일	공화당 전당대회, 대통령 후보 선출(위스콘신주 밀워키)
8월 19-22일	민주당 전당대회, 대통령 후보선출(일리노이주 시카고)
9월 16-10월 9일	대통령 후보 토론 진행
11월 5일	대통령 선거

자료: 교보증권 리서치센터

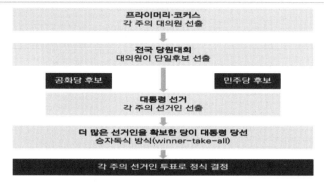

[도표 85] 미국 대통령 선거 절차

한 지지율은 계속 올라가는 추세이다.

RFK Jr.는 정부의 개입을 배제하고 개인의 자유로움으로 살아가는 것을 주장한다. 사실상 무정부주의에 가깝다. RFK Jr.는 1971년에 설립된 자유당의 이념과 유사하다.

자유당은 1964년 공화당 대선 후보로 출마하여 제한된 정부와 개인의 자유를 주장한 배리 골드워터Barry Goldwater 같은 인물을 통해 부분적으로 인지도를 얻었으며, 자유주의 운동에 뿌리를 두고 있다. 현 상원의원 론 폴Ron Paul도 한 때 당원이었다. 론 폴은 이스라엘과 하마스 분쟁에서 "나는 둘 다 지지하지 않는다"고 했다. 자유당은 징병제 반대, 개인 생활에 대한 간섭 반대, 세금 징수 반대, 코로나 백신 강제 접종에 반대

● 조 맨친

한다. 2016년 대통령 선거에서 게리 존슨이 출마하여 3.28%를 얻었다. 현재 자유당 당수는 젊은 여성 정치인 앤젤 맥가돌 Angel McGadore(40)이다.

사실 미국인들 사이에서 바이든의 노령을 우려하는 소리는 적지않았다. CBS 방송이 23년 9월 17일 발표한 여론조사에서 응답자의 34%가 바이든의 고령과 노쇠로 대통령의 격무를 견디지 못할 것으로 답했다. 응답자의 44%는 "재선되더라도 임기를 다 채우지 못할 것"이라고 답했다. 대조적으로 "트럼프는 재선되더라도 임기만료 시 82세로 괜찮다"는 반응이 나왔다.

로버트 케네디 주니어에 이어 웨스트버지니아 출신의 조 맨친Joe Manchin 상원의원이다. 맨친은 "웨스트버지니아에서 목표는 달성했다. 앞으로 미국 전역을 돌아다니며 중도층을 결집해 미국 국민을 단결시키는 운동을 호소할 것"이라고 했다. 맨친의 배경에는 제3정당 그룹 노레이블스가 있다.[4]

맨친은 "미국 국민에게는 선택권이 필요하다. 우파도 좌파도 극단으로

---

4 미국 웨스트버지니아주는 인구가 180만명에 불과하다. 그런데 조 맨친 연방 상원의원 (76) 때문에 민주당은 난리다. 3선 민주당 중진인 그가 현역 프리미엄을 과감히 포기하고 내년 11월 대선과 함께 치러지는 상원의원 선거에 출마하지 않기로 선언했다. 그가 제3의 후보로 대선에 뛰어들면 바이든 대통령의 표를 갉아먹는 '악재'로 작용할 가능성이 크다. 맨친은 상원의원 불출마의 변에서 "서로를 증오하는 마음이 더 이상 우리를 분열시키지 않도록 이 나라를 제자리로 되돌려놓을 필요가 있다"라며 미국 정치권의 양극화 현상을 개탄했다. 그는 '노레이블스(No Labels)'에 큰 관심을 보였는데, 번역하면 '무당파 연합'쯤 된다. 극좌도 극우도 아닌 중도 정치를 표방하며 2010년 창립되었다.

치닫고 있다"고 말해 기존 양당 정치를 타파할 것을 주장한다. 우선 그는 '정신 건강이 온전한가'라고 외친다. 미국인이 중시하는 건강 문제 1위는 정신 건강(54%)이었다. 이 숫자는 심각하다. 정신질환에 대한 관심도가 심장병, 암, 비만증, 스트레스, 코로나보다도 더 앞섰다. 미국인들 스스로 정신적으로 병들어 있다고 생각한다는 점이다.

트럼프와 생각이 닮은 로버트 케네디 주니어

케네디는 자신에게 그다지 호의적이지 않은 민주당을 포기했다. 케네디는 지금까지 공직을 맡은 적이 없다. 케네디는 백신 접종과 마스크 착용에 대한 공중보건 의무에 반대하고 정부와 민간 기업의 부패에 대해서도 자주 지적해왔다. 케네디는 백신 예상 정보를 전파하는 단체인 '어린이 건강 수호'를 설립했다. 기존 후보들과는 다른 색깔을 보이는 덕에 보수주의자, 진보주의자, 무소속 등 다양한 사람들이 케네디를 지지하고 있다. 서로에게 부정적인 견해만 제시하는 양당제에 반발하는 사람들, 정치에 거부감을 느끼는 사람들, 정치적 아웃사이더들이 케네디를 지지하면서 국가 단합을 이뤄줄 것을 희망한다.

케네디의 대선 출마 선언 이후 몇 일 지난 뒤, 가족모임이 있었다. 케네디 가문의 비화가 직접 일가의 입을 통해 전수되는 시간이었다. 비공개로 진행되었고, 녹음은 금지되었다.

그 자리에서 케네디는 말했다. "삼촌 존(대통령)은 자유와 민주주의를 지키기 위해 목숨을 바쳤다. 대통령은 CIA와 3군 수뇌부를 불러 '나는 군산복합체와 싸울 것'이라고 선언한 후 암살당했다. 군산복합체와 싸우는 것은 삼촌이 아이젠하워 대통령과 맺은 중대한 약속이었다. 군산복합체를 견제하는 정책이 성공하고 평화가 찾아오면 어김없이 전쟁이나 전염병이 일어났다. 아니 인위적으로 일으켜 왔다는 편이 나을 것이다. 역사적으로 팬데믹은 전체주의자나 연방주의자 등 사회를 통제하고 싶어하는 사람들을 위해 이용되어 왔다. 테러도 마찬가지다. 9.11 테러 직후 군산복합체나 사회를 통제하려는 사람들이 의기투합하기 시작했다. 내가 대통령이 되면 군산복합체나 팬데믹을 이용한 통제주의자들을 가장 먼저 규제하겠다."

마치 트럼프가 말하는 것 같다. 그래서 공화당 측은 "트럼프의 표를 빼앗아 갈 수도 있다"고 우려한다. 그의 출마 선언 이후 2023년 11월 하순 로이터의 여론조사가 발표됐다. 응답자의 14%는 케네디를, 40%는 트럼프를, 38%는 바이든을 지지했다. 향후 지지율 변화에 따라서는 트럼프 캠프는 무소속인 케네디를 영입할 가능성도 없지않다.

위대한 미국을 재건하자

트럼프의 간결한 메시지는 전성기의 미국을 떠올리게 한다. 이는 특히 백인 유권자들에게 어필한다. "미국을 다시 위대하게 만들겠다"는 그의 수사는 미국이 뒤처졌다고 느끼는 사람들에게 상당한 호소력을 발휘한다. 이는 기존 정치인과 정당에 환멸을 느끼는 유권자들에게 공감을 불러일으키는 요인으로도 작용한다. 그는 종래 규범을 깨고 민주당과 공화당 모두를 비판하고 있다.

그는 서민과 엘리트를 대립시킨다. 부유층이나 동부 해안가 엘리트 집단에 대해 소외감을 느끼는 노동자 계층을 대립시킨다. 포퓰리즘적 메시지는 지지층을 깨운다. 반이민 요소부터 미국 우선주의, 건강보험개혁법 폐지, 기후 변화 거부 등에도 포퓰리즘적 요소가 다분하다.

2024년 초반 여론조사에서 트럼프는 주요 경합 주들 특히 스윙 스테이트 지역에서 바이든을 앞서고 있다. 트럼프는 애리조나, 네바다, 조지아, 미시간, 펜실베이니아에서 앞서고 있다. 바이든은 위스콘신에서만 트럼프를 앞서고 있다. 앞 6개 주의 데이터를 모두 합친 결과 트럼프가 4% 포인트 앞서는 것으로 나타났다.[5]

2024년 중반에 접어들면서 각종 경제 지표는 양호하지만, 유권자들은 일상생활에서 피부로 느끼지 못하고 있다.

반면, 트럼프는 공화당 여론 주도층에서 영향력을 발휘한다. 그의 직접적이고 종종 휘발성이 강한 대중 소통력은 더 어필한다. 바이든의 경제적 성과에도 트럼프의 전술이 유권자들에게 더 먹히고 있는 것이다.

그 이유를 몇가지로 설명해본다.

첫째, 소셜 미디어를 장악하는 트럼프의 여론 장악 기술이다. 조 바이든 행정부 하에서 주식 시장은 집권 기간 중 사상 최고치를 기록하고 실업률이 지속 하락해왔다. 그러나, 동시에 트럼프의 논쟁적인 발언이나 행동이 뉴스 헤드라인을 장식하는 경우가 많다. 소셜 미디어나 기존 미디어를 통해 헤드라인을 장악하는 트럼프의 전술은 바이든이 만들어 놓은 경제 실적을 가려버린다. 트럼프가 선정적이고 도발적인 발언을 하거나 논쟁적 이슈를 들먹이면, 곧 미디어에서 주목한다. 대신 바이든의 경

---

5 미국 대통령 선거에서 남부 지역 주들 특히, 텍사스, 앨라배마, 미시시피와 같은 주는 전통적으로 공화당 성향이 강하다. 보수적 가치에 대한 선호, 연방정부의 개입 반대, 주 정부의 권리 주장 등이 요인으로 작용한다. 농촌 지역인 와이오밍, 몬태나처럼 농촌 인구가 많은 주 역시 공화당 성향이 강하다. 이러한 성향은 농업 및 광업에 대한 정부 규제 반대 및 보수적인 가치와 관련이 있다. 와이오밍, 유타, 아이다호 등은 보수적인 가치관, 세금 인하 등으로 공화당에 기울어져 있다. 이러한 주에는 백인 복음주의 기독교 인구 비율이 높고, 보수주의, 강력한 국방력, 전통적 가치와 같은 이슈를 우선시한다. 반면, 북동부 및 서부 해안 주, 특히 뉴욕, 캘리포니아, 매사추세츠 주는 전통 민주당 강세 지역이다. 이 지역에는 다양한 인구, 대도시, 세계화와 기술 혁신의 혜택을 받는 지역이다. 특히 매사추세츠 등 교육 수준이 높은 젊은 인구 지역에서는 민주당 지지세가 강하다. 캘리포니아, 오리건, 워싱턴 등은 전통 민주당 지역으로 꼽힌다. 그러나, 노조 지지세가 강한 미시간과 펜실베니아에서 민주당 성향이 강하지만 최근 선거에서 공화당 지지 지역으로 바뀌고 있다. 이는 백인노동자들이 지지하는 트럼프의 영향 때문이다.

제 성과에서 대중의 관심은 멀어진다. 경제가 잘 돌아가고 있더라도, 대중은 경제 성과를 충분히 인식하지 못한다. 트럼프의 직설적이고 단호한 소통 스타일은 탁월하다. 명확하고 강력한 리더십을 원하는 유권자들에게 공감을 불러일으킨다.

이에 비해 바이든은 보다 전통적이고 신중한 소통 방식을 따른다. 열렬 지지층에는 어필할 수 있지만, 유권자의 감성적 반응을 이끌어내기는 쉽지 않다. 경제가 개선되고 있음에도, 이를 지지율 상승으로 연결하지 못하고 있다.

둘째, 유권자들은 생활 물가에 민감하다. 예를 들어, 바이든 행정부는 수백만 개의 일자리 창출에 이뤄냈다. 하지만, 유권자들의 일반적인 관심사는 유가 등 생활비와 서비스 가격에 더 민감하다. 일자리 창출의 효과는 상당하다. 그럼에도 주유소나 식료품점 가격 상승으로 인한 즉각적인 영향은 바이든에 불리하다. 경제 지표와 대중의 지지 사이에 항상 상관관계가 아님을 보여준다.

바이든 행정부는 중산층과 저소득층을 위한 인프라 지출이나 사회복지 프로그램 등 보다 차원높은 거대 정책에 초점을 맞췄다. 그러나, 일상 생활에 미치는 효과를 실감하기까지 시간이 걸린다. 이 때문에 좋은 정책임에도 대중은 거의 피부로 느끼지 못한다.

셋째, 유권자들은 이슈의 우선 순위를 다르게 정한다. 지식층에서는 훌륭한 정책에 따른 경제적 성과를 중요하게 생각하는 반면, 대중은 그렇지 않다. 트럼프는 대중을 선동하는 스킬에 능하다.

트럼프는 종종 이민이나 무역과 같은 핫버튼hot-button 이슈를 건드린다. 우수한 경제 지표가 대통령 지지율에 중요하지만, 핵심적 요인은 아니다. 유권자들은 미디어 묘사, 커뮤니케이션 스타일, 이슈 우선 순위에 영향을 받는다. 바이든의 양호한 경제 성과에도 트럼프가 여론조사에서 앞서는 이유이다.

소통 기법의 차이

바이든 대통령의 코로나19 팬데믹 구호 활동과 트럼프의 경제 메시지 접근 방식을 비교해본다.

바이든 행정부 시절 미국구조계획The American Rescue Plan Act 이 제정되었다. 코로나19 팬데믹으로부터 경제 회복을 촉진하는 것이다. 직접적인 재정 지원, 실업 수당 연장, 백신 배포를 위한 기금 등이 포함되었다. 이러한 조치들이 경제 안정과 개선에 기여했지만, 곧바로 피부에 와 닿는 소재는 아니다. 바이든은 마스크 착용, 사회적 거리두기, 백신 배포 등 팬데믹에 대한 체계적이고 과학적인 접근 방식에 중점을 두었다. 하지만, 그의 메시지에는 대중의 정서를 자극하는 감성적이고 마음을 뒤흔드는 수사가 부족했다.

아울러 바이든의 접근 방식은 정부의 전문성과 신뢰를 전달하는데 초점을 맞췄지만, 대중의 관심을 끌거나 강한 감성을 불러일으키지는 못했다. 보다 신중한 접근 방식을 채택하는 리더가 정책적으로 성공할 수 있지만, 인기 상승의 모멘텀을 창출하기는 쉽지 않다.

반면, 트럼프는 야인임에도 팬데믹이나 경제에 대한 과감한 주장과 극적인 발언으로 가득 찬다. 덕분에 언론의 주목을 꾸준히 받아왔다. 그의 발언은 사실 여부와 관계없이 지지자와 비판자 모두에게 관심과 감성적 반응을 불러일으킨다.

특히 트럼프의 재임 중 감세 및 일자리 법안은 직접적이고 단호한 커뮤니케이션 스타일을 통해 공격적으로 홍보되었다. 강력한 발언을 특징으로 하는 트럼프의 접근 방식은 대중의 관심을 지속적으로 이끌어낸다. 바이든의 신중한 접근 방식과 트럼프의 반항적 소통 방식의 차이를 알 수 있다.

바이든과 트럼프의 차이가 분명하게 드러나는 분야는 기후 변화와 환경이다.

먼저 트럼프는 기후 변화 대책에 대체로 회의적이다. 환경 문제보다 경제 성장과 에너지 자립을 우선적으로 강조한다. 재임 중 파리협정이 미국 기업과 근로자에게 불이익을 준다며 일방적으로 탈퇴를 발표했다. 대신 석탄 채굴 및 석유 시추와 같은 재래식 굴뚝 산업을 지원했다. 오바마 시대의 환경 보호를 철회하는 등 규제도 대폭 풀었다.

반면 바이든은 기후 변화를 핵심 이슈로 삼아 전 지구적 재앙을 막고 녹색 일자리를 강조하고 있다. 취임 직후 파리협정에 재가입하여 국제 협력을 약속했다. 재생 에너지와 인프라 구축에 상당한 투자를 단행했다.

트럼프는 민족주의와 경제성장에 초점을 맞춘 직접적이고 단호한 수사를 구사한다. 반면, 바이든은 전문가 의견과 국제 협력에 의존하는 보다 신중한 접근 방식을 선호한다.

국제 문제에서 차이점은 확연하게 드러난다.

트럼프가 재선되면, 거래적 외교정책을 선호할 것이다. 트럼프는 러시아와의 관계 개선을 원한다고 밝혔기 때문에 우크라이나에 대한 군사, 재정 지원을 줄이거나, 중단할 것이 분명하다. 푸틴과 직접 협상에 나설 것이며, 대러시아 제재를 점차 완화할 것이다. 2021년 8월 바이든이 단행한 미군의 아프간 철군은 많은 논쟁을 불러일으켰지만, 트럼프는 더 단호하게 할 것이다. 주한미군 철수 문제나 북핵 문제에서 한국은 단단히 각오하고 준비해야 할 것이다.

최근에는 우리 귀가 번쩍 뜨이는 발언으로 논란 중이다. 즉 주한미군 철수와 한국의 안보 무임 승차를 지적하면서, 주한미군 주둔비의 대폭 인상을 압박했다. 그러면서 한국에 대한 핵무장론이 한국은 물론, 미국 조야에 폭넓게 담론을 형성하고 있다. 현직이 아님에도 이토록 언론과 국제적 관심사는 받는 인물도 드물다.

아이오와 코커스의 승자가 승리한다

아이오와 코커스에서 트럼프가 앞섰다. 트럼프는 아이오와에서 51%의 득표율로 주목할 만한 승리를 거두었다. 그의 가장 가까운 경쟁자인 론 드산티스Ron DeSantis 와 니키 헤일리 Nikki Haley는 각각 약 21%와 19%를 득표하여 트럼프의 절반에도 못미쳤다.

아이오와에서 트럼프는 세심한 풀뿌리 참여와 지역 자원봉사자 네트워크 전략을 구사했다.(폴리티코 분석) 특히 복음주의 기독교인들과 대학 학위가 없는 백인 노동자들 사이에서 강력한 지지세를 보였다.

트럼프는 아이오와주에서 현지 자원봉사자를 동원했다. 풀뿌리 참여와 현지 자원봉사자의 네트워크 전략은 아이오와주의 독특한 정치 환경을 반영한다. 지역사회에 터를 둔 이들은 트럼프의 메시지를 보다 효과적으로 전달하고 지지세를 불렸다. 풀뿌리 참여 유형은 이런 것이다. 자원봉사자가 직접 유권자의 집을 가가호호 방문하여 후보자의 정책과 유권자의 관심사가 어떻게 일치하는지를 방문 조사하는 활동이다. 이러한 개인적인 접촉은 유권자의 마음을 움직이거나 코커스에 참여하도록 동기를 부여하는 데 결정적인 역할을 했다.

특히 아이오와주에서 복음주의 기독교인과의 소통은 큰 힘을 발휘했다. 복음주의 기독교인은 아이오와주 공화당 코커스에서 상당수를 차지한다. 이들은 특정 가치관과 관심사를 가지고 있다. 트럼프 측은 보수적인 판사 선택, 낙태 반대, 종교 자유 등을 강조했다. 이를 통해 유권자들에게 같은 편이라는 느낌을 주었고 지지를 획득할 수 있었다.

풀뿌리 작전의 의미는 작지 않다. 보수 성향의 공화당 지지층이 포퓰리즘적이고 반기득권적인 성향으로 이동하고 있음을 보여준다. 트럼프의 접근 방식은 향후 선거 캠페인의 모델이 될 수 있다. 풀뿌리의 동원과 주요 인구 집단에 대한 타겟팅 메시지가 선거전에서 중요함을 일깨우다.

러스트 벨트에서 인기 있는 이유

트럼프는 2016년 대선에서 러스트 벨트Rust belt의 백인 노동자 유권자층에 큰 호감을 얻어 승리했다. 미시간, 위스콘신, 펜실베이니아 주 등의 승리는 트럼프의 승리에 결정적 역할을 했다. 지금도 러스트 벨트의 백인 노동계급 유권자들 사이에서 트럼프의 지지는 우세하다. 몇 가지 요인을 들어본다.

첫째, 트럼프의 선거 레토릭은 포퓰리즘에 중점을 두었다. NAFTA나 TPP 같은 무역 협정이 일자리 감소를 초래했다고 선전했다. 그는 이러한 협정을 재협상하고 일자리를 미국으로 되찾겠다고 약속했고 노동자들은 크게 호응했다.

둘째, 트럼프의 메시지는 잃어버린 문화적 정체성에 호소하며, 번영 시절에 대한 향수를 자극했다. '미국을 다시 위대하게' 공약은 아메리칸 드림이 사라지고 있다고 느끼는 유권자들에게 반향을 일으켰다.

셋째, 트럼프는 기존 정치인에 무시당했다고 느끼는 백인 노동계급 유권자들에 어필했다.

석탄산업의 활성화도 그의 인기를 올리는 데 큰 역할을 했다. 2016년 대선 캠페인에서 트럼프는 자동화, 저렴한 천연가스, 환경 등으로 쇠퇴 일로에 있는 미국 석탄 산업을 되살리겠다고 공약했다.

탄소 배출도 비판했다. 오바마의 청정 전력의 폐지를 공약했다. 석탄 산업 종사자에 대한 공약을 이행하기 위해 수많은 환경 규제를 철폐했다. 이는 트럼프의 포퓰리즘적 메시지를 상징한다. 웨스트버지니아와 펜실베이니아 주에서는 대환영이다. 후진적 석탄 산업을 회복하겠다는 포퓰리즘 정책은 논쟁을 초래했지만, 트럼프의 메시지가 먹혔다. 산업 프레임 전환 시기에 극심한 고통을 느끼는 유권자들에게 직접적으로 호소하면서 트럼프는 잊혀진 노동자 계층의 대변자로 자리매김했다. 이는 지금도 정치 환경 및 유권자 정서와 결합하여 트럼프의 재선 가능성을 높이는 요인이다.

미국 주류 언론의 리버럴리즘

"미디어는 국민의 적이다!"

미국 주류 언론은 트럼프를 싫어한다. 기회만 있으면 트럼프 깎아내리기에 바쁘다. 예를 들어, 2022년 중간선거에서 공화당이 승리했지만, '박빙의 승리'라는 결과에 직면했다.

주류 언론은 선거 후 '트럼프 책임론'을 들먹였다. 뉴욕타임스는 "트럼프는 자신이 선택하고 지지한 후보가 중간선거에서 연달아 패배한 것에 대해 공화당 전체로부터 비판을 받고 있다"고 보도했고, 뉴스위크는 "공화당이 상하원 모두에서 의석을 크게 늘릴 기회를 놓쳤다. 트럼프가 지지한 후보가 중간선거에서 연달아 패배하면서 공화당 전체로부터 공개 비판을 받고 있다"고 보도했다.

반대편 보도도 있다. 폭스 뉴스의 논설위원 레코 오티렐은 "트럼프의 정책은 잘못된 것이 아니며, 마이크 펜스와 미치 매케인에게 책임이 있다"고 자주 이야기하고 있다. 또한, 연방 상원과 하원에 모두에 트럼프파 의원들이 많기 때문에 적어도 공화당 전체에서 트럼프가 집중포화를 맞고 있는 것은 아니다.

물론 트럼프 본인도 가만히 있지 않았다. 트위터 댓글 등을 통해 자신을 방어하곤 한다.

"이러한 부정적인 행동(미디어의 왜곡 보도)은 그가 대통령에 취임하기 전부터 끊임없이 이어져 왔다"면서 "그들은 사실을 쓰기를 거부하고, 적과 패자의 말만 인용하여 말 그대로 동화를 만들어내고 있다. 당신들

● 켄디스 오웬즈

은 진실을 인식할 수 없을 것이다. 그들은 바로 국민의 적이다!"

1989년생인 켄디스 오웬즈[6]는 흑인 여성의 보수 평론가로 주목받고 있다. 그녀는 언론의 트럼프 공격에 대해 다음과 같이 말했다.

"언론이 공격하는 인물은 거의 틀림없이 언론이 통제할 수 없는 인물이다. 반대로 언론이 칭찬하고 취재 기회를 제공하는 인물은 그들이 완전히 통제하는 인물이다. 그들이 트럼프를 미워하는 이유는 트럼프가 워싱턴 DC에서 언론의 지배력을 무너뜨렸기 때문이다. 그것이 진실이다. 그래서 언론은 그를 집요하게 공격했다. 그가 대통령 선거에 출마하기 전의 일을 기억해 보라. 언론은 트럼프를 좋아했다. TV에도 나왔고, 자기 프로그램도 있다. (트럼프가 진행을 맡은 디 어프렌티스) 이것이 뒤집어져 강간범, 인종차별주의자, 성차별주의자, 배타주의자, 반동성애자 등으로 비춰진 것이다. 출마하기 전까지는 전혀 비판하지 않았다.

트럼프의 대통령직은 자유를 상징하는 것이다. 미디어 지배로 국가를 옭아매려는 수구세력에 대해 트럼프는 반란을 일으켰다. 자유를 억압하려는 프로파간다에 반격한 것이다.

미국이나 서구가 자유롭다는 것은 환상이다. 우리는 마르크스주의 체제에 점점 더 가까워지고 있었다. 즉, 극소수의 사람들이 강력한 지배력을 얻고 있다는 뜻이다. 그리고 이 이데올로기가 밤도둑처럼 우리나라에 들어오고 있다는 것을 우리는 깨닫지 못했다.

---

6   켄디스 앰버 오웬스 파머 (Candace Amber Owens Farmer)는 미국의 보수 정치평론가, 텔레비전 진행자이다. 오웬스는 트럼프에 대해 처음에는 비판적이었음에도, 지금은 친 트럼프 행동주의자로 인정받는다.

얼마나 가까이 다가왔는지 모릅니다. 즉, 극소수의 사람들이 강한 지배력을 얻고 있다는 뜻이다. 미디어는 틀림없이 워싱턴 진흙탕의 일부이다."

오웬스는 기득권층(Establishment)의 언론 장악을 비판한 것이다.

● 마크 메도우즈

오웬스 뿐만아니라 트럼프의 수석보좌관이었던 마크 메도우즈Mark Meadows도 할 말이 많다.

"언론은 트럼프 대통령이 싸우고 있는 워싱턴의 '늪'(정계와 관료사회의 기득권층을 일컫는 비유)의 의 일부이다. 늪과 싸우면 늪은 격렬하게 반격할 것이다. 늪을 청소하려던 트럼프가 공격에 노출된다는 것은 자명하다. 트럼프 대통령이 재임시 탄핵 재판을 받게 되었을 때, 진실은 우리 편이었다."

하원의원 짐 조던은 트위터를 통해 이렇게 말했다.

"사실 대통령은 무죄 판결을 받았다. 하지만 언론의 보도는 어땠는가? 탄핵 재판은 언론과의 싸움이 될 것이라는 것을 알고 있었다. 나는 매일 트위터를 통해 진실과 우리의 주장을 게시했다. 미국보수연합(ACU)이나 티파티와 같은 보수운동 단체에도 지지를 요청하고 확산시키기 위해 노력했다. 그 결과 9일 만에 1억6700만 명에게 확산될 수 있었다. 가짜뉴스와 싸우기 위해서는 이런 꾸준한 싸움이 필요하다는 것을 뼈저리게 느꼈다."

트럼프 시절 법무장관 대행을 맡았던 매튜 휘태커Matthew Whitaker도 말을 보탰다.

"트럼프에 대한 언론의 공격은 지금도 계속되고 있다. 중간선거 결과에 대해 주류 언론은 '누가 나쁜 놈이냐, 트럼프가 나쁜 놈이 아니냐'고 말하고 싶어한다. 그들은 좌경화되어 있고, 사실이 아닌 것을 전달하고 있는 것이다. 구체적인 예를 들어보자. 미국 전체를 보면 정치적으로 완전히 50대 50으로 양분되어 있다고 말할 수 있다.

● 짐 조던

각 주별로 구분해보면 알 수 있다. 아이오와는 공화당 지지파가 20% 더 많다. 플로리다에서는 보수파 주지사가 압승했다. 즉, 레드 스테이트(공화당 텃밭 주)는 더욱 '레드'가 되었고, 블루 스테이트(민주당 텃밭 주)는 더욱 '블루'가 되었다. 격전지가 된 4개 주(펜실베니아, 오하이오, 조지아, 애리조나)가 오히려 외곽지역이 되었다.

언론이 중간선거에서 '트럼프의 책임으로 졌다'고 말하고 싶어하는 주는 바로 이 외곽지역, 특히 펜실베니아다. (이 주에서 상원의원에 출마한) 오즈는 신인 후보였다. 어느 쪽으로 기울어질지 모르는 상황에서 트럼프가 지지한 후보가 졌다고 해서 무슨 부자연스러움이 있단 말인가. 다른 '레드 스테이트'에서는 트럼프가 지지한 후보가 압도적인 승률로 이겼다. 표도 더 많이 얻었다. 미디어는 여론조사에 대해 책임을 져야 한다. 사전 예상은 크게 빗나갔다, 샘플링 등의 실수 때문이다, 보수가 압도적인 승률로 이겼을 뿐만 아니라 표를 쌓아 올린 것이다. 하지만 언론은 이 사실을 전하지 않는다. 언론으로서의 정확성이 결여되어 있다.

사전에 '공화당 대승할 것'이라는 이미지를 만들어 놓고, 그것이 실현되지 않았다는 식으로 몰아가기 위해 여론조사를 조작했다면 이야기가 달라진다. 이 점에 대해 분명하게 책임을 물어야 한다. 언론이 진실을 말하지 않으려는 것은 비단 트럼프에게만 국한된 이야기가 아니다."

주류 언론의 기만적 행위

트럼프 재임 당시 미국에서는 민주당 자유주의자들이 장악하고 있는 언론의 실체를 들춰내는 운동이 동시다발적으로 일어나기 시작했다.

비영리 시민 단체 '프로젝트 베리타스(Project Veritas)'는 그 중 하나다. '베리타스'는 진실 혹은 진리라는 뜻이다. 베리타스가 2020년 2월 폭로한 CNN 편집회의 녹취록은 파장을 일으켰다. CNN 내부 회의에서 트럼프 진영의 언론을 조직적으로 압박해 트럼프를 퇴진시키려는 계획이었다. 녹취록에 따르면 CNN 수석 편집장과 제프 자카 사장은 매일 아침 9시 편집회의에서 어떻게 하면 트럼프의 주장을 보도하지 못하게 할 것인가를 논의하는 내용이었다. 뿐만 아니라, 퇴진하지 않으면 2001년 미국 9.11 테러와 같은 일이 벌어질 수 있다는 협박성 발언도 있었다. (트럼프가 순조롭게 물러나지 않으면) 권력의 공백이 생겨 미국 전역에 거대한 재앙이 일어날 것이라고 주장하려 했던 것이다.

2021년 필자는 베리타스의 당시 리더였던 제임스 오키프James Edward O'Keefe III와 이야기를 나눌 기회가 있었다. 오키프는 2020년 CNN에 대한 조사에 대해 "그들(CNN)의 행위는 완전히 저널리즘 윤리에서 벗어난 것이었다"고 말했다.

오키프는 "대부분의 경우 그들은 법을 이용해 나를 공격한다. 즉, 내가 잘못했다거나 그런 것을 인정하게 만들려고 한다. 보통은 소송이지만, 실제로 살해 협박을 받기도 하고, 방탄조끼를 입어야 하는 경우도 있다. 보통은 소송이지만, 확실히 살해 협박을 받으면 말 그대로 언론과의 목숨 건 투쟁"이라고 말했다.

자유주의자들의 미디어 지배는 부정확한 정보를 동반하고, 언론, 교육, 모든 곳에 뿌리를 내리고 있다. 이에 굴복하지 않는 트럼프와 같은 인물은 공격받기 십상이다.

인종 차별 문제는 비즈니스다

켄디스 오웬스는 인종 문제에 대해서도 사실을 크게 왜곡하는 구조가 있다고 지적한다.

미국에서 인종문제는 비즈니스이며, 미국 재계는 이 비즈니스를 유지하는 데 집착하고 있다는 것. 교육부는 프로파간다 미디어와 결탁하여 교실에서 벌어지는 일을 거짓말로 포장하고 있다. 미국 재계는 이 사업을 유지하는 데 집착하고 있다. 자유주의자들은 진실을 말하고 있는 게 틀림없다고 믿도록 여론을 통해 조종한다. 그러면 연방정부는 이를 되풀이하며, 유권자는 평생 이를 믿고 살아간다.

교육부와 주류 미디어가 특정 이데올로기를 확산하고 있다. 이는 자유주의적 관점을 조장하는 동시에 민주당 의제에 부합하도록 여론을 형성하는데 주도적이다. 자유주의자들은 경제적 격차를 해소하고 의료 서비스를 제공하며, 모두에게 기회를 보장하는 사회 안전망이 필요하다고 주장한다. 그러나, 복지 프로그램이 의존의 순환성을 조장, 근로 의욕을 떨어뜨리고 빈곤을 영속화할 수 있다.

미국에서 벌어지는 실상은 어떤가? 보통 시민들은 "자유주의자들은 당신이 더 자유로워지기를 원할 것이다"라고 생각한다. 실제로는 당신이 정부에 더 많이 의존하기를 원한다. 그것이 좌파의 목적이다. 트럼프는 2016년 대통령 선거전에서 이를 폭로했다.

그들(민주당=자유주의자들)은 미디어에서 막강한 영향력을 가지고 있다. 미국의 노예제도, 짐 클록법, 인종차별을 공부해보면 그 뒤에는 항상 민주당의 존재한다는 것을 알 수 있다. 민주당이야말로 노예제도를 유지하려 했고, 오랜 세월 동안 흑인을 괴롭혀 왔다. 그들은 1965년대에 전향했다. 실제로 미국 흑인 가정은 복지국가에 의해 파괴되었다는 비판이 많다. 오늘날 흑인의 높은 범죄율은 의심의 여지가 없다. 그것은 흑인 가정의 파괴와 흑인 아버지의 부재, 흑인 문화의 부패와 연결되어 있다.

예를 들어, 캘리포니아 주 공교육 시스템에서 흑인 소년들이 기본적인 읽기, 쓰기 시험에 통과하지 못하는 비율이 75% 안팎이다. 민주당이 지배하는 볼티모어의 5개 학교의 흑인 자녀 중 글을 읽고 쓰는 데 능숙한 사람은 단 한 명도 없다는 사실은 충격적이다.

자유주의는 여성의 성적 노출을 지지한다. 퇴폐적 음악도 모두 좌파의 의도에 의해 확산되고 있다. 이런 것들이 우리를 더 자유롭게 해준다고 하지만, 사실은 우리를 더욱 노예로 몰아넣고 있는 것이다.

오늘날 자유주의 이념을 대표하는 민주당 역사를 보면 그 맥락을 이해할 수 있다. 1960년대 이전엔 민주당은 흑인 차별을 주도해왔다. 남부 주를 장악하고 짐 크로우 법[7]을 제도화했다. 이 법은 인종 차별을 제도화하고 흑인의 참정권을 박탈했다. 그러나, 린든 존슨Lyndon B. Johnson 대통령[8] 등 민주당 지도자들은 민권법을 제정했다. 흑인에 대한 사회 안전망과 복지 프로그램의 도입은 빈곤을 완화하고 지원을 제공하기 위해 고안되었지만 의도치않은 결과를 가져왔다. 솔직히 흑인 계층은 정부 지원에 크게 의존하면서 일을 하지 않게 되었다. 이를 퇴폐적이고 전통적인 가족 구조의 불안정화에 기여했다. 많은 아프리카게 미국인 커뮤니티 높은 범죄율과 사회적 문제를 야기한다.

"자유주의자들은 여러분이 더 자유로워지기를 원한다"는 개념은 특히 개인 및 가족 문제에 대한 정부의 개입이 증가하면 진정한 권한 부여가 아니라 더 큰 의존으로 이어진다. 진보적 인 주류 미디어는 민주당의 정책과 가치에 부합하는 내러티브를 확산시켰다. 성적 자유분방, 특정 유형의 음악과 엔터테인먼트의 확산은 퇴폐적 자유주의의 특징으로 꼽인

---

7 짐 크로우(Jim Crow) 법은 19 세기 후반~ 20세기초 미국 남부 주들에서 도입된 인종차별 정책이다. 짐 크로우는 아프리카 계 미국인을 경멸하는 용어다.

8 1964년 린든 B. 존슨 대통령은 민권법에 서명하여 짐 크로우 법에 의해 제도화되었던 차별을 법적으로 종식시켰다. 1965년 투표권법에 의해 소수자의 투표를 허용했다.

다. 자유와 자기 표현을 촉진한다지만, 실상은 사회적 타락과 도덕적 타락으로 이어지기 일쑤다. 다시 말해 건강한 사회를 위해서는 복지 정책에 대한 재평가, 미디어의 균형 잡힌 묘사, 개인의 책임과 강력한 가족 단위로의 문화적 전환이 절실하다.

자유주의에 매몰된 미국 주류 언론의 지배는 부드러운 노예제도에 다름아니다. 민주당은 정책적으로 그렇게 하고 있다. 솔직히 자유주의는 흑인의 적이다. 그러나, 주류 미디어를 장악하고 있기 때문에 자유주의자들이 소수자를 지지하고 있다는 거짓말을 믿게 만든다.

'암호화폐
대통령'
선언

'암호화폐 대통령' 선언

암호화폐 주도국에 대한 구상

트럼프는 지난 6월 7일 샌프란시스코 대선 자금 모금행사에서 "암호화폐 대통령이 되겠다"고 말했다. 조 바이든 미국 대통령이 미국 증권거래위원회SEC 회계공고 제121호(SAB121)를 기각하는 결의안에 거부권을 행사한 지 불과 일주일 만이다. (암호화폐 규제를 명확히 하는 조치)

모금 행사는 크래프트 벤처스의 창립자 데이비드 색스와 기술 투자자 차마스 팔리하피티야가 주최, 트럼프 지지자들로부터 1200만 달러(약 165억 원)를 거둬들였다.

트럼프는 암호화폐에 대한 열렬한 지지와 시장 확산 계획을 밝히면서, 암호화폐 기업들이 1등에 안주해서는 안 된다고 강조했다. 앞서 5월 25일에도 자신의 SNS '트루스 소셜'에 "2위는 없다. 미국은 반드시 암호화폐 분야에서 선두를 달려야 한다"면서 "나는 암호화폐 기업들과 급성장하는 새로운 산업에 긍정적이며 열린 마음을 갖고 있다"라고 덧붙였다.

트럼프는 "나는 조 바이든의 암호화폐 전쟁을 끝낼 것이다. 우리는 암호화폐와 비트코인의 미래가 미국에서 만들어지도록 할 것이다"면서 "많은 부분이 바로 여기 플로리다에서 이루어질 것이다"고 강조했다. 모금행사에 플로리다 주 상원의원 마르코 루비오가 동행했다.

글로벌 투자은행 스탠다드차타드SC는 "트럼프 전 미국 대통령이 당선되면 비트코인 가격은 연말까지 15만달러를 돌파할 것"이라고 내다봤고, 프랭클린템플턴은 보고서에서 "트럼프 당선 시 솔라나와 알트코인 현물 상장지수펀드(ETF) 승인 가능성이 높아질 것"이라고 진단했다.

과거 트럼프는 트위터 등에 암호 화폐를 반대한다고 명시해 온 것과 비교하면 180도 방향전환이다. 그는 암호화폐가 마약 거래 및 기타 불법 활동을 포함한 불법 행위를 부채질한다고 비난한 바 있다. 다분히 미국민 25%가 암호화폐를 갖고 있어 표를 의식한 발언이다. 아직 트럼프의 속내가 무엇인지는 알 수 없다.

그러나, 그는 이더리움을 갖고 있다. 자발적으로 투자한게 아니다. 코일 채굴업자, 즉 코인 사업자들이 그의 이름이나 로고 등을 사용한 댓가로 트럼프에게 증정한 것이 대부분이다. 증정받은 것 가운데 이더리움을 가장 많이 갖고 있다. 이는 코인 사업자들이 트럼프의 지갑으로 짐작되는 곳을 찾아보니 실제 거래한 흔적을 발견, 2023년 하순 각종 언론에 보도되어 알려졌다.

암호화폐에 대한 트럼프의 전향된 인식은 2024년 3월 11일 CNBC와 인터뷰에서 확실히 드러났다. 그는 비트코인을 소유하고 있지 않다면서, 자신의 운동화를 비트코인으로 결제하는 것은 받아들인다고 언급했다. 그러면서 "많은 사람들이 그것을 받아들이고 있다. 그리고 점점 더 많은 사람들이 비트코인으로 지불하기를 원하고 있다"라고 말했다. 디지털 통화가 대중 속에 분명히 자리잡았음을 인식한 발언이다. 트럼프 본인은 그닥 신뢰하지 않더라도 NFT의 잠재적 가치를 인정했다는 의미다.[9]

트럼프는 재집권 시 암호화폐 시장을 수면 위로 들어내 공개하고 전향적인 규제에 나설 것이 분명하다. 규제보다는 실용적인 접근 방식을 채택할 것이다.

비트코인 등 암호화폐와 관련해 트럼프가 채택할 만한 정책을 전문가의 견해를 빌려 소개한다.

---

9   반면, 바이든 행정부는 주로 증권거래위원회(SEC)를 통해 암호화폐에 대해 부정적인 반응을 보였다. 게리 겐슬러(Gary Gensler) SEC 위원장은 암호화폐에 대한 SEC의 모호한 정책으로 인해 자주 비판의 대상이 되었다.

첫째, 전향적 규제에 집중할 것이다. 투자자를 보호하고 불법 활동을 방지하며 금융 시스템의 안정성을 보장한다는 명목으로 양성화할 것이다. 규제에 무게 둔 정책이나 뜯어보면 사실상 암호화폐 시장의 활성화에 가깝다. 대선이 가까워오면서 규제 정책에는 투명성 강화, 보안 기준 개선, 자금 세탁 및 사기 방지 등의 조치가 포함된다. 암호화폐를 비롯한 블록체인 기술을 융합, 시너지 극대화로 갈 것이다.

둘째, 미국내 금융 산업 기술 혁신에 역점을 둘 것이다. 트럼프는 종종 미국의 기술 우선주의와 경쟁력 유지의 중요성을 강조해 왔다. 그는 이러한 목표를 달성하기 위해 블록체인과 암호화폐 분야의 혁신 기술 발전을 유도할 것이다. 투자자 보호와 시장 활성화 사이의 균형을 맞추고, 달러의 지배력을 위협하지 않는 선에 촛점을 맞출 것이다. 그는 미국 달러가 우선되어야 한다는 점을 거듭 밝혀왔기 때문이다.

그렇다면 규제 목록에는 어떤 조치들이 포함될까.

첫째, 과세를 위한 투명성 강화 정책이다. 우선 미국내 모든 암호화폐 거래소에 상세한 거래 기록을 요구할 것이다. 거래 기록에는 수수료, 디지털 자산의 출처 정보 등이 포함된다. 암호화폐 과세에 대한 명확한 가이드라인이 도입되면 암호화폐 양성화가 보다 빨라질 것이다.

둘째, 보안 표준을 도입할 것이다. 해킹과 보안 침해를 방지하는 차원에서 새로운 사이버 보안 표준이 도입될 수 있다.

셋째, 자금세탁방지(AML) 및 테러자금조달방지(CTF) 조치에 역점을 둘 것이다. 거래소에서 계정을 시작하거나 거액일 경우, 보다 엄격한 신원 확인 절차 등이 여기에 포함된다.

넷째, 시장 조작과 변동성을 줄이기 위한 시장 안정화 조치다. 의심스러운 거래를 모니터링하고 이에 대응하기 위한 감독 메커니즘 등이 포함된다.

이어 암호화폐 혁신에 관한 트럼프의 생각을 정리해본다.

트럼프가 재집권하면 블록체인과 암호화폐 기술의 성장을 도모하기 위한 기술 혁신에 집중할 것이다. 특히 세계적인 추세에 맞춰 미국이 1등 경쟁력을 갖도록 블록체인 기술을 장려할 것이다. 이를 위해 세금 감면, 보조금 지원, 블록체인 스타트업과 기술 기업에 대한 인센티브의 도입을 추진할 것이다. 이를테면 블록체인 개발 분야 스타트업은 정부 보조금을 받아 플랫폼 개발에 전념하는 식이다.

트럼프는 분명히 블록체인과 더불어 암호화폐 시대가 열릴 것을 예측하고 있다.

블록체인 기술 어디까지 왔나

첫째, 현재 블록체인 기술 혁신이 전 세계적으로 진행되고 있다. 예를 들어, 공급망 관리, 의료, 금융 분야에서는 투명성, 보안, 효율성에 초점을 맞춰 블록체인을 활용하는 범위가 전 산업으로 확산하고 있다.

예를 들어, 월마트는 농장에서 매장까지 농산물을 추적하는데 블록체인 시스템을 도입했다. 특히 의료분야가 가장 활발하다. 의료기록의 안전한 공유와 의약품 공급망 관리에 블록체인 앱이 채용되고 있다.

둘째, 탈중앙화 금융(DeFi)의 확산이다. 전통적인 금융 중개자 없이 대출, 대출, 거래와 같은 서비스를 제공하는 플랫폼이 등장하면서 DeFi가 크게 성장하고 있다. 기존 금융기관의 이용률이 정체된 상태에서 DeFi가 전방위적으로 확산하고 있다. 탈중앙화된 금융 생태계를 향한 중요한 변화를 의미한다.

셋째, 블록체인 기술은 암호화폐의 확산을 촉진하고 있다. 레이어2 프로토콜 같은 확장성 솔루션과 전기 소비를 줄이는 메커니즘 등 암호화폐 기술은 지속 발전하고 있다.

넷째, 규제 환경의 변화다. 암호화폐와 블록체인에 대한 법적 프레임워크 즉, 투자자 보호, 자금 세탁 방지, 시장 안정성 보장에 중점을 두고 양성화 작업이 각국에서 진행되고 있다.

와이오밍과 플로리다 같은 주에서는 기업을 유치하기 위해 블록체인에 친화적인 규제를 도입했다. 현재 투자 동향을 보면 암호화폐와 블록체인 프로젝트에 대한 기관 및 거액의 개인 투자가 지속 증가하고 있다. 벤처 자본이 블록체인 스타트업으로 유입되고 있으며, 금융 기관들도 암호화폐 자산을 점점 늘려가고 있다.

페이팔과 스퀘어와 같은 결제 프로세서가 좋은 사례이다. 사용자가 암호화폐를 구매, 판매, 보유할 수 있도록 허용하고 있다. Circle과 Coinbase 등은 암호화폐 거래, 결제 처리 등을 제공하고 있다.

블록체인 시장은 2027년까지 미국에서만 940억 달러 이상 수익을 창출할 전망이다. 이 수치는 최소한이며, 폭발적인 성장세를 보일 것이다.

블록체인 기술 적용에 유망한 직종

블록체인은 출처 추적에 매우 유리하며 효율성 또한 입증되고 있다. 공급망 내의 모든 거래 , 상품 이동을 들여다 볼 수 있다. 투명하고 변경 불가능한 기록을 생성하고 있다. 이는 상품의 진위를 보장하고 원산지에서 소비자까지의 과정을 실시간 추적할 수 있다.

아울러 스마트 계약이 가능하다. 사전 계약 조건만 충족되면 공급망 내 여러 당사자 간의 계약을 자동으로 실행하여 시간을 줄이고, 분쟁을 방지하며, 획기적으로 효율성을 높일 수 있다.

특히 헬스케어 분야는 독보적인 역할을 하고 있다. 블록체인은 환자 데이터를 저장하고 관리할 수 있는 안전한 플랫폼을 제공한다. 병원에서 종사자들은 의료 기록에 쉽고 안전하게 접근해 치료의 연속성과 환자 결과를 향상시킨다. 의약품의 공급망을 추적함으로써 의약품의 진위를 보장하고 시장에서 위조 의약품을 방지하는데 유용하다. 아울러 임상시험 데이터의 위변조 방지 기록을 제공하여 임상시험 연구 결과의 신뢰성을 높일 수 있다.

국제 결제에서 블록체인은 독보적 자리를 차지할 전망이다. 중개자 없이 거래 시간도 몇 분 이내로 단축할 수 있다. 그러나, 국가간 결제는 국가마다 장벽이 존재하며, 아직 실용화 단계까지는 상당한 시간이 걸릴 전망이다. 일반 인공지능(AGI)[10]이 상용화 되는 시대에 곧 돌입할 것이

---

10 수년 내 일반인공지능(AGI, Artificial General Intelligence) 시대가 온다. AGI는 대학생 정도의 지능·판단력·추리력, 창조력을 갖는 AI다. AI는 학습 변수(Model Parameter)로 표현한다. 이 변수가 지금 1조 단위를 넘어 100조를 넘을 수 있다. 현재 챗GPT의 학습 변수가 1000억 단위라고 하니 AI에 쓰이는 대표적인 반도체인 GPU(그래픽 처리 장치)와 HBM(고대역폭 메모리) 성능이 지금보다 1000배 이상 향상되어야 AGI 시대에 부응한다. AGI의 능력은 GPU와 HBM 사이에 데이터가 오가는 속도가 결정한다. GPU를 백화점, 메모리를 아파트에 비유할 수 있다. 백화점의 동선이 잘 설계돼 쇼핑을 신속히 끝냈다고 하더라도, 집(아파트)까지 가는 길이 막히고 엘리베이터까지 고장 나면 시간이 많이 소요된다. 챗GPT에서 답변을 내는데 답을 한 번에 내놓지 못하고 타자 치듯한 단어씩 뜨는 것은 이런 시간의 지체가 GPU와 메모리 '사이'에서 발생한다고 알려졌다. HBM은 GPU와의 데이터 송수신 속도를 대폭 개선한 것이며, 그래서 HBM이 AGI 시대의 핵심 반도체로 여겨진다. HBM의 성능을 높이기 위해서는 제일 먼저 GPU와 연결되는 선(線)의 숫자를 늘리는 방법이다. 고속도로로 치면 차선 확장이다. 현재 쓰이는 HBM3E는 '차선(핀)'이 1024개인데 미래엔 수십만개로 늘어난다. 차선을 달리는 '버스'(고객=데이터) 또한 지금이 1층 버스라면 2층·3층 버스가 달리게 된다. 같은 차선으로 더 많은 데이터를 주고받게 되는 셈이다. 삼성전자와 SK하이닉스가 개발 중인 메모리 'HBM4'는 GPU와의 연결선 개수가 2048개로, 지금의 2배로 증가한다. 고속도로 차선이 2배로 늘어나는 셈이다. 가장 주목해야 할 변화는 HBM4 맨 아래에 설치되는 '베이스 다이(Base Die)'라는 반도체다. HBM이 아파트고 백화점 격인 GPU와 왕복하는 속도가 중요했다면, HBM4는 아예 아파트 1층에 상가를 넣은 주상복합 건물과 비슷하다. HBM4는 베이스 다이에 GPU에서 수행하는 계산 기능도 설치한다. 멀리 있는 GPU

다. 인공지능이 움직이는 블록체인 기술이 금융과 합쳐지면 그 시너지 효과는 상상을 초월한다. 트럼프는 이를 인지하고 있을 것이다.[11]

이더리움의 제도권 진입이 주는 의미

트럼프가 재집권하면 암호화폐 정책에 대해 다양한 이해 관계자의 이익 균형을 맞추기 위해 보다 현실적으로 접근한다는 점은 앞 장에서 설명했다. 미국내 금융 시스템에서 디지털 자산의 중요성이 커지고 있다는 점을 간과할 수 없기 때문이다.

암호화폐가 공식 금융시스템에 통합하는 것은 금융산업의 영역 확장을 의미한다. 블록체인 기술과 디지털 자산의 가치와 유용성이 대중 속에 자리잡는다는 의미다.[12]

까지 다녀올 필요 없이, 웬만한 계산은 가까운 1층 '상가'에서 처리하려는 목적이다. 거리가 가까울수록 시간은 적게 걸린다. 모두 AGI의 학습과 생성 시간을 줄이기 위한 노력이다. 이러한 베이스 다이 설계는 전 세계 메모리 반도체 점유율이 90%에 달하는 삼성전자·SK하이닉스가 엔비디아·AMD·인텔·마이크로소프트·메타·애플·아마존 등 반도체 설계·개발사와 함께 각각의 필요에 따라 만든다. 1층 상가에 무엇이 필요할지, 입주 상인과 상의해 정하는 식이다. 메모리 반도체인 HBM은 1층에 베이스 다이가 설치됨으로써 'AI 가속기'로 변신한다. 메모리 반도체와 시스템(비메모리) 반도체의 경계가 무너지기 시작한다. 〈조선일보 참조〉

11 인공지능(AI)과 블록체인 기술의 통합은 여러 시너지 기회를 창출한다. 먼저 블록체인의 탈중앙화된 원장은 기록의 변조 방지와 불변성을 통해 데이터 무결성을 보장한다. 각 거래는 블록체인에 기록되며 모든 참여자가 볼 수 있어 투명성과 신뢰가 향상된다. AI는 블록체인에 저장된 대규모 데이터 세트를 분석하여 이전에는 불가능했던 패턴과 인사이트를 발견할 수 있다.

12 미국증권거래위원회는 가상화폐 대장격인 비트코인을 인정하지 않았으나, ETP(Exchange Traded Product) 즉 상장지수상품에 편입했다. 개인 및 기관은 비트코

이미 JP모건 체이스 등은 암호화폐 거래에 은행 서비스를 제공하고 있다. 고객에게 암호화폐를 보관하고 이체할 수 있도록 하고 있다. 페이팔과 스퀘어에서도 고객이 암호화폐를 구매, 판매, 보유할 수 있도록 지원하고 있다. 온라인 및 오프라인 소매업체도 암호화폐를 결제 수단으로 쓰고 있다. 예컨대 Overstock.com은 웹사이트에서 비트코인으로 결제할 수 있다.

암호화폐 기반 상장지수펀드(ETF)는 특히 주목된다. 이는 디지털 자산을 공식 투자 대상에 통합한다는 것을 의미한다. 이 추세는 앞으로 확산하고 계속될 것이다. Tesla와 MicroStrategy 등은 현금 보유액의 상당 부분을 비트코인에 투자하여 비트코인을 디지털 금 또는 인플레이션 헤지 수단으로 갖고 있다.

SEC는 지난 1월 10일 비트코인 현물 상장지수펀드(ETF)에 대해 거래소 상장과 거래를 승인했다. SEC 승인 결정에 따라 11개 비트코인 현물 ETF의 거래가 가능해졌다. 그러나, 한국은 일단 금지했다. 물론 변동성에 취약한 한국 투자자를 보호하기 위함이다.

미국 SEC가 비트코인 현물 ETF를 승인함에 따라 비트코인과 어타 알트코인은 전환기를 맞고 있다. 그동안 비트코인은 회계 규정이나 각종 규제 등을 이유로 기관투자가들이 주식처럼 쉽게 매입할 수 없었으나 이제는 가능해졌다. 그간 2013년부터 꾸준히 비트코인의 현물 ETF 승인이 거론 되었지만, SEC는 '가격 조작 위험' 등의 이유로 승인을 거부해왔다.

비트코인이 공식 투자 대상에 편입되면서 가상자산 시장에 거액의 투자금이 유입되고 있다. 비트코인 현물 ETF는 회계 등 복잡한 과정을 우회해 비트코인을 포트폴리오에 담을 수 있다. 비트코인 현물 ETF의 단점은 투자자가 비트코인에 직접 투자할 때와 달리 운용 수수료가 붙는다.

반면, 가상자산 거래소에서 비트코인을 직접 살 때는 거래 수수료 외

인 현물 ETP를 주식처럼 거래할 수 있다.

에 별도 비용이 발생하지 않는다. 비트코인 현물 ETF 발행사들도 이러한 단점 때문에 수수료 인하 경쟁을 벌이고 있다.[13]

비트코인 현물 ETF가 승인되면서 알트코인(비트코인 외 암호화폐) ETF도 나올 것이다. 비트코인 다음으로 이더리움 현물 ETF도 SEC의 승인을 받았다. 미국이 가상자산 시장을 주도한다는 미 당국의 의지가 분명해졌다는 것이 이더리움 제도권 진입의 가장 큰 의미다.

비트코인과 이더리움이 강한 이유

비트코인이 이더리움, 리플, 솔라나, 도지코인 등 다른 암호화폐에 비해 우위를 점하고 가격이 높은 이유는 몇 가지 주요 요인에 기인한다.

첫째, 비트코인은 2009년에 출시된 최초의 암호화폐로 가장 잘 알려져 있다. 비트코인의 최대 공급량은 2100만 개이다. 이런 희소성은 금과 같은 귀금속과 마찬가지로 비트코인의 가치를 높인다.

둘째, 반감기 이벤트이다. 약 4년마다 비트코인 채굴 보상이 절반으로 줄어들어 새로운 비트코인이 생성되는 속도가 감소한다. 이러한 희소성은 시간이 지남에 따라 가격을 상승시키는 요인이 된다.

셋째, 비트코인의 블록체인은 매우 안전하며, 그 수명 기간 동안 공격에 대한 내성이 입증되었다. 탈중앙화된 특성과 광범위한 채굴자 네트워크로 인해 해킹이 매우 어렵다. 따라서 투자자들 사이에서 더 안정적이고 신뢰할 수 있는 것으로 간주된다.

---

13 한국내에서는 국내 증권사의 해외 주식 거래 서비스를 통해 비트코인 현물 ETF에 투자하는 것은 불가능하다. 비트코인 현물 ETF가 미국 주식시장에서 거래되기 시작하면 최대 1000억달러(131조원)가 유입될 것으로 전망했다. 스탠더드차타드SC는 올해 연말까지 비트코인 ETF에 500억~1000억달러가 몰릴 것으로 예상했다.

넷째, 미국의 대형 기관과 투자자들이 비트코인을 가치 저장 수단이자 인플레이션에 대한 헤지 수단으로 비트코인을 채택했다. 이러한 기관의 관심은 수요와 가격을 끌어올린다.

투자자들은 비트코인을 '디지털 금'으로 간주한다. 즉 가치 저장 수단으로 인정되며, 공급이 제한적이고 수년 동안 상당한 투자자 신뢰를 구축해 왔다. 이는 투자자들이 금을 바라보는 시각과 같다. 시간이 지나도 가치가 유지되거나 상승할 것이라는 기대감으로 비트코인을 구매한다. 비트코인의 희소성과 탈중앙화된 특성이 이러한 인식에 기반한다. 사람들은 인플레이션과 경제적 불확실성으로부터 자신의 재산을 보호하기 위해 비트코인에 투자한다.

특히 비트코인은 탈중앙화 기능이 탁월하다. 탈중앙화된 네트워크에서 운영되기 때문에 단일 기관의 검열과 통제에 저항력이 있다.(CoinDesk 분석)

반면, 이더리움은 스마트 컨트랙트 기능과 탈중앙화 애플리케이션(dApp)의 광범위한 사용으로 가치가 높지만, 비트코인처럼 가치 저장 수단으로 여겨지지 않는다.

이더리움의 핵심 기능은 스마트 컨트랙트(중개자 없이도 조건이 충족될 때 자동으로 실행)를 실행할 수 있는 플랫폼 기능에 가깝다. 작동 방식은 다음과 같다.

고객이 자동차를 구매하는 경우를 비교해보자. 전통적인 자동차 구매 방식은 1.구매자와 판매자가 가격에 합의한다. 2. 결제는 은행을 이용하고 계약은 변호사를 통해 처리한다. 3. 은행계좌로 대금을 송금하고 법적 서류를 통해 자동차 소유권을 이전한다.

이젠 스마트 컨트랙트로 자동차를 구매해보자. 고객과 판매자는 이더리움 블록체인에서 스마트 컨트랙트를 생성한다. 계약에는 차량 가격, 차량 세부 정보, 소유권 이전 조건이 명시된됨다. 스마트 컨트랙트에 합의된 금액의 이더(이더리움의 암호화폐)를 전송한다. 거래가 자동화되고 투명하게 진행되므로 은행이나 변호사가 필요 없다. 그만큼 비용이 절감 된다. 이더리움의 유용성은 스마트 콘트랙트를 실행하는 능력에 있으며, 기존 중개자에 의존하지 않고 다양한 프로세스를 자동화하고 간소화 되며, 탈중앙화 애플리케이션을 만드는 강력한 플랫폼이다.

또 리플(XRP)의 경우 빠르고 저렴한 국제 결제를 촉진하는 데 중점을 두지만 법적 문제와 덜 널리 채택되는 문제에 직면해 있다. 하지만, 기존 은행 시스템에 비해 더 빠르고 저렴한 거래를 제공한다. 리플은 다른 암호화폐에 비해 중앙 집중화되어 있어 탈중앙화의 매력을 제한한다.

솔라나(SOL)는 빠른 거래 속도와 낮은 수수료로 잘 알려져 기술적으로 발전했지만 아직은 신생이고 커뮤니티가 덜 확립되었다. 솔라나는 초당 최대 65,000건의 거래를 처리할 수 있는 높은 거래 처리량으로 유명하며, 가장 빠른 블록체인 중 하나다(코인텔레그래프). 솔라나는 이더리움에 비해 훨씬 낮은 거래 수수료를 제공한다.

도지코인(DOGE)은 대규모의 열성적인 커뮤니티를 보유하고 있으며, 이는 인기와 관련성을 유지하는 데 도움 된다. 낮은 거래 수수료를 제공하여 소액 거래 및 팁 지급에 적합하다. 반면, 도지코인은 다른 암호화폐에 비해 개발과 혁신이 제한적이며, 공급량이 무제한이기 때문에 시간이 지남에 따라 통화의 가치를 떨어뜨릴 수 있다.

알트코인의 특성 비교

향후 금융 결제나 구매를 위해 암호화폐를 고려할 때는 거래 속도, 확장성, 보안, 채택률 등 여러 가지 요소를 고려해야 한다.

우선 비트코인(BTC)은 디지털 금이자 널리 통용되는 결제 수단이다.

강점 = 높은 보안성, 강력한 브랜드 인지도, 폭넓은 수용성

단점 = 다른 암호화폐에 비해 상대적으로 느린 거래 속도와 높은 수수료

이더리움(ETH)은 탈중앙화 애플리케이션과 스마트 컨트랙트를 위한 다목적 플랫폼이다.

강점 = 스마트 컨트랙트 및 다양한 탈중앙화 애플리케이션(dApp)을 지원

단점 = 확장성 문제와 높은 수수료에 직면해 있지만, 이더리움2.0 업그레이드는 이러한 문제를 해결하는 것을 목표로 하고 있다.

리플(XRP)은 국경 간 결제에 최적화되어 있다.

강점 = 매우 빠르고 저렴한 거래. 국제 송금을 위해 금융 기관에서 널리 채택.

단점 = 중앙 집중식 특성 및 미국 증권거래위원회SEC와의 지속적인 법적 문제.

라이트코인(LTC)은 빠르고 저렴한 결제를 위해 설계된 P2P 암호화폐이다.

강점 = 비트코인에 비해 거래 확인 시간이 빠르고 수수료가 저렴.

단점 = 비트코인 및 이더리움에 비해 채택 및 개발 활동이 아직 적다.

카르다노(ADA)는 안전하고 확장 가능한 스마트 컨트랙트 및 디앱을 위한 플랫폼이다.

강점 = 보안, 확장성 및 지속 가능성에 중점.

단점 = 스마트 컨트랙트 및 기타 기능을 포함한 전체 기능을 아직 개발 출시 중.

스텔라(XLM)는 저비용, 국경 간 결제를 위해 개발되었다.

강점 = 빠른 거래와 낮은 수수료, 금융 기관을 연결하고 저렴한 송금을 위해 설계되었다.

단점 = 리플과 유사한 프로젝트와의 경쟁에 직면해 있다.

솔라나(SOL)는 탈중앙화 애플리케이션과 암호화폐 프로젝트를 지원하는 고성능 블록체인이다.

강점 = 매우 빠르고 확장성이 뛰어나며 거래 비용이 낮은 금융 애플리케이션에 최적화

단점 = 탈중앙화 및 네트워크 안정성에 대한 우려가 아직 존재하는 새로운 기술

알고랜드(ALGO)는 효율적이고 확장 가능하며 안전한 금융 애플리케이션을 위해 설계된 블록체인이다.

강점 = 고유한 지분증명(PPoS) 합의 메커니즘을 통해 빠른 거래 속도, 낮은 비용, 강력한 보안을 제공한다.

단점 = 이더리움 및 비트코인과 같은 주요 암호화폐에 비해 덜 알려져 채택률이 낮다.

폴리곤(MATIC)은 이더리움의 기능을 향상시키는 레이어2 확장 솔루션이다.

강점 = 이더리움의 확장성을 개선하고 거래 수수료를 줄이면서 이더리움의 보안과 생태계의 이점을 누릴 수 있다.

단점 = 이더리움의 전반적인 상태와 네트워크 문제에 따라 달라질 수 있다.

테조스(XTZ)는 거버넌스와 업그레이드 가능성에 중점을 둔 스마트 컨트랙트 및 디앱을 위한 블록체인 플랫폼이다.

강점 = 하드포크 없이 업그레이드가 가능한 자체 수정 프로토콜, 보안 솔루션이다.

단점 = 이더리움에 비해 채택 속도가 느리고 커뮤니티가 작다.

이처럼 알트코인은 다양한 기능과 함께 단점도 있다. 종합하면 코인 시장에서는 아직 비트코인과 이더리움이 확고하게 자리 잡고 있으며, 비트코인은 가치 저장 수단으로, 이더리움은 디앱과 스마트 컨트랙트를 위한 다목적 플랫폼으로 탁월하다는 평가다.

리플, 스텔라, 라이트코인은 빠르고 저렴한 트랜잭션을 제공하여 결제 및 송금에 적합하다. 카르다노, 솔라나, 알고랜드, 폴리곤, 테조스는 스마트 컨트랙트와 디앱을 위한 확장성, 보안, 고급 기능에 중점을 둔 차세대 플랫폼을 대표한다.

향후 암호화폐는 기술력과 채택률 증가로 인해 미래의 금융 결제 및 구매에서 핵심 역할을 할 것이다.

대형 투자가들이 암호화폐를 선택하는 유형

미국에서 암호화폐 대형 투자가들 중 마이클 세일러Michael Saylor는 뉴욕 증시에 암호화폐 기관투자로 상장된 MicroStrategy의 CEO이다. 현재 MicroStrategy는 14만개 이상의 비트코인을 보유, 가장 많은 암호화폐를 갖고 있다. 세일러는 비트코인을 선택한 이유를 몇 가지로 소개한다.

첫째, 금이나 법정화폐 등 기존 자산에 비해 우월한 가치 저장 수단이기 때문이다. 비트코인은 2100만 개의 코인으로 고정되어 있어 인플레이션에 영향을 받지 않는다. 이는 무제한으로 인쇄할 수 있는 법정화폐에 비해 큰 장점이다.

둘째, '디지털 금'이라는 특성이다. 이는 금과 많은 속성을 공유하면서도 양도 및 분할이 금보다 용이하기 때문이다.

셋째, 비트코인의 안정성과 신뢰성이다. 탈중앙화된 네트워크와 강력한 보안 프로토콜로서, 공격과 조작에 강력한 암호화폐이다. 비트코인의 탈중앙화 특성으로 인해 어떤 단일 수단도 비트코인 네트워크를 제어하거나 변경할 수 없다. 강력한 네트워크 효과를 창출하여 비트코인의 가치와 유용성을 강화한다.

넷째, 규제의 명확성이다. 비트코인은 최초이자 가장 오래된 암호화폐로, 새로운 디지털 자산에 비해 상대적으로 명확한 규제 가이드라인을 갖고 있다. 이는 기관 투자자들의 리스크를 줄여주며, 변동성이 큰 암호화폐 시장에서 비트코인을 가장 안전한 투자 선택지로 만든다.

또하나 유명한 디지털 화폐 자산 운용사는 그레이스케일 인베스트먼트이다. 그레이스케일은 다양한 암호화폐 투자 상품을 관리하며, 대표 상품인 그레이스케일 비트코인 신탁(GBTC)으로 잘 알려져 있다.

비트코인과 이더리움 외에 고유한 장점을 제공하면서도 뚜렷한 단점을 가진 암호화폐 몇 가지를 소개한다. 앞에서 간단히 소개했지만, 거듭 장-단점을 설명한다.

먼저 리플(XRP)을 소개한다. 첫째, 속도와 효율성에서 뛰어나다. 리플 거래는 매우 빠르며, 종종 몇 초 내에 정산되므로 실시간 해외 결제에 이상적이다. 둘째, 낮은 거래 비용이다. 거래와 관련된 수수료는 비트코인 및 이더리움보다 훨씬 싸다. 리플은 주요 금융기관 및 결제 제공업체와 파트너십을 구축하여 신뢰성과 채택률을 높였다.

아울러 리플은 뚜렷한 단점이 있다. 리플 랩스가 XRP의 상당 부분을 통제하고 있어 중앙 집중화 및 조작 가능성에 대한 우려가 있다. 리플은 미국 증권거래위원회(SEC)의 소송에 걸려 있다. 리플은 주로 은행 및 결제 솔루션에 집중되어 있어 확장성에 한계가 있다.

다음으로 카르다노(ADA)이다. 강력한 보안과 에너지 효율적이고 확장성이 크다. 카르다노의 계층화된 아키텍처는 유연성과 보안을 강화한다. 다만 카르다노 생태계는 이더리움에 비해 디앱과 파트너십 수가 적어 아직 개발 중이다. 이더리움, 폴카닷, 솔라나 등 다른 스마트 컨트랙트 플랫폼과의 경쟁에 직면해 있다.

이어 솔라나(SOL)를 소개한다. 솔라나는 최소한의 수수료로 초당 수천 건의 트랜잭션을 처리할 수 있는 높은 처리량으로 유명하다. 수많은 디파이프로젝트, NFT 플랫폼으로 빠르게 확장되는 생태계를 갖고 있다. 다만 수 차례 네트워크 중단으로 인해 안정성과 복원력에 대한 우려가 제기되었다. 고속 트랜잭션과 네트워크 복잡성으로 인해 보안이 취약하다는 지적도 있다.

폴카닷(DOT)은 서로 다른 블록체인이 신뢰 없는 방식으로 메시지와 가치를 전송할 수 있도록 지원하며, 상호 연결된 블록체인 웹을 만드는 것을 목표로 한다. 병렬 트랜잭션 처리가 가능하여 확장성을 향상시킨다. 다만 폴카닷의 복잡한 설계와 기술은 신규 사용자와 개발자가 이해하고 효과적으로 사용하기 어려울 수 있다. 많은 기능과 잠재적 애플리케이션이 아직 개발 중이거나 배포 초기 단계에 있다.

라이트코인(LTC)도 주목할 만하다. 비트코인에 비해 블록 생성 시간이 더 빠르기 때문에 거래 확인이 더 빠르다. 수수료가 낮기 때문에 소액 거래에 더 적합하다. 초기 알트코인 중 하나인 라이트코인은 비교적 잘 구축된 네트워크와 안정을 제공한다. 종종 혁신적인 기능이 적은 비트코인의 '라이트' 버전으로 간주된다. 그러나, 비트코인 및 이더리움에 비해 채택 및 사용량이 적다는 단점이 있다. 고유한 장점을 가진 독립형 프로젝트라기보다는 비트코인 개선을 위한 테스트베드로 통용된다.

비트코인과 이더리움을 제외한 각 암호화폐는 특정 사용 사례와 기술 혁신에 맞춘 고유한 장점을 제공한다. 그러나, 장기적인 생존 가능성에 대한 우려가 있다.

탈중앙화
금융(DeFi)
의 시대

탈중앙화 금융(DeFi)의 시대

디파이 금융의 개념

미국에서는 암호화폐 등 가상자산으로 거래하는 탈중앙화 금융(DeFi)이 확산일로에 있다. 종래 금융의 대명사인 은행을 통하지 않고도 금융 서비스가 가능해진다. 블록체인 플랫폼이 은행을 대신하는 유형이다. 대출, 차용, 암호화폐 보유 등 사람이 하는 작업을 블록체인이 대신한다. 그 특징을 몇 가지로 요약해본다.

첫째, 디파이 플랫폼은 블록체인 기술을 기반으로 가상자산으로 운용된다. 은행을 거치지 않고도 P2P 거래가 가능하다. 디파이 플랫폼은 지리적 위치나 재정 상태에 관계없이 인터넷과 암호화폐 지갑만 있으면 누구나 이용할 수 있다. 따라서 은행 시스템에서 소외되거나 배제된 개인, 기업에게도 보다 개방적일 수 있다.

둘째, 디파이 플랫폼은 기존 은행 계좌에 비해 매력적인 수익률을 제공한다. 은행을 유지하는데 소요되는 건물, 인력 등이 모두 불필요하기 때문이다. 미국의 사례에서보면 대개 암호화폐 예치금에 두 자릿수 연수익률(APY)을 제공한다. 이는 디파이 금융 자산을 예치하도록 유도하여 디파이 금융의 팽창을 가져올 것이다.

셋째, 디파이는 끊임없이 새로운 프로토콜, 상품, 서비스를 만들어내는 혁신 기술이다. 탈중앙화된 대출과 차용부터 자동화된 시장 조성, 합성 자산에 이르기까지 각종 금융 상품의 실험 기회가 된다.

넷째, 디파이는 자산의 토큰화 및 분할을 가능하게 하여 투자 다각화에 유리하다. 사용자가 부동산, 주식, 상품, 심지어 예술품을 포함한 다양

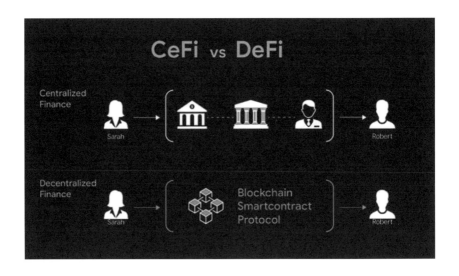

한 자산에 접근하기 쉬운 방식이다. 디파이는 탈중앙화, 글로벌 접근성, 높은 수익률, 혁신, 상호운용성, 커뮤니티 참여의 조합이다.

가령 이런 유형이다. 대출 희망자는 자신의 암호화폐 지갑을 플랫폼에 등록한다. 은행 계좌 개설 격이다. 이어 스마트 컨트랙트(기존 프로그래밍을 통해 계약조건을 자동으로 실행)에 필요한 신원 정보와 암호화폐 형태의 담보를 제공한다. 플랫폼은 제공된 담보에 따라 담보인정비율

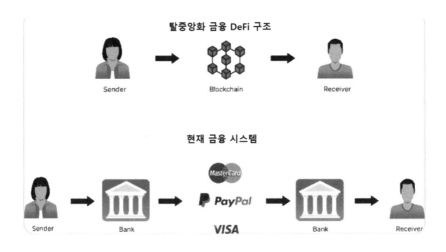

(LTV)을 결정한다.

대출 희망자는 암호화폐를 스마트 컨트랙트에 예치하면 원하는 이자율과 대출 조건에 따라 대출자와 자동 매칭된다. 대출 승인에 성공하면 대출 자금이 지갑으로 들어온다. 이자율은 플랫폼의 수요와 공급 수량 등 시장 상황에 따라 결정된다. 대출 수요가 많으면 이자율이 높아질 수 있고, 반대로 대출 가능한 자금 공급이 많으면 이자율이 낮아지는 식이다.

통상 미국에서도 은행 대출을 받으려면 여러 서류가 필요하다. 대출 검토에도 일주일 이상 걸린다. 그러나 디파이 플랫폼은 채 1분도 걸리지 않는다. 디파이 대출의 경우 개인의 신용은 신경 안 쓰고 블록체인에서 읽을 수 있는 정보로만 대출 가능 여부를 판단한다.

또 스마트 컨트랙트를 통해 이더리움과 같은 가상자산을 담보로 돈을 손쉽게 빌릴 수 있다. 주택담보 대출이 부동산의 가치로 돈을 빌려주는 것처럼, 디파이에서도 가상자산의 가치를 평가해 대출을 내준다. 이용자 입장에서는 훨씬 간편하고 효율적이다. 비즈니스 측면에서도 훨씬 효율적이다. 스마트 컨트랙트 덕분에 몇 천명이 해야 하는 일을 몇 십명이 할 수 있다."

젊은층, 저급 신용자에 유리한 플랫폼

디파이 금융은 금융 진입 장벽을 낮추는 효과가 매우 크다. 기존 은행은 대출 승인을 위해 신용 점수와 담보에 크게 의존한다. 이는 특히 신용 이력이 제한적이거나 신용 점수가 낮은 젊은이들에게는 큰 장벽이었다.

반면, 디파이 금융 플랫폼은 기존 신용조회를 하지 않는다. 초과 담보와 알고리즘 신용 점수 같은 메커니즘을 사용하기 때문이다. 이를 통해 신용이 낮은 젊은이들도 암호화폐 보유 자산을 담보로 자금을 빌리거나 탈중앙화된 대출 프로토콜에 참여하여 기존 은행 시스템과 같은 장벽에 부딪히지 않고 대출에 접근할 수 있다.

금융 포용성이 보다 확대될 수 있다. 지리적, 재정적 장벽을 제거하여 금융 서비스에 대한 접근성을 보다 평준화할 수 있다. 젊은이들은 지역이나 재정 상태에 관계없이 인터넷과 암호화폐 지갑만 있으면 디파이 금융에 계좌를 만들 수 있다.

디파이 플랫폼은 젊은이들에게 새롭게 떠오르는 탈중앙화 금융 분야에서 기업가이자 혁신가가 될 수 있는 기회를 제공한다. 상대적으로 낮은 진입 장벽을 통해 젊은이들은 자신만의 DeFi 앱을 개발 및 출시할 수도 있다. 사용자는 인터넷 연결과 스마트폰 또는 컴퓨터만 있으면 암호화폐 지갑을 생성하고 디파이 금융 서비스를 이용할 수 있다.

위에서 언급한 초과 담보란 탈중앙화 금융(DeFi)에서 사용되는 새로운 개념이다. 가령 100달러 상당의 암호화폐를 빌리고 싶다고 가정한다. 초과 담보를 사용하면 150달러 상당의 암호화폐를 담보로 제공할 수 있다. 만일 시장 변동으로 인해 담보 가치가 특정 값 아래로 떨어지면 대출기관은 암호화폐를 청산하여 대출 금액 등 회수한다.

하지만 초과담보 대출 프로토콜은 명확한 한계가 있다. 초과담보 형태는 대출 시장 발전의 초기 단계에 불과하다. 현재의 DeFi 초과담보 대출 프로토콜은 가상자산 전당포와 다르지 않다. 본인 지갑의 토큰을 담보로 제공하고, 코드가 설정한 담보 비율 이하의 금액을 대출받는 형태로서 스마트컨트랙트 기반의 전당포일 뿐이다. 신용 기반 거래가 불가능하기 때문에 신용 확장에 어려움이 생긴다. 따라서 DeFi 금융시장은 무담보 기반 대출로 점차 옮겨가는 추세에 있다. 알고리즘 기반 평가 등이 이에 해당된다.

알고리즘 신용 평가는 새로운 방식이다. 일종의 무담보 대출이다. 신용 기록이나 소득과 같은 요소를 고려하는 대신 다양한 데이터 포인트와 행동 양태를 분석하여 이용자의 대출 위험도를 평가하는 방식이다. 거래 내역, 상환 행동, 탈중앙화 금융 프로토콜 참여 여부와 같은 요소를 분석하는 방법이다. 다시 말해 데이터 기반 알고리즘을 사용하여 전통적인 신용 조사 없이 대출자의 신용도를 평가한다.

무담보 대출 시장은 무한하다

탈중앙화 금융(DeFi)의 무담보 대출은 신용에 대한 접근성을 민주화하여 특히 소외된 계층과 기존 금융 시스템에서 배제된 사람들에게 혜택을 줄 수 있다. 미국에서는 탈중앙화된 신원 확인 및 신용 평가를 위한 솔루션으로 탈중앙화 신원(DID) 시스템을 개발해냈다. DID 시스템을 통해 개인은 다양한 탈중앙 금융 플랫폼에서 자신의 거래 내역과 행동을 기반으로 검증 가능한 디지털 신원을 구축할 수 있다. 디지털 신원은 기존의 신용 점수 없이도 신용도를 평가하는 데 사용된다.

블룸Bloom이나 시빅Civic은 DID 서비스를 제공한다. 블룸은 사용자가 이동성이 있고 여러 디파이 대출 플랫폼에서 사용할 수 있는 신용 프로필을 구축하도록 지원한다. 스펙트럴 파이낸스Spectral Finance도 고객의 블록체인 거래 내역을 집계하고 분석하여 온체인 신용 점수를 생성하도록 지원한다. 이를 테면, 기존 은행 신용기록이 부족한 소외 계층의 경우 성실한 디지털 금융 행동 양태를 기반으로 신용 점수를 부여받을 수 있다.

P2P 대출 플랫폼도 인기몰이 확산 중이다. 은행 등 중개자 없이 개인 간의 직접적인 대출과 대출을 지원한다. 이 플랫폼은 대체 데이터 소스 및 평판 시스템을 사용하여 차입자의 신용도를 평가한다.

이를 테면 다르마Dharma는 대표적 P2P DeFi 대출 플랫폼이다. Dharma는 스마트 계약을 사용하여 조건이 자동 실행되도록 한다. 사회적 담보도 유용할 수 있다. 소셜 네트워크와 관계를 담보로 활용하여 대출자의 사회적 인맥이 신용도를 보증한다. Aave 등의 플랫폼은 담보가 충분한 사용자가 네트워크 내 다른 사용자에게 신용 공여를 지원한다. 이 시스템을 통하면, 담보가 충분하지 않은 개인도 커뮤니티 내 신뢰와 평판을 바탕으로 대출을 받을 수 있다.

미래 소득을 예측해 이를 담보로 활용할 수 있다. 현재 담보가 아닌 미래 소득 또는 현금 흐름 예측을 기반으로 대출을 제공한다. 골드핀치 Goldfinch는 미래 소득에 집중함으로써 안정적인 수입원을 가진 개인과 기업이 선불 담보 없이도 신용을 이용할 수 있도록 지원한다. 이러한 접근 방식은 특히 소규모 비즈니스와 프리랜서에게 유용하다.

기존 금융 데이터와의 통합, 즉 하이브리드 신용 평가 방법도 가능하다. 기존 금융 데이터와 온체인 활동을 결합하여 보다 포괄적인 신용 점수를 생성할 수 있다. 하이브리드 접근 방식은 기존 금융 이력을 가지고 있으면서, 동시에 탈중앙 금융을 처음 접하는 개인에게 무담보 대출을 제공하도록 지원한다. 대체 데이터 소스도 유용하다. 즉 공과금 납부 내역, 임대료 및 기타 비 전통적인 신용 지표 등을 통합하여 신용도를 산출할 수 있다.

무담보 대출의 확산

탈중앙화 금융(DeFi) 시장에서의 무담보 대출은 기존의 과담보 대출(대출액을 초과한 현금이나 부동상 등 현물 담보 제공)에서 벗어난 형태이다. 무담보 대출은 과담보 대출과 달리 대출 희망자가 대출 금액과 같거나 그 이상의 담보를 제공할 필요가 없다. 대신 위험을 평가하고 관리하기 위해 다른 메커니즘을 도입한다. 무담보 대출은 신용에 대한 접근성을 민주화할 수 있다. 특히 소외된 계층과 기존 금융 시스템에서 배제된 사람들에게 대출의 문턱을 낮게 해준다.

탈중앙 금융 무담보 대출의 기본 원칙에는 몇 가지가 있다.

첫째, 신용 평가의 수단이다. 탈중앙화된 신용 점수, 과거 거래 데이터, 블록체인 생태계 내 평판 시스템 등이 포함된다. 신용 점수는 사용자의 거래 내역, 온체인 행동, 블록체인에 기록된 기타 금융 활동에서 나온다. 일부 플랫폼에서는 네트워크 내 관계와 평판을 기반으로 대출자를 평가하는 소셜 신뢰 네트워크를 사용한다. 동료들이 서로를 보증하면 신뢰 기반의 대출 환경을 조성할 수 있다.

둘째, 스마트 컨트랙트 및 알고리즘에 의존한다. 스마트 컨트랙트는 대출 조건을 자동 실행한다. 대출 희망자의 위험 프로필에 따라 동적 이자율, 신용 한도, 상환 일정이 포함된다.

셋째, 탈중앙화된 신용 점수이다. 대출 내역, 상환 행동, 온체인 활동 등 다양한 출처의 데이터를 집계하는 블록체인 기반 신용 점수가 사용된다.

넷째, 커뮤니티 보증이다. 일부 프로토콜에서는 커뮤니티 또는 동료 보증을 포함하며, 다른 이용자가 이자 대납 등 대출을 보증하여 위험을 분산시킨다.

무담보 대출의 가장 큰 위험은 물론 대출 이용자의 채무 불이행이다. 채무 불이행에 대응할 담보가 없기 때문에 강력한 신용 평가 및 리스크 관리 메커니즘이 필요하다. 자칫 스마트 컨트랙트의 취약점이 악용되어 대여 기관의 금전적 손실로 이어질 수 있다. 아울러 시장이 급격한 변화하면 대출 이용자의 상환 능력에 영향을 미칠 수 있다.

미국에서 운용중인 TrueFi의 사례를 들어본다. 먼저 대출자(자본가)는 심사를 거쳐 신용 점수를 부여받는다. 대출자는 대출 풀에 자금을 예치하고, 대출 풀은 승인된 대출 희망자(차입자)에게 대출을 실행하는 데 사용된다. 만일 채무 불이행이 발생하면 손실은 풀의 참여자에게 분배되는 식이다. 그럼에도 TrueFi는 기존 예금 계좌나 담보형 디파이 대출에 비해 높은 수익률을 제공하므로 더 높은 수익률을 원하는 대출자(자본가)의 관심을 끌고 있다.

인기 디파이 프로토콜인 Aave는 신용 위임이라는 기능을 도입했다. 대출자가 신뢰할 수 있는 대출 희망자(차입자)에게 자신의 신용을 위임할 수 있도록 했다. 대출자는 담보물을 에이브 프로토콜에 예치한 다음, 스마트 컨트랙트를 통해 차입자에게 신용을 부여한다. 그러면 차입자는 위임된 신용을 바탕으로 대출을 받을 수 있다. 차입자는 담보 없이 유동성을 확보할 수 있으며, 에이브 커뮤니티 내 평판과 신용도를 활용할 수 있다. 다만 대출자(자본가 위임자)는 차입자의 상환 약속에 의존하여 신용 위험을 감수해야 한다.

탈중앙화 금융이 확산하는 이유

기본적으로 은행 등 기존 금융기관의 담보 대출은 고객 예금(즉, 장기 유동성)과 같이 현재 필요하지 않은 유동성과 대출(즉, 단기 유동성)을 이용, 필요한 유동성과 일치시키는 프로세스이다. 채무 불이행 위험은 담보로 확보된다. 양쪽 모두에 인센티브를 제공하기 위해 금리가 존재한다. 그러나, 기존 은행은 높은 비용이 발생한다. 건물과 인력, 서비스 사용료 등이다.

디파이는 이런 하드웨어가 불필요하다. 다시 말해 은행과 같은 중개기관을 통하는 것보다 자동화된 스마트 계약을 통한다면 훨씬 효율적일 것이다.

금융 절차의 비용이 적게 들면 절약된 비용만큼 사용자에 돌려준다. 예금자에게는 기존 금융보다 더 높은 금리를, 차입자에게는 더 낮은 금리가 가능하다. 예를 들어, 2021년 11월 현재 에이브Aave는 USD스테이블코인인 DAI에 대해 2.79%의 이자를 제공한다. 차입자에게는 3.96%를 부과한다. 이는 기존 은행보다 훨씬 낮다.

특히 암호화폐는 즉각적인 유동성을 허용한다. 그러나, 기존 금융에서는 검토와 승인 등 절차 진행에 시간이 걸리며 이는 비용으로 전가된다. 은행과 같은 중개자는 게이트키퍼 역할을 한다. 즉 서비스를 사용할 수 있는 사람과 사용할 수 없는 사람을 결정한다. 현재의 금융 시스템은 본질적으로 배타적이다.

DeFi가 진정으로 담보 대출의 미래가 되려면, '현실 세계' 자산이 DeFi에서 어떻게 표현되는지를 해결해야 한다.

따라서 담보 대출의 미래로서 탈중앙 금융을 발전시키려면 실물 자산('real-world' assets, RWA)을 생태계에 통합하는 것이 중요하다. 실물 자산을 토큰화하고 기존 금융과 탈중앙화된 금융을 연결하는 다리를 만드는 것이다. 여기에는 몇가지 여건이 필요한다.

첫째, 실물 자산의 토큰화 작업이다. 토큰화란 실물 자산을 블록체인상의 디지털 자산으로 변환하는 것이다. 즉 토큰은 기본 자산에 대한 소유권 또는 청구권을 나타낸다. 토큰은 부동산에서 상품, 금융 증권에 이르기까지 모든 것을 나타낼 수 있다.

미국에서 부동산 토큰화의 경우 RealT와 Propy와 같은 회사가 운용중이다. 마테리움Mattereum 플랫폼은 금이나 다이아몬드와 같은 상품을 토큰화하는 기업이다. 토큰을 담보로 해서 Aave나 MakerDAO와 같은 디파이 플랫폼에서 유동성을 확보하고, 기초 자산을 매각하지 않고도 대출할 수 있다. 아울러 토큰을 통해 이자 수익도 챙길 수 있다.

둘째, 토큰화된 자산을 법적으로 인정하고 집행하기 위해서는 강력한 법률 및 규제 프레임워크를 구축하는 것이 필수적이다. 이를 테면, 와이오밍 주에서는 디지털 자산을 인정하고 디파이 금융에 대한 법률을 제정했다. 이에 대해 뒤에 자세히 설명할 것이다.

셋째, 자산 검증 및 커스터디 솔루션이다. 토큰화된 자산의 진위 여부를 확인하고 안전하게 보관하는 것은 신뢰를 구축하는 데 매우 중요하다. 예를 들어, 앵커리지Anchorage, 파이어블록Fireblocks 등은 디지털 자산을 위한 안전한 커스터디 솔루션을 제공하는 스타트업이다. 토큰화된 실제 자산을 안전하게 보관하고 관리하는 플랫폼으로, 첨단 보안조치를 사용하여 무단 액세스 및 사기를 방지한다.

넷째, 상호운용성 및 표준화 작업이다. 서로 다른 블록체인과 기존 금융 시스템 간의 상호운용성을 위한 표준과 프로토콜을 개발하는 것은 매우 중요하다. 인터워크 얼라이언스(IWA)는 토큰화된 자산을 위한 표준화된 프레임워크를 구축하는 기업이다. 토큰 분류 프레임워크는 토큰화된 자산에 대한 공통 언어와 표준을 만들어 다양한 플랫폼이 상호 작용하도록 한다.

아울러 토큰화된 자산과 관련된 위험을 보장하기 위해 보험 솔루션을 구현해야 한다. 와이오밍 주에서 운용 중인 넥서스 뮤추얼은 스마트 컨트랙트를 위한 보험을 판매한다.[14]

디파이 플랫폼의 수익 구조

기존 금융사와 마찬가지로 보상과 수수료로 수익을 창출한다. 은행에서 담보로 돈을 빌린 채무자가 제때 갚지 못하면 담보물을 경매에 넘기

---

14 RealT 및 솔리드블록 토큰화 플랫폼: https://realty.co/, https://solidblock.co/
와이오밍 블록체인 법률: https://wyoleg.gov/; 앵커리지 및 파이어블록 커스터디 솔루션: https://www.anchorage.com/; https://www.fireblocks.com/,
인터워크 얼라이언스(IWA): https://interwork.org/; 원심분리기 프로토콜: https://centrifuge.io/
체인링크 오라클: https://chain.link/ ; 넥서스 뮤추얼 보험: https://nexusmutual.io/
마테리움(https://mattereum.com/)

는 것처럼 디파이도 마찬가지다. 갚지 못하거나 가상자산의 가치가 떨어지면 담보를 경매에 넘기거나 팔아서 회수한다. 디파이도 기존 금융시장과 수익 구조는 비슷하다.

현재 미국에서 고객에 제공되는 디파이 플랫폼의 이자율은 꽤 높다. 예를 들어 은행 적금은 연 5~6% 금리로 준다. 디파이 경우 13%에서 높게는 40% 주는 곳도 있다. 장기적으로 봤을 때 보상을 높게 받을 수 있다. 다만 디파이에서는 개인이 리스크 관리에 에너지를 많이 소모해야 한다.

특히 기술적인 부분에서 스마트컨트랙트가 해킹 당할 가능성도 있다. 무엇보다 비트코인 등 가상자산이 활성화돼 이자율이 상당히 높아졌지만, 수익 모델이나 이자율에 변동성이 심하다.

따라서 스테이블코인이 등장해 안정성을 보다 중시하고 있다. 미국 은행들은 달러와 같은 안정적인 자산과 연동하는 암호화폐 스테이블코인을 도입했다. 예를 들어 JP모건 체이스는 JPM코인을 개발했다. 기관 고객 간의 거래를 촉진하는 데 사용되는 디지털 토큰이며, 안정적이다. 다음 장에서 저세히 설명할 것이다.

스테이블 코인 JPM과 DAI의 등장

JPM코인과 DAI는 가상자산의 변동성에 대비해 안정적인 가치를 유지하도록 설계된 스테이블코인이다. 하지만, 발행자, 안정성 메커니즘, 사용 사례, 탈중앙화 정도에서 차이가 있다. JPM코인은 전통적인 금융기관이 스테이블코인을 발행하는 중앙집중식 접근 방식인 반면, DAI는 탈중앙화 및 탈중앙화 금융 공간에서 통용된다.

JPM코인은 미국 최대 은행 중 하나인 JP모건 체이스에서 발행한다.

JPM코인은 JP모건 체이스의 계좌에 예치된 자산으로 지원되므로 중앙화된 스테이블코인이다. 그 가치는 미국 달러와 동등한 수준으로 유지된다. JPM코인은 주로 JP모건 체이스의 기관 고객 간의 즉각적인 결제 및 결제를 신속히 하기 위해 설계되었다. 국경 간 거래를 간소화하고 결제 시간을 단축하는 것을 목표로 한다.

반면, DAI는 이더리움 블록체인 기반의 메이커다오MakerDAO에서 생성했다. DAI는 법정화폐 준비금, 즉 달러가 아닌 암호화폐, 주로 이더(ETH)를 담보로 한다. 이용자는 스마트 컨트랙트에 이더를 고정하고 특정 임계값 이상의 담보 비율을 유지하면, DAI를 생성할 수 있다. 기존 은행 인프라에 의존하지 않고도 사용자에게 안정적인 교환 및 가치 저장 수단을 제공한다.

JPM코인은 중앙화되어 단일 금융 기관이 발행하고 통제하는 반면, DAI는 탈중앙화된 자율 조직이 생성하고 관리한다.

JPM코인은 JP모건 체이스가 보유한 법정화폐 준비금으로 뒷받침되는 반면, DAI는 스마트 컨트랙트에 잠긴 암호화폐로 담보된다.

JPM코인은 주로 JP모건 체이스의 기관 고객이 결제 및 결제를 쉽게 하기 위한 것이며, DAI는 탈중앙 금융 생태계 내에서 개인을 중심으로 금융 활동에 사용된다. DAI 거래는 탈중앙화되고 규제가 덜한 이더리움 블록체인 환경 내에서 운영된다.

앞서 설명한대로 가상자산의 큰 변동성에 대응해 달러와 연동되는 스테이블 코인이 등장하고 있다. 메이커다오MakerDAO는 달러에 고정된 스테이블코인인 다이(DAI)를 생성한다. 대출 희망자는 스마트 컨트랙트에 이더를 제공하여 DAI를 빌릴 수 있다. 메이커다오는 탈중앙 금융 생태계 내에서 자리를 잡았다. 스마트 컨트랙트에 수십억 달러 자산을 예치해 디파이 분야를 선도하고 있다.

탈중앙화 금융을 위한 보안 기법

디파이는 기존 은행 예금 계좌에 비해 매력적인 수익률을 제공하는 것은 사실이지만, 고객들은 알아야 할 상당한 위험도 수반한다.

기본적으로 디파이 프로토콜은 금융 거래를 자동화하기 위해 스마트 컨트랙트에 의존한다. 스마트 컨트랙트(기존 프로그래밍을 통해 계약조건을 자동으로 실행)는 버그, 익스플로잇에 취약하며, 저급 프로토콜과의 거래로 인한 자금 손실도 무시할 수 없다.

기본적으로 암호화폐와 토큰을 포함한 디파이 금융 자산은 변동성이 크다. 급격한 가격 변동은 담보 가치에 영향을 미치고 각종 금융 행위에 불안정을 야기한다. 아울러 유동성이 낮으면 대량 주문으로 인해 가격이 크게 변동하는 슬리피지가 발생할 수 있다. 불확실한 법률 및 규제에 묶여 있는 점도 리스크에 해당한다.

따라서 운영 주체, 즉 은행 등은 스마트 계약 리스크, 시장 변동성, 유동성 리스크, 규제 리스크 등 디파이 관련 리스크를 평가하고 완화하기 위한 리스크 관리 프레임워크를 개발하고 있다. 여기에는 위험 통제, 스트레스 테스트 및 시나리오 분석 구현이 포함된다.

은행들은 디파이의 폭발적 잠재력을 인정하면서 리스크 관리에 적극 대응하고 있다. 따라서 은행들은 디지털 자산 수탁 및 위험 관리를 전문으로 하는 허가 받은 수탁기관과 파트너십을 맺고 있다.

은행과 수탁기관은 시장 변동성을 면밀히 모니터링하고 수탁 중인 DeFi 자산에 미칠 수 있는 잠재적 영향을 평가하고, 고객 거래와 상환에 필요한 충분한 유동성을 확보한다.

골드만삭스와 BitGo의 파트너십은 국내 은행들이 눈여겨볼만 하다. 2020년 골드만삭스는 디지털 자산 수탁 및 보안 회사인 BitGo와 전략적 파트너십을 맺었다. JP모건 체이스, 뉴욕 멜론BNY Mellon도 디파이 분야에서 선도적이다. 기관 투자자를 주 고객으로 둔 state Street도 적극적이다.

앵커리지디지털Anchorage Digital은 암호화폐 자산을 위한 수탁 업체로는 선도적이다. 실버게이트은행Silvergate Bank은 캘리포니아에 본사를 둔 은행으로, 디지털 화폐 비즈니스에 금융 서비스를 전문적으로 제공한다.

이를 테면 앵커리지디지털은 하드웨어 보안 모듈(HSM) 및 생체인증 등 보안 기술을 활용하여 도난, 사기, 사이버 공격으로부터 고객 자산을 보호한다. 다중 서명 지갑, 지리적으로 분산된 키 저장소, 기관급 암호화 등이 포함된다.

다중 서명 지갑은 트랜잭션이 실행되기 전에 지정된 3개의 개인 키 중 2개의 개인 키가 있어야 서명할 수 있다. 이렇게 하면 보안이 한층 더 강화된다.

BitGo의 콜드 스토리지 솔루션은 암호화폐 개인 키를 인터넷과 연결되지 않은 오프라인에 저장하는 방식이다. 콜드 스토리지 솔루션은 하드웨어 지갑부터 종이 지갑 또는 특수 오프라인 저장 장치까지 다양하다.

기관급 암호화는 고급 암호화 알고리즘과 보안 프로토콜을 사용한다. 강력한 암호화 알고리즘을 사용하여 미사용 및 전송 중인 데이터를 보호하고, 보안 통신 프로토콜을 구현한다.

예를 들어 XYZ자산운용은 서버와 데이터베이스에 저장된 고객 정보를 보호하기 위해 AES-256(고급 암호화 표준)와 같은 강력한 암호화 알고리즘을 사용하여 데이터를 저장하기 전에 암호화 한다. 암호화 키 없이는 데이터를 읽을 수 없도록 한다. 사이버 범죄자가 서버 하드웨어에 액세스하더라도 암호화 키 없이는 데이터를 해독할 수 없다.

기관급 암호화는 고급 암호화 알고리즘, 보안 통신 프로토콜, 정기적인 보안 업데이트 등을 포함한다. 무단 액세스, 가로채기 또는 변조로부터 보호할 수 있다.

와이오밍 주의 선제적 시스템

JP모건 체이스, 웰스 파고, 골드만삭스 등 대형 은행들은 '은행없는 미래'를 착실하게 준비하고 있다. 이에 맞춰 미국 와이오밍 주에서는 블록체인과 암호화폐 기반의 DeFi 시스템을 위한 선제적 법적 환경을 구축, 기업 유치에 적극적이다. 기업이나 자본가가 규제의 불확실성과 시장 변동성에 대한 두려움이 없도록 하기 위해 주 법은 뜯어고치거나 신설했다.

와이오밍 주는 역사적으로 에너지, 광업, 농업과 같은 산업에 의존해왔다. 이들 산업은 변동성이 크고, 사양 산업이다. 따라서 성장과 혁신을 약속하는 블록체인과 암호화폐를 비롯한 첨단 산업을 유치하는데 적극적이다.

첫째, '특수목적예탁기관(SPDI)'이라는 새로운 유형의 금융기관(은행 라이선스) 신설이다. 이를 통해 은행은 디지털 자산 수탁 서비스를 제공하고 탈중앙 금융 프로젝트를 지원할 수 있다. 예를 들어, 주요 암호화폐 거래소인 크라켄Kraken은 라이선스를 받은 첫 번째 기업 중 하나로서, 고객에게 직접 암호화폐 뱅킹 서비스를 제공할 수 있도록 했다.[15]

블록체인 옹호자인 케이틀린 롱Caitlin Long's Avanti이 설립한 아반티 파이낸셜 그룹도 디지털 자산과 전통적인 금융 서비스를 연결하는 데 중점을 둔 SPDI 인가를 받았다.

---

15 크라켄은 미국에서 은행이 된 최초의 암호화폐 회사이다. 2020년 9월 와이오밍 은행위원회는 샌프란시스코에 본사를 둔 암호화폐 거래소의 특수목적예탁기관(SPDI) 인가를 승인했다.

기존 은행과 유사하게 운영할 수 있으며, 디지털 서비스와 법정화폐 서비스 모두를 제공할 수 있다. 아울러 와이오밍 주는 디지털 자산의 법적 지위를 인정하는 등 12개 이상의 블록체인 관련 법률을 만들어 기업과 투자자들에게 법적 확실성을 제공하고 있다. 적잖은 수의 블록체인 기업이 와이오밍주에 사업장을 설립하여 DeFi 분야 혁신과 성장을 촉진하고 있다.

둘째, 넥서스 뮤추얼의 보험 솔루션이다. 보험은 디파이 활동과 관련된 위험을 관리하는 데 매우 중요하다. 넥서스 뮤추얼은 탈중앙화 보험을 제공하여 스마트 컨트랙트 실패 및 기타 디파이 생태계의 위험으로부터 사용자를 보호한다. 넥서스 뮤추얼은 탈중앙화 보험 펀드로 운영된다. 사용자는 일정 상품에 가입, 탈중앙화 금융 프로토콜에 잠긴 자신의 자산을 보장할 수 있다. 예를 들어 컴파운드Compound나 에이브Aave, 유니스왑 Uniswap 같은 플랫폼에서 스마트 컨트랙트 해킹이나 익스플로잇이 발생하면 보험 가입자는 넥서스 뮤추얼을 통해 보상을 청구할 수 있다.

셋째, 폴카닷 같은 상호 운용성 프로토콜이 유용하다. 서로 다른 블록체인 네트워크 간의 상호운용성은 디파이 활성화에 필수적이다. 예를 들어, 폴카닷Polkadot은 다른 앱에 자산 전송과 데이터 공유를 용이하게 한다. 이는 서로 다른 블록체인 생태계 간의 사일로를 허물어 DeFi 플랫폼의 유용성과 도달 범위를 향상시킨다. 이러한 상호운용성을 통해 사용자는 더 넓은 범위의 서비스와 자산에 접근할 수 있다.

넷째, 블록체인 교육 네트워크(BEN)이 중요성이다. BEN은 학생, 개발자, 일반 대중을 대상으로 블록체인과 디파이 기술을 확산하는데 중요하다. 여러 대학에서 해커톤, 워크샵, 세미나를 개최하여 학생들에게 블록체인과 DeFi 기술을 교육하고 참여를 유도한다. 참가자들은 직접 DeFi 앱을 구축하여 실무 경험을 쌓고 실습 프로젝트를 진행한다.

정리하면, 와이오밍 주가 마련한 법적 프레임워크는 1. 디지털 자산 서비스를 위한 법적 명확성과 혁신적인 은행 라이선스를 제공하며, 2. 탈중앙화 보험을 제공하여 리스크 감소와 사용자 신뢰를 높이며, 3. 서로 다른 블록체인 네트워크 간의 원활한 상호 작용을 촉진하며, 4. 블록체인 교육 네트워크(BEN)를 촉진한다.

이러한 법적 명확성은 사업을 운영할 수 있도록 장려하여 혁신을 촉진하고 있다. 아울러 디파이 서비스를 주류 금융 시스템에 통합하여 사용자의 접근성을 높일 수 있다.

특수목적 예금기관(SPDI) 법은 무엇인가

우선 디지털 자산에 대한 수탁 서비스 분야다. 와이오밍 주가 만든 이 법 내용을 보면 기존 은행이 법정화폐를 취급하는 것처럼 고객을 대신해 암호화폐와 기타 디지털 자산을 안전하게 보관, 관리하도록 한다.

특히 SPDI는 고객 예치금의 전액을 준비금으로 유지해야 한다. 부분 준비금 기준으로 운영되는 기존 은행과 달리, SPDI는 고객 예치금의 100%를 준비금으로 보유해야 한다. 예금자를 위해 더 높은 수준의 유동성과 보안을 보장하기 위한 것이다.

SPDI 프레임워크는 여타 금융기관과 호환을 유지해야 한다. 즉 디지털 자산 서비스를 제공하면서 기존 금융 시스템 내에서 운영하도록 했

● 와이오밍 주 수도 샤이엔

다. 따라서 예금 수탁, 수탁 서비스, 신탁 관리와 같은 서비스를 제공하여 법정 화폐와 디지털 화폐 사이의 간극을 좁힐 수 있다.

와이오밍주는 SPDI 법을 제정함으로써 블록체인 및 핀테크 기업을 유치하고, 우수 인력을 흡수하여 경제 발전과 혁신을 촉진하는 것을 목표로 하고 있다. 이를 통해 와이오밍주는 블록체인과 디지털 자산 분야의 리더로 자리매김했다.

성큼 다가선 디지털 화폐

2020년 10월 7개 선진국 중앙은행과 BIS(국제결제은행) 공동연구 그룹은 일반사용형 CBDC(중앙은행 디지털 화폐)에 요구되는 3가지 '기본 원칙'을 발표했다.

(1) 통화-금융의 안정을 해치지 않는다 (2) 공적-민간 화폐와의 공존-보완 (3) 혁신과 효율성의 촉진으로 구성되어 있다. 7개 중앙은행은 일본, 캐나다, 유럽중앙은행(ECB), 영국, 스웨덴, 그리고 미국이다. 본 뜻은 규제하면서 추이를 관찰하자는 것이다. 그러나, 사실 디지털 화폐는 이제 거부할 수 있는 시대에 도달했음을 인정한 셈이다. 올해 1월 미국 증권거래위원회는 비트코인을, 5월 하순에는 이더리움을 ETF, 즉 상장지수펀드에 포함시켰다. 사실상 양성화한 셈이다.

미국 통화 정책을 총괄하는 FRB도 다급하다. 미국 정부는 시간이 지나면 빅테크 기업들이 암호화폐 시장을 점령할 것을 우려하고 있다. 서둘러 제동을 걸거나, 암호화폐를 인정해야 한다. 미국 대선이 지나간 이후 2025년 하반기엔 서서히 그 모습을 드러낼 것으로 전문가들은 예측한다.

사실상 CBDC 시대는 성큼 다가오고 있다. 즉 중앙은행이 법정 통화를 동전이나 지폐가 아닌 전자 형태로 발행하는 것이다. 비트코인 같은 형태이다. 현재 한국은행은 모의실험 단계에 있다. 그야말로 '연구 단계'로 최종 도입까지는 수년이 더 걸릴 전망이다.

일반인이 이해하기 어려운 디지털 화폐-현금 관계에 대해 간단히 비교해 본다.

우리가 사용하는 한국은행권(중앙은행)은 내 손에 올 때까지 중간 금융기관을 거친다. 반면 디지털 화폐는 중앙은행과 국민 개인이 곧바로 계좌를 트는 직거래도 불가능하지 않다. 다만 각국 중앙은행들은 직접형 방식보다는 현 금융 체계에 최대한 혼란을 주지 않는 혼합형, 중계형을 더 선호할 것이다.

한국은행도 혼합형 방식으로 설계했다. 중앙은행이 금융기관을 거쳐 민간에 통화를 공급하는 현 구조를 그대로 유지한다. 구체적으로 한은은 시비디시를 발행해 시중은행이 개인 및 기업에 유통하는 구조다.

디지털 화폐가 유통되면 개인은 은행 등에서 전자지갑을 발급 받는다. 이 전자지갑에 디지털 화폐를 충전해 송금 및 결제를 한다. 현재의 삶과 크게 다르지 않다. 이미 우리는 신용카드와 모바일 간편 결제 등으로 '현금 없는 생활'을 하고 있다.

다만 최종 관리와 책임은 중앙은행이 맡는다는 점이다. 결제에 연동되는 은행 계좌의 돈은 시중은행이 '예금자 보호법' 등으로 관리하고 책임지는 구조와 다르다. 은행 계좌 돈은 고객들이 은행에 맡긴 것이고, 전자지갑 안 CBDC는 중앙은행이 발행하는 화폐다. 책임 소재가 서로 다르기 때문이다.

디지털 화폐를 둘러싸고 '빅 브라더'(정보 독점으로 통제하는 사회) 논란이 있다. 관리 주체인 중앙은행이 전자지갑을 통해 개인 거래를 들여다보면서 통제할 수 있다는 논란이다. 따라서 중앙은행들은 전자지갑을 통해 디지털 화폐의 이동만 파악할 수 있도록 설계했다.

그 돈의 주인이 누구인지는 전자지갑을 발급한 시중은행만 알 수 있는 것이다. 시중은행은 중앙은행에 대해 개인 신원을 파악할 수 없도록 난수 값으로만 제공한다. 쉽게 말해 동향만 파악할수 있지 그 돈의 거래 주체가 누구인지는 알 수 없다.

시중은행이 가장 걱정하는 은행 예금의 감소 추세이다. 사람들이 돈을 디지털 화폐로 바꿔 보관하는 것을 더 선호할 수 있다. 예를 들어 전쟁이나 경제 위기 등이 발생해 금융시장이 혼란에 빠질 경우 안전 자산 선호 현상이 높아진다. 그러면 민간 금융기관의 예금보다 중앙은행이 책임지는 디지털 화폐로 자금들이 이동할 가능성이 있다. 시중은행은 무너져도 중앙은행은 망하지 않기 때문이다. 금융시장이 흔들릴 때 정부 보증 채권으로 돈이 쏠리는 것과 같은 이치다.

시중은행들의 예금액이 줄어들고 자금 중개 기능이 약화되면, 중앙은행의 금리 정책 등 통화 관리 효과도 떨어질 수 있다. 은행 예금이 감소하고, 대출이 줄면 그만큼 파급 효과가 반감될 수 밖에 없다.

덩치가 큰 주요국 중 디지털 화폐를 도입한 국가는 아직 없다. 중국은 시범운영 중이며, 한국과 유럽연합(UN) 및 일본은 모의실험 중에 있다. 미국, 영국 등은 이보다 낮은 단계인 기초 연구를 하고 있다.

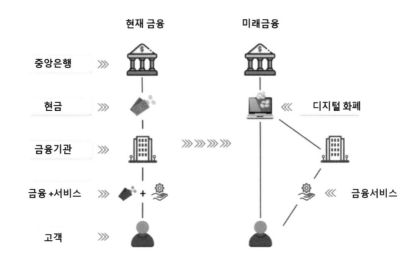

트럼프,
네오콘 군단을
혐오하다

트럼프, 네오콘 군단을 혐오하다

"전쟁주의자들을 지워 버릴 것"

트럼프는 지난 6월 10일 노스캐롤라이나주에서 열린 공화당 집회에서 "우리는 마지막 싸움에 직면했다. 딥스테이트를 미국에서 지워버릴 것"이라고 단언했다. 그러면서 "그들은 행정부 기관을 이용해 우리의 선거를 방해하고 있다. 미국은 실패한 국가, 쇠퇴하는 고체가 됐다. 게다가 극좌파 미치광이들 법 집행기관이 되었다"고 목소리를 높였다. 이 집회에는 드산티스 플로리다 주지사와 마이크 펜스 전 부통령도 얼굴을 내밀었다. 트럼프는 "한 가지 좋은 점은 있다. 기소될 때마다 내 지지율이 올라가고 있다"고 폭소를 자아냈다.

연설에서 트럼프는 "전쟁주의자는 역대 민주당 정권이며, 중국은 이미 공산주의를 버린 탐욕의 이권 정권이다. 딥스테이트는 전쟁을 부추기고 세계 경제를 파멸로 몰고 간 글로벌 패권주의자들"이라고 공격했다.

2017년 트럼프 행정부 초기, 마이클 플린 국가안보좌관이 한 달만에 사임했다. 트럼프 측은 FBI만이 알고 있는 기밀 정보를 유출하여 플린을 매장시켰다고 주장했다.[16] 그들은 수단과 방법을 가리지 않고 트럼프의

---

16 마이클 플린(Michael Thomas Flynn, 1958년 ~)은 미육군 중장 출신으로 트럼프 행정부 초기 국가안보좌관을 지냈다. 오바마 정부의 각종 정책들을 비판했으며, 2016년 대선 당시 트럼프 캠프에 참여하였다. FBI에 의해 러시아 관련 스파이 혐의로 기소되었으나 무죄 판결 받았다. 원래는 친민주당 성향이었으나, 이 사건을 계기로 2016년 대선에서 트럼프 캠프에 합류하면서 정치 성향도 공화당쪽으로 변한다. 2017년에 트럼프 당선 공로로 국가안보좌관을 지냈지만, 얼마 지나지 않아 일련의 이번 사건으로 사임했다.

재선을 저지할 것이며, 그 음모는 물밑에서 계속되고 있다고 트럼프 측은 보고 있다.

2016년 대선에서 공화당의 실력자인 딕 체니 전 부통령이나 아미티지 전 국무부 부장관 등은 반대당인 힐러리 클린턴(민주당 대선 후보)을 지지한 사실이 있다. 심지어 딕 체니 전 부통령의 딸이 공화당 내 반트럼프 세력의 결집을 시도했지만 실패했다. 이들은 네오콘 군단으로 모두가 알고 있는 사람들이다.

주목할 점은 올해 대선전에서 우-러 전쟁이 선거판 쟁점이 되지 않고 있다는 점이다.

우크라이나에 대한 미국인들의 관심은 놀라울 정도로 적다. 미국인의 의식조사에서 우크라이나 전쟁의 책임을 묻는 질문에는 '러시아가 나쁘다'가 상대적으로 많다. 그 다음으로 나쁜 것은 미국, NATO, 우크라이나의 순이다. 미국이 나쁘다는 것은 바이든이 러시아를 유도해 침략하도록 만들었다는 것이다. 공화당 보수파의 상당수는 "우크라이나 전쟁은 딥스테이트가 일으킨 것이다. 군수산업을 살찌우고 있으며, FBI는 그 장애물인 트럼프에게 죄를 뒤집어씌우려고 안간힘을 쓰고 있다"고 주장하고 있다.

트럼프 대외 정책의 원점은 불개입주의다. 과거 먼로주의(외교적 고립주의)를 연상시키지만, 그것과는 다르다. 당선 이후 트럼프는 이스라엘에 대한 과도한 개입을 억제하고 무조건적 지원을 크게 후퇴시킬 것이다. 대선에 몰두하고 있는 트럼프는 딥스테이트를 방해꾼으로 인식하고 있다. 그는 미국의 일방적인 친이스라엘 행보는 딥스테이트의 작업이라고 보고 있다.

대선 가도에서 쟁점별로 트럼프가 점수를 딴 분야는 (1)불법 이민 대책 (2)범죄 대책 (3)경제 정책 (4)미중관계 (5)총기 (6) 우크라이나 전쟁이다. 마이너스로 나온 것은 (1)기상 대책 (2)낙태 (3)헬스케어 (4)민주

● 어빙 크리스털

주의 (5)사회보장 및 메디케어 (6)교육 분야였다.

트럼프가 이념적으로 혐오하는 것은 네오콘(신보수주의)이다. 제2기 트럼프 정권이 탄생하면 네오콘과 글로벌리스트 인사는 철저히 배제될 것이다. 승리하면 내년 1월 트럼프 2기 행정부가 출범한다. 인준이 필요 없는 보좌관들이 백악관을 이끌 것이다. 각료는 장관, 차관, 차관보까지 상원의 인준이 필요하며, 산하에 400여 명의 고위직 공직자를 임명할 수 있다. 400여 명의 고위직 인선이 완료되는 시점은 2025년 4월경이다.

네오콘의 이론을 주도하는 사람은 빌 크리스털William Kristol이다. 빌은 네오콘의 이론지 '위클리 스탠더드'의 편집장 어빙 크리스털Alving Kristol의 아들이다. 어빙 크리스털은 네오콘의 대부라 불리는 유대인 이론가이자 트로키스트다. 과격한 공산주의 도그마에 사로잡힌 활동가들이 네오콘을 이끌고 있는 것은 역설적이다. 빌 크리스털은 레이건 행정부의 교육부 장관이었던 윌리엄 베넷의 수석보좌관을 지냈다. 아들 부시 행정부에서 댄 퀘일 부통령의 수석보좌관을 지내기도 했다. 지금은 싱크탱크 '미국 신세기 프로젝트(PNAC)'를 이끌고 있다.

2008년에는 공화당 대통령 후보였던 존 매케인의 외교정책 고문이었다.

네오콘 집단은 공화, 민주당을 막론하고 항상 권력에 붙거나 밀착해 영향력을 유지한다. 현재 네오콘 그룹은 바이든 정권에 스며들어 상당한 영향력을 발휘하며 전쟁 지속의 불을 지펴왔다. 빌 크리스털은 네오콘의 영향력을 유지하기 위해 끊임없이 새로운 정치 단체를 만들어 내고 활동 자금을 모금해왔다.

빌은 '반트럼프' 조직 '네버 트럼파'Never trumpa를 만들었고, 트럼프를 적으로 삼고 있다. 트럼프 비난 캠페인은 TV, 온라인을 통해 배포하고 있다. 네오콘과 일맥상통하는 그룹은 미국내 유대인 집단이다.[17]

23년 9월 13일 발표된 '2023년판 유대인 50인'의 1위는 오픈AI CEO 샘 알트만Samuel Harris Altman이다. 얼마전 한국에도 왔다. 2위는 네타냐후 총리, 3위는 토니 블링컨 미 국무장관이다. 그런데 전년도 1위였던 젤렌스키(우크라이나 대통령)가 50인에서 빠졌다. 러시아 바그너 용병대장 프리고진이 52위에 랭크되었는데, 프리고진 아버지는 유대인이다. 젤렌스키가 빠진 것은 그가 유대교에서 카톨릭으로 개종했기 때문이다. 우-러 전쟁에서 유대인 문제는 겉으로 드러나지 않지만 심각하고 중요한 문제로 작용하고 있다. 유럽과 미국 사람들은 이를 겉으로 드러내거나 표면적인 논의를 피한다. 이스라엘에서 유대인으로 인정 받으려면 일단 유대교 신자여야 한다. 그러나, 유대인 어머니에게서 태어난 유대인이 아니면 유대인으로 인정하지 않는다. 극소수를 제외하고는 유대인으로 인정받지 못한다.

젤렌스키가 50인 명단에서 빠진 또 하나 이유가 있다. 그의 후원자로

---

17 미국의 유대인 커뮤니티는 약 750만 명이다. 정통파, 개혁파, 세속파 등 다양하다. 현재 미국내 유대인 중 신보수주의자 또는 자유주의 그룹은 최근 선거에서 다수가 민주당을 지지했다. 전통 유대인 보수주의자들은 대개 공화당 쪽이다. 미국 이스라엘 공공문제위원회(AIPAC), 명예훼손방지연맹(ADL), J Street 등이 유대인 커뮤니티의 이익을 대변한다. 트럼프는 전통 및 보수 유대인들의 지지를 받는다. 공화당유대인연합(RJC)가 그들이다. 신자유주의 유대인들은 주로 자유주의 및 진보적 유대인들로서 반트럼프 여론을 이끌고 있다. 저명한 유대인 자선가이자 공화당의 거액 기부인 쉘던 아델슨(2021년 사망)은 트럼프의 핵심 지지자였다. 트럼프의 사위인 재러드 쿠슈너는 전통 보수 유대인 쪽이다. 신보수주의자들은 종종 군사 개입과 이스라엘과 강력한 동맹을 지지한다. 윌리엄 크리스톨, 엘리엇 에이브럼스, 노먼 포드호레츠, 울포위츠 등이 있다. 미국의 유대인 커뮤니티는 단일하지 않으며 다양한 분파가 있다. 트럼프는 전통 보수 유대인의 지지를 받고 있는 반면, 자유주의적이고 진보적인 유대인들과는 거리가 멀다.

알려진 유대인 재력가 이고르 콜로모이스키의 사기 행각 때문이다. 우크라이나 국가보안국SBU은 지난 9월 콜로모이스키를 체포했다. 이 때문에 우크라이나 국민들 사이에서는 반유대인 감정이 고조되는 상황이다. 그는 우크라이나 국적 이외에도 포르투갈, 키프로스 국적도 갖고 있다. 젤렌스키는 유대인 사회에서 미운 오리새끼 신세이다.

법무부와 FBI, 글로벌 패권주의의 전위대

미 법무부와 FBI에 대해 야당인 공화당은 글로벌 패권주의의 전위대라고 비판하고 있다.

미국에서 대법원 판사들은 보수파가 다수이지만 지방법원에는 자유주의 진보 성향의 판사가 더 많다. 2023년 7월 12일 하원 법사위원회는 FBI의 크리스토퍼 레이Christopher Wray 국장을 청문회에 소환했다.

조 바이든 대통령과 그의 아들 헌터에게 각각 500만 달러를 지불했다는 FBI 내부 고발자의 주장이 담긴 FD-1023 문서에 대해 하원 법사위가 공개하라고 요구했으나, 레이 국장은 이를 거부했다. 하원 법사위는 의회 모독죄로 레이를 소환했고 기소될 위기에 처했다.[18]

18 작년 5월 3일 미 공화당은 조 바이든 대통령의 차남 헌터 바이든의 탈세 의혹 등과 관련해 FBI국장을 불러내는 소환장을 냈다. 소환장에는 바이든의 부통령 재임 시절 "바이든 대통령이 돈거래와 관련된 '범죄 계획 혐의'를 설명하는 문서가 FBI에 있다"는 내부 거래자의 폭로가 나왔다"고 적시되었다. FBI에 보낸 소환장에서 하원 법사위는 지난 2020년 6월부터 생성되거나 수정된 모든 FD-1023 양식과 '바이든'이라는 글자가 포함된 모든 첨부 파일과 문서를 요구했다. FD-1023은 FBI가 기밀 정보원으로부터 수집한 정보나 회의 기록을 남기기 위해 사용하는 문서이다. FBI가 검증하지 않은 정보를 포함해 정보원이 제기한 혐의들이 고스란히 담겨 있다. 짐 조던(Jim Jordan, 공화·아이오와) 법사위원장은 작년 7월 11일 FBI를 비난하는 발언을 하면서, "미국 국민에 대한 정부의 무기화에 맞서 싸우기로 결심했다"면서 "FBI가 소셜 미디어에서 보수주의자 탄압, 내부

● 크리스토퍼 레이

● 뉴트 깅리치

바이든 아들에게 뇌물을 준 사람은 우크라이나 에너지 대기업 부리스마 리미티드 홀딩스Burisma Limited Holdings의 임원이었다. 공화당은 대통령 아들에게 뇌물을 준 것으로 간주하고 있다. 앞서 작년 4월에는 하원 법사위원회 짐 조던Jim Jordan(공화·오하이오) 위원장은 헌터 바이든 관련 범죄 수사를 의도적으로 지연시켰다는 혐의로 FBI 국장을 불러내 청문회를 열었다.

한편, 공화당은 FBI가 트럼프에게 가짜 스캔들을 만들어내고 있다고 의심하고 있다. 미국 보수 진영은 "FBI와 법무부가 자유주의자들을 우대하고 보수주의자들만 부당하게 추궁하고 있다"고 비난했다. 2023년 8월에도 FBI는 트럼프의 플로리다 마라라고 별장을 급습해 수천 건의 대통령 기록물을 압수하자, 공화당은 레이 국장을 불러내 추궁하기도 했다.

이런 가운데 뉴트 깅리치Newt Gingrich 전 하원의장이 작년 5월 22일자 워싱턴타임즈에 쓴 "워터게이트보다 심각한 바이든 대통령과 갈랜드 법무장관의 범죄(Criminality of Biden-Garland's Justice Department bigger than Watergate)" 제목의 칼럼은 주목할 만 하다. 깅리치는 강도 높게 바이든 정부의 FBI와 법무부의 트럼프에 대한 수사를 조작 수사라고 비판했다. 요지는 이렇다.

"바이든 정부의 불법 행위에 대한 보도를 보면, 워터게이트는 유치원

고발자에 대한 보복, 교육청에 분노한 학부모를 추적하는 것을 지원한다"고 말했다.

장난처럼 보인다. '더럼 보고서(Durham Report)'와 하원 공화당 청문회를 통해서 바이든 정부와 법무부, IRS 등의 조작 수사가 워터게이트 사건보다 훨씬 더 심각한 수준인 것이 분명해졌다.[19]

존 미첼 당시 법무장관은 감옥에 간 최초의 법무장관(당시 존 미첼은 공모죄, 공무집행방해죄, 위증죄 혐의로 징역 19개월을 선고받은 바 있다). 메릭 갈랜드 법무장관은 미첼이 시도했던 것보다 훨씬 더 심각한 사법방해를 하고 있다. 그는 바이든 대통령의 아들인 헌터 바이든의 세금을 조사하는 부서를 해산하라고 IRS에 지시했고, FBI를 이용해 도널드 트럼프 전 대통령과 여러 공화당 의원들을 괴롭힌다. 닉슨의 백악관이 FBI, CIA, IRS를 이용하려다가 실패했다면, 바이든 대통령의 백악관은 꽤 능숙해졌다. 이 기관들은 이제 너무 부패해서, 본능적으로 법을 어기고 무고한 사람들을 모함하고 법의 집행을 방해한다. 제도적 불법성과 부패에 대한 서사가 구체화되면서 사건을 조사한 하원 공화당이 힘을 얻었기 때문에 더럼 보고서가 나올 수 있었다. 앞으로 우리는 시스템이 얼마나 병들어 있는지, 주류 기업과 언론이 얼마나 부정직한지, 그리고 개혁이 얼마나 필요한지 더 알게 될 것이다. 정직한 사람들이 다시 한번 분노하고 행동을 요구할 때, 우리는 부패가 얼마나 많은지 알게 될 것이다. 그 시점에서, 우리는 워터게이트가 법 위반에 대한 온건한 모험 수준이었고, 바이든에서 갈랜드로 이어지는 사법 시스템이 거대한 규모의 범죄로 가득 차 있다는 것을 깨닫게 될 것이다. (At that point, we will realize that Watergate was a modest preliminary venture into lawbreaking, and the Biden-Garland-establishment system is filled with criminality

---

19 워터게이트 사건은 1972년 6월 리처드 닉슨 대통령의 재선을 준비하던 비밀공작반이 워싱턴의 워터게이트빌딩에 있는 민주당 전국위원회 본부에 침입하여 도청장치를 설치하려다 발각된 사건이다. 이후 닉슨 정부는 CIA, FBI 및 IRS를 이용해서 이 사실을 은폐하려다가 결국 1974년에 닉슨 대통령 탄핵까지 이어졌다. 69명의 공무원이 기소되고 48명이 투옥되었다.

on a grand scale.

미국, NATO에서 탈퇴?

2025년 1월 트럼프가 취임식을 마치고 백악관에 들어가면 가장 먼저 할 일은 무엇일까. 모스크바로 날아가 푸틴과 담판하고 강압적으로 휴전을 이끌어낼 것이다.

체포영장이 발부된 푸틴은 ICC(국제형사재판소) 가맹국에는 갈 수 없다. 트럼프가 움직일 것이다. NATO는 미국이 주도권을 쥐고 있는 이상 반대를 못할 것이며, 우크라이나 역시 미-러가 합의하면 따라갈 수밖에 없다. 사실 유럽 각국도 전쟁 피로감에 지친 상태에서 내심 트럼프의 수완에 기대를 걸고 있다. 트럼프의 신념은 미국 불개입주의다. '동맹국들은 방위 분담금을 더 내라'고 촉구하고 있다. NATO 회원국들은 이를 잘 알고 있다. 마크롱은 일찍부터 독자적인 유럽군을 구축해야 한다고 주장해 왔다.

"우-러 전쟁은 바이든의 실수"

트럼프는 미국 주간지 『NEWSWEEK』(2023년 7월호)에 다음과 같이 기고했다.

트럼프는 "러시아와 긴장을 줄여야 할 중요한 순간에, 나의 승리에 러시아 보안국이 개입했다는 집단 히스테리를 불러 일으켜 러시아를 중국의 품으로 곧장 몰아넣는 데 일조했다"고 말했다.

트럼프는 "제가 노력한 대로 러시아와 더 나은 관계를 구축해야 했다. 대신 러시아와 대리전을 치르고 있으며, 이는 부분적으로는 '러시아 게이트'라는 정신착란으로 인한 연기에 기인한다"고 했다. 그러면서 "우크라이나는 완전히 황폐화 되었다. 셀 수 없이 많은 사람들이 죽었다. 그리고

3차 세계대전으로 끝날 수도 있다"고 말했다. 트럼프는 "내가 조국의 배신자라는 거대한 거짓말, 선동에 기반한 대규모 허위 사실 유포와 무법적 박해가 3년 동안 지속되었다. 나는 그들을 섬멸할 것이다. 네오콘의 무분별한 대외 전쟁에 대한 중독을 끊어내야 한다. 우리나라를 공산주의 중국에 팔아넘기려는 시도를 종식시킬 것"이라고 했다.

트럼프는 재임 시간 속칭 러시아 게이트에 시달렸다. 그러나, 증거는 없다. 트럼프 캠프와 러시아 간의 통신 증거는 있으나, 직접 증거는 없다. 상원 정보위원회와 뮬러 특검은 "트럼프 선거 캠프의 어떤 구성원도 러시아 정부와 선거 개입 활동에 공모하거나 협조했다는 사실을 우리는 입증하지 못했다"고 말했다.

미국 사회에 만연한 유대인 피로감

트럼프에게 사법 리스크는 타격을 가할만한 소재이지만, 대세를 뒤집을 정도는 아니다.

만약 미 대법원이 유죄 판결을 앞당길 경우 트럼프로서는 사실상 쉽지 않은 싸움이 되겠지만, 그럴리는 거의 없을 것 같다. 트럼프는 재임 기간 중 연방 공무원들의 비밀 집단인 '딥스테이트deep state'가 자신의 국정 운영을 방해해왔다는 음모론을 줄곧 제기해왔다. 국가 운영에 뿌리 깊게 개입돼 있으면서도 그 실체가 드러나지 않아 '딥(deep)'이라는 표현이 쓰였다.

워싱턴 정치의 아웃사이더인 트럼프는 딥스테이트에 대한 반감을 수시로 드러냈다. 트럼프는 재선되면, 이들을 청산하겠다고 공언하고 있다.

현재 딥스테이트의 핵심은 네오콘 세력이 주도하고 있다. 네오콘 인사들과 신보수주의 성향 유대인 커뮤니티는 밀접하다. 유대계는 미디어는 물론, FBI, CIA 및 법무부에 선을 대고 있다. TV를 비롯한 미디어, 할리우드, 사법계, 월가에는 유대인이 넓게 포진하고 있다. 네오콘은 수단과 방법을 가리지 않고 트럼프의 당선을 저지할 것이 분명하다.

예측 가능한 것으로서 트럼프에 닥칠 악재로는 다음 3가지로 요약할 수 있을 것이다.

첫째는 암살이다. 미국 등에서 정적을 제거하는 수단으로 암살은 빈번했다. 일찍이 링컨, 존 F. 케네디가 그랬고, 로널드 레이건에게 암살 시도가 있었다. 최근 펜실베니아 유세 도중 암살될 뻔 했다. 총탄이 트럼프의 오른쪽 귀를 스쳐 지나간 덕에 목숨을 구할 수 있었다. 가히 천운이다.

둘째, 코로나에 버금가거나 이를 능가하는 신종 감염병의 확산이다.

셋째, 재판으로 트럼프의 유죄 판결을 앞당기는 경우다.

우크라이나 전쟁은 사실상 바이든 측과 밀접한 네오콘이 주도하고 있다. 인플레이션 무대책으로 대부분의 가정이 적자 가계로 허덕일 때 1200억 달러 이상의 예산을 우크라이나에 원조했다.

미국 언론의 주류는 줄곧 우크라이나가 승리하고 성공하고 있다는 방송을 내보낸다. 반면 미 국민들은 이길 승산이 없는데도 우크라이나 원조가 무슨 소용이냐고 비판하고 있다. 이 때문에 미국민들의 주류 언론에 대한 불신도 커지고 있다. 현재 바이든은 인플레 우려와 이민자 문제, 이스라엘 전쟁으로 골머리를 앓고 있다.

재선을 노리는 민주당(해리스 부통령)에게는 악재가 적지 않다.

첫째, 대출금 상환에 쫓기는데 연준은 금리를 내리지 못하고 있다. 학자금 대출 부채 1.57조 달러를 비롯해 신용카드 대출, 주택 대출, 자동차 대출, 주택담보대출, 자동차 대출 등 가계 부채는 총 17조 달러(2경3307조원)를 넘었다. 천문학적인 가계부채이다. 국민부담을 덜기 위해 그렇다고 금리를 내리자니 재정 수지는 악화할 것이 뻔한데다, 시중에 돈이 풀려 인플레 압력을 가중시킬 것이다.

둘째, 바이든 정부에서 특히 불법 이민자들이 몰려들면서 치안이 악화되고 있다. 약탈, 집단 절도 사건이 급증했다. 요즘 미국 사회는 평범한 아줌마도 권총을 들고 다닌다. 바이든 정부에서 불법 이민자들에게 관대한 조치를 취했기 때문이라는 지적이 많다. 바이든이 취임한 2021년 불법 유입 이민자로 인한 피해액이 1000억 달러를 넘었다. 2022년에는 1300억 달러로 급증했다. 이같은 막대한 지출과 치안 악화에 대한 불안감, 불법이민자에 섞여 들어온 마약 집단도 골칫거리다. 트럼프는 "1100만 명의 불법 이민자를 강제 추방하겠다"고 공언했다.

셋째, 무조건적인 이스라엘 지원이다. 많은 미국인들은 유대인을 싫어한다. 이를 대놓고 말하면 차별이라고 공격당한다. 유대인 얘기는 언론에 노출되지 않는다. 사실상 미디어는 유대인이 장악하고 있기 때문이다. 표면적으로 반유대주의 감정은 드러나지 않고 있으나, 미국인들 속내는 다르다.

페트로 달러 체제의 운명

북유럽 명문 핀란드 헬싱키대학에서 경제 예측가로 이름을 알린 투오마스 말리넨Tuomas Malinen은 우-러 전쟁 이후를 다음과 같이 예측한다.

미 지상군 이스라엘 지원 직접 개입하며 OPEC가 재결집하여 유가를 올린다
이란이 호르무즈 해협을 봉쇄하면서 석유는 배럴당 300달러를 돌파한다
유럽은 에너지 위기에서 경제 금융 위기로 넘어가며,
미국 연준FRB은 인플레에 대비해 금리정책을 변경하며 다수의 은행이 파산한다

미 재정 위기(채권으로 적자 예산 메꿈)가 확대 팽창하고, FRB가 구제금융에 나서며,

페트로달러 체제가 붕괴하며, 사상 유례없는 맹렬한 인플레가 닥쳐온다

한국의 경우 어떤 시나리오도 불리하다. 다만 페트로달러 체제에 관한 예측은 주목할 만하다. 페트로달러 시스템은 미국 달러로 석유가를 정하고 거래하는 글로벌 관행이다. 1970년대 미국이 사우디아라비아와 석유가를 달러로만 책정 계약하고 거래해왔다. 따라서 전 세계는 석유 수입 대금을 지불하기 위해 미 달러를 대량 보유해야 하며, 이는 달러에 대한 글로벌 수요를 지탱한다(한국이 IMF 외환위기를 겪은 이유도 당장 석유 수입을 위한 달러가 부족했기 때문이다). 우크라이나-러시아 전쟁 이후 미국 등 서방은 러시아의 석유 가스 수출을 제한하는 등 부담스런 제재를 가했다. 이는 에너지 가격 상승으로 이어졌고, 인플레를 유발했다.

이에 대응해 러시아는 유로화, 중국 위안화 등 미국 달러화 이외 통화로 에너지 거래를 하고 있다. 중국과 인도 등은 러시아와 양자 무역 협정을 체결하여 석유 가스 결제에 자국 통화 사용을 늘리고 있다. 특히 제3국은 외환 보유고를 미국 달러화에서 벗어나 다변화하고 있으며, 달러 중심의 SWIFT 시스템에 대한 의존도를 낮추고 있다.

미 연준FRB 등 중앙은행들은 금리 인상으로 인플레이션을 억제해왔으나, 이는 미국의 재정 악화를 부추기는 요인이다. 즉 금리 인상은 경제 성장을 둔화시키고 차입 비용을 증가시킨다. 달러에 대한 글로벌 의존도가 감소하면 달러 가치가 하락할 것이고 미국의 수입 가격이 상승하며, 이는 물가 앙등으로 이어진다.

현재 금값은 1온스당 2000달러를 돌파하며 사상 최고치를 기록했다. 금융위기가 임박했음을 간파한 투자자들이 금 매입을 늘리고 있기 때문이다. 최근 유럽에서는 우크라이나 추가 지원 반대론이 거세고, 이스라

엘에 대한 하마스의 기습 이후 여론 조사에서 미국인들은 우크라이나 지원에 반대했다. 지원 찬성 여론이 65%에서 42%로 줄었다.

그럼에도 2023년 11월 2일 미하원은 이스라엘에 대한 군사 지원에 초점을 맞춘 공화당 예산안 143억 달러를 통과시켰다. 당시 바이든 행정부가 요구한 우크라이나 지원은 제외되었다. (2024년 지난 4월에야 통과시켰다)

현재 팔레스타인을 지지하는 집회가 미국 전역으로 퍼지고 있다. 친이스라엘이었던 미국 역대 정권의 행보에 반대하는 목소리가 강해지고 있다. 이는 잠재된 반유대주의 감정이 분출하는 상황을 대변한다.

트럼프는 이스라엘의 네타냐후 총리와 사이가 좋지 않다. 미국의 이스라엘 지원에 대해 트럼프가 당선되면 방향 자체가 바뀔 가능성이 있다. 유럽의회에서는 헝가리와 슬로바키아가 공개적으로 우크라이나 지원을 반대하고 있다. EU 의회는 만장일치가 아니면 예산이 통과되지 않는다. 즉 사실상 우크라이나에 대한 지원은 어려운 상황이다. 가장 앞장섰던 폴란드마저 난색을 표하고 있다. 우크라이나 난민 100여 만명을 받아준 폴란드조차 지친 상황에 이른 것이다. 트럼프는 최대 동맹국 영국, 독일, 프랑스에서는 인기가 없다. 하지만 폴란드, 헝가리, 루마니아, 몰도바 등 동유럽에서는 인기가 있다. 미국 유럽의 분열과 우크라이나 지원 피로가 겹친 상황은 러시아에게 유리하게 돌아갈 것이다.

페트로 달러 체제[20]는 지속할 것인가

20 페트로달러 시스템은 1974년 헨리 키신저의 노력이 컸다. 산유국들은 미국 달러로만 석유 가격을 책정하고 판매하기로 합의했으며, 그 대가로 미국은 이들 국가에 무기 제공을 약속했다. 세계 주요 기축 통화로서 미국 달러의 지배력을 강화하고 달러 표시 거래를 굳히는 계기가 되었다. 그러나. 근년들어 사우디아라비아를 비롯한 산유국들은 달러 의존도를 낮추기 위해 중국과 스와프 체결을 했다. 사우디아라비아와 중국 간의 통화 스와프 계약 체결은 위안화 국제화나 달러 의존도를 낮추는 목적이다. 아직 달러

트럼프는 강한 달러를 유지하겠다고 주장한다. '미국 우선주의'의 기축은 군대와 함께 세계 최강 통화인 강 달러이다. '위대한 미국 재건'은 위두 가지가 병행되어야 한다.

그러나, 미국 정부의 빚이 천문학적으로 쌓여간다. 최근 들어 미국의 적자 누적 주요인으로 사회보장, 메디케어, 국방, 기존 부채에 대한 이자 지급 등이다. 매년 이자만 1조6817억 달러(2317조 4000여억원)이다. 우리나라 1년 예산의 3배를 훌쩍 넘는 천문학적 예산이 이자로 나간다. 이자도 문제지만, 쌓여가는 재정 적자를 완화할 방법이 마땅찮다는 데 있다.[21]

의 지배력에 즉각적인 위험이 되지 않지만, 그 잠재력은 무시할 수 없다. 아직 페트로달러 시스템이 여전히 영향력을 발휘하고 있다.

21 월스트리트저널(WSJ) 2024년 3월24일자(현지 시간) 보도를 요약했다. "미 재무부의 연간 국채 발행 규모는 팬데믹 이후 거의 2배가량 늘어났고, 지난해에 23조 달러어치가 팔렸다. 미국 국채는 가장 안전한 투자처로 꼽힌다. 그렇지만, 이 시장이 불안해지면 그 충격이 급속도로 널리 확산할 수 있다. 미국 정부는 부족 세수를 국채 발행으로 차액을 메운다. 지난해에만 국채 발행을 통해 2조4000억 달러의 적자를 메웠다. 미국 정부부채가 감당하기 어려운 수준으로 급증하고 있다. 의회예산국 자료에 따르면 지난 4월말 기준 미국 연방정부 부채가 34조5000억달러(약 4경6754조원)에 달한다. 지난 2020년 3월보다 4년 새 11조달러(약 1경4000조원) 늘어난 수준이다. 미국 국내총생산(GDP) 대비로는 정부 부채가 120%를 넘어섰다. 순이자 비용만 올해 회계연도에 벌써 5160억달러(약 700조원)에 이른다. 이는 미국 정부의 국방비 지출보다 많고, 교육비의 4배에 이른다. 정부 부채 급증은 재정적자 확대를 초래한다. 올해 연말까지 재정적자는 1조6000억달러에 달하고 10년 후엔 2조6000억달러로 더 늘어날 것으로 전망. 대공황 이후 재정적자가 이 수준을 초과한 경우는 2차대전, 2007~2009년 금융위기, 팬데믹 기간밖에 없었다. '월가의 황제'로 불리는 JP모건체이스의 제이미 다이먼 최고경영자(CEO)는 "어느 순간 문제가 될 것이기에 기다려서는 안 된다"고 지적했다. 골드만삭스는 최근 보고서에서 "올해 대선에서 현재 예산 구조상 가장 큰 문제인 사회보장과 메디케어(미국의 노인의료보험제도) 지출을 줄일 가능성은 없어 보인다"고 분석했다. 미 국채를 사들이는 큰 손인 일본 투자자들은 달러화 강세와 자국 마이너스 금리 상황에서 미 국채에 대거 투자했다. 일본의 미 국채 보유 규모는 1조2000억 달러에 달해 2019년부터 중국

미국의 아킬레스건 재정 적자

트럼프는 집권 즉시 다른 어떤 문제보다도 재정 적자라는 해묵은 숙제와 씨름해야 한다.

세수입 상당 부분이 국채 이자로 지급되는 상황을 더 이상 감당하기 어려운 지경에 이르렀기 때문이다. 적자 예산을 지금까지 재무부 국채를 발행해 감당해왔지만, 이제 한계에 다다랐다는 경고음이 울리고 있다.

2023년 10월 기준 미국 국채 발행액(미결제액)은 33조6490억 달러이고, 2024년 말에는 누적 적자가 41조 달러에 달한다. 시간당 8억3300만 달러, 매일 200억(약 27조원) 달러의 이자를 지불해야 한다. 사실상 미국인들이 벌어들인 돈은 대부분 이자 지급으로 사라지게 된다.

국방 예산도 부족해져 군사 대국의 유지가 어려워질 것이다. (미국 재무부 월별 명세서 참조).[22]

트럼프는 군 예산 감축의 방법 중 하나로 "재일 미군과 제7함대는 일본에서 맡아 달라"고 일본 정부에 요청할 수 있다. 또한 달러화 지폐의 가치 하락에 대비해 새로운 지폐 '트럼프 달러'의 발행 가능성도 있다. 이럴 경우 달러에 연동되는 각국 통화는 대혼란에 빠진다. 2030년에 이르면 누적 국채는 50조 달러를 넘을 것이 확실하다.

코로나19 팬데믹 시기 바이든 행정부는 경기 부양을 위해 지출을 늘렸다. 2021년 3월 기준으로 총 5조 달러를 풀었다. 경기 부양책, 실업 수당, 비즈니스 지원 프로그램(의회 예산국)이 포함된다. 여기에 2017년 세금

을 넘어 세계 1위다. 미국 경제 전문가들은 바이든 행정부가 11월 대선 승리를 위해 국채 발행으로 선거 자금을 모으고 있는데, 이는 미국 경제에 훗날 인플레를 촉발할 것이라고 경고하고 있다.

22 [U.S. Treasury Fiscal Data](https://fiscaldata.treasury.gov/and the [Congressional Budget Office](https://www.cbo.gov/)

감면 등으로 정부 수입이 줄면서 예산 적자의 규모를 더욱 확대시켰다. 그러자 시중에 돈이 너무 풀려 인플레 압박으로 금리를 인상할 수 밖에 없다. 하지만, FRB는 대선을 코앞에 두고 엉거주춤 하는, 사이 생활비용은 더욱 오르고 서민 생활은 팍팍해져 가고 있다.

특히 금리가 높아지면 채권 이자 등 차입 비용이 증가하고, 적자를 매꾸기 위해 더 많은 채권을 발행한다. 구매자를 모으기 위해 재무부는 더 높은 수익률을 제시해야 한다. 악순환이 이어지는 형국이다.

올해 5월 30일 현재 30년 만기 미국 국채 수익률은 연간 약 4.56%, 10년 만기 수익률은 약 4.55%(만기 보유시 수익률), 2년 만기 수익률은 약 4.83%이다. 따라서 국채 수익률이 높아지면 모기지, 자동차 대출, 기업 대출의 이자율 등 모든 비용이 상승한다. 이를테면 30만 달러 주택 모기지의 경우 이자율이 3%에서 4%로 오르면 월 이자는 약 1,264달러에서 1,432달러로 증가한다. 매월 168달러가 추가되니 가계에 그만큼 주름살이 가게 마련이다.

정부는 정부대로 이자율이 상승하면 채권 상환에 비용이 증가해 정부 재정을 압박한다. 예를 들어, 33조6,490억 달러의 부채에 대한 평균 이자율 1%만 올라도 연간 추가 이자 비용은 3,364억 달러가 더 든다. 높은 이자는 다른 정부 프로그램에 사용할 수 있는 자금을 줄인다. 잠재적으로 사회 서비스, 국방 및 인프라 투자 축소로 이어진다.

이 같은 수치를 눈앞에 두고 트럼프 행정부와 의회가 이스라엘 지원, 우크라이나 지원에 어떤 결정을 내릴지 주목된다. 하마스의 이스라엘 기습과 가자지구에 대한 이스라엘 지상군의 침공으로 우크라이나 전쟁은 사실상 '게임 오버'가 되었다.

시사주간 TIME지의 2023년 11월 20일자 표지에는 젤렌스키의 발언을 크게 실었다.

"아무도 우크라이나의 승리를 믿지 않는다. 나는 믿는데…"라는 표지

제목이 붙었다. 기사 중에는 "서방에 배신감을 느끼고 있다"는 발언도 있다.

현대사를 돌이켜봐도 미국이 지원하고도 마지막에 배신한 사람은 장제스, 고딘디엠, 론 놀, 아프가니스탄 가니 대통령 등을 꼽을 수 있다. 이 밖에도 사담 후세인 사후 이라크와 가다피 축출 이후 리비아는 미국의 애초 전략에서 크게 벗어나 내전이 계속되고 있다.

현재 이스라엘-하마스 분쟁에 언론 보도가 집중되고, 우크라이나 지원 문제가 흔들리고 있다. 유럽 대부분의 평론가들은 "젤렌스키는 과거의 인물"이라고 했다. 미 NBC 뉴스는 "미국과 유럽 당국자들이 전쟁 종식을 위한 양보 가능성에 대해 조용히 우크라이나와 협의를 시작했다"고 보도했다. 영국 시사 잡지 이코노미스트는 "우크라이나 최고사령관은 전황이 교착상태에 이르렀음을 인정했다"고 썼고, 뉴욕타임스는 "우크라이나군 최고사령관은 지난 몇 달 동안 우크라이나의 최전방은 허리띠를 졸라매고 있다. 우크라이나 군의 전투 능력은 빠르게 소진되고 있다"고 전했다. TIME지에 익명의 우크라이나 정부 간부는 "현재 서방 각국은 무기를 계속 보낼 수 있지만, 무기를 사용할 유능한 군인이 없다"고 했다. 이스라엘의 가자지구 공격에 대응하기 위해 우크라이나로 갈 수만 발의 포탄이 이스라엘군으로 전달됐다.

미 백악관의 전폭적인 지지는 고갈된 미국의 무기고에 더 큰 부담을 안겨주었다. 당황한 바이든 대통령은 연일 오스틴 국방장관, 블링컨 국무장관을 만나고 있지만, 이렇다 할 묘수는 없다. 우크라이나의 나토 가입의 꿈도 사라졌다. 우크라이나 각료의 도덕성이 이완되어 서방의 무기 지원 의지를 꺾고 있다.

다급한 젤렌스키의 초청을 접한 트럼프는 "우크라이나를 전쟁으로 몰고 간 바이든 정권의 엉덩이를 닦아줄 수 없다. 지금 책임자는 바이든이며, 내가 키에프에 가는 것은 시기적으로 부적절하다"며 거절했다. 전기차의 경우 트럼프는 하이브리드 차량으로 회귀할 것이며 국내 자원개발에 적극적이다. 트럼프가 재선된 이후 동아시아 정세를 본다면, 한미를 비롯해 미일 안보 체제의 기축도 바꿔야 하는 시대로 돌입할 것이 확실하다.

향후 재정 적자는 미국에게 최대 아킬레스건이 될 것이다.

첫째, 높은 수준의 정부 부채는 새로운 문제가 닥쳤을 때 행정부의 능력을 제한한다는 점이다. 아직까지 미국은 디폴트, 즉 채무 불이행을 한적이 없다. 디폴트는 금융 시장에 큰 충격을 줄 것이며, 기축 통화로서 미국 달러의 지위를 훼손하기에 디폴트는 없다고 할 것이다.

그러나, 재정 악화와 쌓여가는 부채는 점차 투자자의 신뢰를 잃게 된

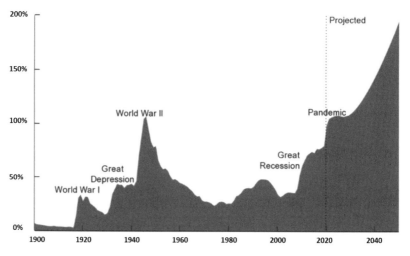

● 미의회 예산국(CBO)의 전망에 따르면 연방정부 부채는 2021년 GDP의 104%, 2023년 GDP의 107% (미국 역사상 가장 높은 금액)에 달했고, 2050년까지 GDP의 195%로 증가할 것이다.

도표 설명 = 미국의 최근 3명의 공화당 대통령 시절 국채 발행 증가액이 13조5천억 달러로 국가 채무 급증 시대를 열었다. 트루먼에서 카터까지는 나치독일과 일본제국과 전쟁하면서 쌓인 엄청난 부채를 꾸준히 갚았다. 균형 예산 패턴은 레이건, 부시에 들어 멈췄다. 오바마는 전임 클린턴으로부터 엄청난 적자와 불황을 물려받아, GDP 대비 국채 비율이 급증했다.

다. 각국 정부의 달러 준비금 제도의 안정성 또한 훼손될 수 있다.

둘째, 재정 악화 또한 금리 상승을 부채질 한다. 올들어 미국 FRB가 금리 인하를 못하는 주요 원인 하나도 이 때문이다. 정부 빚이 늘어날수록 투자자들은 정부에 대한 대출 위험을 보상받기 위해 더 높은 수익을 요구한다. 최근 금리 상승 압력의 주요인이다. 금리가 높아지면 기업과 소비자의 차입 비용이 증가하여 투자가 위축될 수 밖에 없다.

셋째, 재정 적자가 누적되면 기축 통화로서 달러 신뢰 상실로 이어질 수 있다. 이는 곧바로 달러 준비금 시스템을 뒤흔들 수 있다. 점차 기축 통화로서 신뢰 상실로 이어진다. 달러 준비금 제도란 많은 국가가 달러로 자산을 저장하는 커다란 돼지 저금통과 같다. 전 세계 중앙은행과 정부는 국제 거래에 사용할 수 있는 안정적인 통화로 달러를 비축해두고 있다. 달러를 보유하면 각국은 자국 통화를 안정시키고 국제 거래 통화를 확보할 수 있기 때문이다. 이를테면 석유 등은 달러로 가격이 책정되고 거래된다. 달러에 대한 신뢰가 흔들리면 전 세계 경제와 금융 시장에 큰 영향을 미친다. 지금 세계는 마치 미국 달러로 구성된 안전망과 같다고 할 것이다.

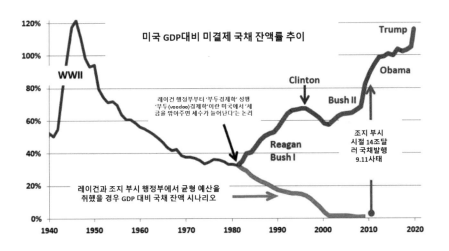

따라서 재정 적자는 미국이 끊임없이 관리하고 줄여나가야 한다. 아직 미국이 관리할 수준이라고 자신하고 있지만, 언제든 불거질 시한폭탄과 같다. 현재 월가에서는 달러 기축 체제가 흔들리게 될 것이라는 경고음이 연신 울리고 있다. 아직 페트로달러 체제는 여전하다. 미국 쪽 전문가들 쪽에서 미리 설레말 친다는 지적도 있지만 말이다.

월가의 전문가들은 페트로달러 체제 전망에 대해 몇 가지 상황을 들면서 내다본다.

첫째, BRICS(브라질, 러시아, 인도, 중국, 남아공)가 자국 통화로 무역 거래 결제를 본격화하고 있다. 일설에는 'BRICS 코인'을 발행한다는 구상도 들리고 있다.

둘째, 브라질이 중국과의 무역에서 위안화 결제를 시작했다는 사실이다. 물론 룰라 대통령은 좌파 자유주의자이고 친중파이다.

셋째, 경제부흥을 이룬 인도는 아세안 회의에서 '서방 통화에 계속 의존할 이유는 없다'고 발언했다. 인도는 자국 통화 루피로 무역대금을 결제하기 시작했다,

넷째, 러시아 가스 수입의 대부분이 루블화로 결제되고 있다. 덕분에 가스값 폭등으로 비명을 지른 것은 독일이었다.

다섯째, 케냐가 중국 위안화 결제를 받아들이기 시작했다. 케냐는 철도 등 인프라 구축을 위해 중국 위안화로 돈을 빌리고 있다. 현재 아프리카 각국에서 위안화 수용 조짐이 관찰되고 있다. 이처럼 세계적인 규모로 달러 이탈이 진행되고 있는 것은 바이든 정권 출범 이후부터 본격화되는 움직임이다.

세계경제는 트럼프 쇼크를 경험할 것

브레튼우즈 체제가 저물고 금본위제가 부활한다

앞으로 세계 경제는 '닉슨 쇼크'를 뛰어 넘는 '트럼프 쇼크'를 경험하게 될 것이다. 트럼프는 미국의 군사대국 자리를 유지하고 위대한 미국의 재건을 외치고 있다. 기축 통화로서 달러 가치의 안정은 트럼프를 비롯한 미국 정치인들의 첫째 목표이다. 이를 위협하는 BRICS 통화도, 디지털 통화도, 특히 디지털 위안화의 확산을 용인하지 않을 것이다.

미국의 통화 정책은 우여곡절을 겪었다. 먼저 브레튼우즈 체제(1944년)의 성립이다. 2차 대전 이후 44개 연합국 대표들은 1944년 미국 브레튼우즈에 모여 새로운 국제 통화 시스템을 설계했다. 사실상 달러 체제의 시작이다. 각국 통화가 미국 달러에 고정된 고정 환율제의 도입이었다. 미국은 금 온스당 35달러에 고정했는데, 사실상 금본위제였다.

그러나, 금본위제는 이른바 '닉슨 쇼크'로 허물어졌다. 1960년대 후반 미국은 무역 적자와 인플레 압력에 시달리자, 1971년 8월 닉슨은 달러의 금 전환을 중단하는 일련의 조치를 발표했는데 이것이 이른바 닉슨 쇼크다. 이는 금본위제를 사실상 종식시키고 브레튼우즈 체제의 붕괴로 이어졌다. 달러는 더 이상 금에 묶이지 않았고 환율은 시장 논리로 변동하는 변동 환율로의 전환이었다. 변동환율제 전환은 통화 시장의 변동성과 불확실성을 가져온다.

이에 미국은 '스미소니언 협정'을 맺게 된다. 1971년 12월 주요국들은 워싱턴 D.C.의 스미소니언 연구소에 모여 달러 가치를 낮춰 환율 안정을 도모하기로 합의했다. 이를 스미소니언 협정이라고 한다. 그럼에도 연속적인 무역 불균형, 인플레이션, 투자 심리 위축 등으로 달러 가치는 다른 통화에 비해 점점 하락세를 면치 못하게 된다. 다시 말해 더 이상 변동환율제에서는 미국 마음대로 달러 가치를 통제할 수 없게 되었다.

최근 우크라이나 전쟁에 이어 이스라엘 전쟁이 터지자, 금융위기 재발을 예견이라도 한 듯 투자자들은 금을 사들이고 있다. 이는 달러 가치의 하락 추세를 의미한다.

달러 가치 하락 추세는 트럼프가 죽기 살기로 노력해도 막기는 쉽지 않다. 그래서 트럼프는 미국 우선을 위한 근본적인 타개를 위해 금본위제로 부활을 꿈꾸고 있다.

연도	미국의 채무	금 값(1온스당)
1970	372007	35ドル
80	863451	653ドル
90	3051958	415ドル
2000	5773392	283ドル
10	12773123	1078ドル
20	23223813	1584ドル
23	31457820	1982ドル

세계 각국의 금비축량 순위 (2023년 세계금위원회 5월속보)

순위	국명	비축량(톤)	점유 비율
1	미국	8133	69.0%
2	독일	3353	68.0%
3	IMF	2814	
4	이탈리아	2452	65.0%
5	프랑스	2437	66.0%
6	러시아	2334	25%
7	중국	2092	3.4%
8	스위스	1040	7.3%
9	일본	846	4.3%
10	인도	797	8.5%

도표설명 = 세계금위원회 2023년 5월 속보를 보면 7개국 중앙은행이 금 보유량을 늘렸다. 각국은 외환보유고에서 금 비축량을 늘리고 있다. 미국 재정 적자가 악화할수록 금값은 매년 뛰고 있다. 달러 체제를 불안하게 보고 있다는 증거다. 속보를 보면 터키는 리라화 폭락과 인플레이션 상승으로 금 비축량을 축소하고 2023년 160톤을 매각했다. 반면, 폴란드가 19톤, 중국이 16톤의 금 보유량을 늘렸다. 싱가포르가 4톤, 러시아가 3톤, 인도, 체코, 키르기스스탄이 각각 2톤씩 금 비축량을 늘렸다. 특히 중국은 5월 말 기준 2092톤을 보유하고 있다. 중국은 2002년부터 2019년까지 1448톤이었으니 엄청나게 사들였다. 향후 전 세계 중앙은행들은 금 비축량을 더욱 늘릴 것이다.

트럼프의 목표는 이란 혁명 지도부의 무력화

트럼프는 중동 분쟁의 근원을 이란의 시아파 강경 보수 정권에 있다고 본다.

이란은 이슬람 시아파의 맹주로 자타가 인정한다. 이란은 '헤즈볼라 카드'를 손에 쥔 채 이스라엘-하마스 무력전쟁을 통해 이슬람 세계 헤게모니 장악에 목표를 두고 있다. 이란은 반미와 반이스라엘을 내세워 수니파(사우디아라비아가 맹주로 자처)를 친이란 세력으로 끌어들여 중동 지역에 영향력을 확대하려는 것이다. 이란은 항상 레바논인과 팔레스타인인을 위해 싸울 준비가 돼 있다고 주장하며, 명분론을 내세우고 있다. 내세우는 명분은 회교 근본주의 세계를 만드는 것이다.

지금까지 알려지기로는 이스라엘 음악 공연장을 습격한 하마스의 배후에 이란이 있다는게 정설이다. 사우디와 이스라엘의 협력 분위기에 찬물을 끼얹었다는 의미다. 지난해 10월 사태 직후 월스트리트 저널 보도에 따르면 작년 하마스는 공격 직전 이란 측 혁명수비대 고위 인사를 만난 사실이 있다고 보도했다.

이라크의 사담 후세인 정권이 몰락한 이후 미국은 이란에게 관대했다. 오바마 정권 때부터 미국은 이란에 대한 정보활동을 축소해왔고, 테헤란의 심기를 건드릴까봐 두려워 이스라엘과의 정보 협력도 축소했다.

전쟁에는 반드시 돈이 필요하다. 도대체 하마스는 어떤 수단으로 돈을 벌어들이는가.

하마스의 전쟁 자금 경로는 다양하다. 하마스가 벌어들이는 돈은 연간 20억~25억 달러(2조 7천~ 3조3천억 원) 수준. 첫 번째 자금원은 팔레스타인 자치정부 예산 중 10억 달러(1조3000억원) 가량이다. 4만 명에 이르는 가자지구 공무원의 급여 등으로 쓰인다. 공무원 급여 형태로 지급되는데, 하마스 조직원들에 거의 전달된다고 한다. 두 번째 자금원은 카타르다. 카타르는 2018년부터 가자지구에 매달 약 1,500만 달러(196억 원)를 현금으로 전달하며, 연간 4억 달러로 추산된다. 카타르는 가자지구 주민들을 돕는다는 명목으로 막대한 현금을 지급하고 있다. 세 번째 자금원은 하마스가 직접 징수하는 관세와 세금이다. 하마스는 가자지구 주민들은 물론이고, 라파 검문소를 통과하는 연료와 담배 등 이집트산 수입품과 케렘샬롬 교차로로 들어오는 이스라엘산 수입품을 통해서도 세금과 관세를 부과해 왔다. 연간 약 5억 달러(6700억여 원)로 추정된다. 이 자금이 무기 구입 등에 쓰인다.

암호화폐 사기와 빼돌리기로도 돈을 번다. 하마스는 대략 연간 7억 달러를 버는 것으로 알려졌다. 레바논의 헤즈볼라 역시 마찬가지다. 그 피해 지역 중 하나가 인도였다. 이스라엘 모사드와 인도 정보기관의 2021년 조사에 따르면 비트코인과 이더리움 사기 거래로 헤즈볼라는 연간 11억 달러, 탈레반이 8억 달러, 하마스가 7억 달러, 알카에다 3억 달러, IS는 2억 달러를 벌어들였다.

헤즈볼라가 보유한 미국제 무기 상당수는 아프간에 버려진 미국제 무기들이다. 최소 1억 달러 이상 무기가 암시장을 통해 하마스로 흘러들어 간 것으로 파악됐다.

트럼프는 "이란에 대한 바이든의 관대함, 특히 동결 해제된 60억 달러가 테러리스트들의 자금줄이 되었다"고 지적했다. 트럼프는 "내가 백악관에 있을 때 중동은 평화로웠다. 내가 지금도 대통령이었다면 이런 사태는 일어나지 않았을 것"이라고 했다.

트럼프라면 중동 분쟁에 어떻게 대처했을까? 지금까지 바이든은 이스라엘을 무조건 지지해왔다. 그러나, 트럼프는 이스라엘과 하마스 등과 저울질 하면서 협상이나 모종의 거래를 하려들 것이다. 그의 기본 생각은 불개입주의다. 직접적인 군사적 개입은 피할 것이다.

이런 와중에 2023년 9월 민주당 상원의원의 뇌물 사건이 불거졌다. 사건 전말은 이렇다.

미국 중동 정책의 또 다른 중요한 국가는 이집트이다. 이집트를 어떻게 다루느냐가 미국 중동 외교를 결정하는 주요 변수이다. 이유를 불문하고 이집트 국민들은 절대적으로 팔레스타인을 지지한다. 이집트는 가자지구와 지리적으로 연접해 있고, 서로 통하는 무수한 지하 비밀 터널이 존재한다. 가자지구의 지하터널은 대략 500여km에 달한다. 이 터널 내부에 하마스 사령부가 있다.

이런 와중에 이집트에서 뇌물을 받은 혐의로 미국 상원의원이 기소됐다.

2023년 9월 22일 뉴욕 연방 검찰은 밥 메넨데즈Robert Menendez 상원 외교위원장과 그의 부인 등을 기소했다. 금괴와 거액의 현금 등을 받은 혐의다. 이집트 정부의 대리인으로 활동했다는 것이다. 밥은 뇌물을 준 사업가와 이집트 정부의 계약 체결을 돕기 위해 이집트에 관련 정보를 넘겨주었다고 한다.

검찰은 메넨데스 부부를 기소하면서 자택 옷장 등에서 55만달러의 현금과 10만달러 상당의 금괴 13개를 압수한 사실을 공개했다. 그는 2015

년에도 부패로 기소되었으나, 당시에는 입증이 완전하지 않아 유죄를 면했다. 이번에는 1년여에 걸친 FBI의 내사 결과 기소되기에 이르렀다.

미국의 이집트 원조는 연간 13억 달러 내외로 이스라엘 원조와는 비교가 되지 않을 정도로 적지만, 중동 외교에서는 중요하다. 핵심 인물은 상원의원 밥 메넨데스였다. 그는 지독히도 평판이 좋지 않다. '금괴 밥', '부패 정치인'으로 불린다. "뉴저지주는 가난해졌지만, 저놈은 부자가 되었다"는 말이 공공연하게 나온다. 쿠바 이민자 출신인 그는 히스패닉계 의원으로서 처음 외교위원장을 맡았고, 특히 트럼프 행정부 시절에는 날카롭게 대립했다. 바이든 정부에서도 우크라이나 지원 외교를 주도해 왔다. 부패는 어느 나라 정치인이나 마찬가지지만, 미국 정치인의 부패도 심각하다. 이것이 중동 정치를 복잡하게 만들고 있다.

가공의
스캔들을
만들어내는
FBI

가공의 스캔들을 만들어내는 FBI

상원은 기득권 노인들의 사랑방

조 바이든 대통령은 올해 81세이다. 척 그래즐리Charles Ernest Grassle 상원의원(아이오아)은 상-하원 의원 경력만 48년이다. 에드 마키Edward John Markey(매사추세츠) 상원의원이 46년, 론 와이든 Ronald Lee Wyden(오리건) 상원의원은 42년간 자리를 지키고 있다. 민주당 원내총무인 척 슈머Chuck Schumer(뉴욕)도 42년, 공화당 공화당 원내총무인 미치 매코널 상원의원Mitch McConnell Jr.(7선으로 사임하겠다고 한다)은 38년 간 상원을 차지하고 있다. 이들 5명의 노인들 의회 경력을 합치면 216년. 말 그대로 미 상원은 노인들의 사랑방이다.

노령화, 귀가 멀고, 지팡이를 짚고 혀가 엉킨다. 상원의원은 90대가 1명, 80대가 4명, 70대는 29명, 60대가 35명, 50대 이하가 32명이다. 70대가 되면 에너지가 떨어지고 열정도 희석된다. 기억력도 급격히 쇠약해진다.

외교 방침을 최종 결정하고, 예산을 결정하고, 각료 인사를 승인하는 것은 상원이다. 연령 구성을 보면 미국의 쇠퇴하는 모습을 반영한다는 비판이 거세다.

트럼프 역시 노인 반열이지만, 트럼프에게는 노인이라는 비아냥은 없다. 상원의 노인들이 유태계와 연결되어 대선 자금줄을 좌지우지하고 있다. 좀 다른 얘기지만, 트럼프는 법정 비용 때문에 골머릴 앓고 있다. 현재 심각한 대선 자금난에 시달리고 있다. 이를 간파한 바이든 측에서는 실제로 FBI 등을 움직여 기소해 엄청난 법률 비용을 감당해야 한다. 트럼프에게는 재판이 4개나 겹치면서 절차의 번거로움은 물론이고, 뉴욕, 플로리다, 조지아, 워싱턴 DC 등 각 기소지 마다 일일이 출두해야 한다. 특히 법률 비용은 엄청나다. 바이든 측이 트럼프의 선거 자금 고갈을 염두에 기소를 남발한다는 소문이 파다하다.

실제 대선 후보로 부상하다 선거운동 중단 선언을 한 론 드산티스 플로리다 주지사와 니키 헤일리 전 유엔 대사조차도 검찰의 기소 남발을 비판했다. 두 사람은 "(자신이 당선되면) 트럼프 사면을 하겠다"고 약속했다.

만일 트럼프가 백악관에 입성하면 곧바로 자신의 사면을 발표하고 모든 재판을 무효화할 것이다. 트럼프의 말대로 "기소될 때마다 내 지지율은 올라간다"고 말하곤 한다. 2023년 8월 4일 트럼프는 앨라배마 주 연설에서 "백악관을 탈환하면, 취임 첫날 바이든의 두 범죄 가문의 불법 행위를 수사할 특별검사를 임명하겠다"고 했다.[23]

상원의 장로들이 트럼프를 밀어주고 자신들은 사퇴할 것이라고 말하지만, 실제 트럼프 당선 이후 어떻게 바꿀지 알 수 없다.

FBI의 범죄 연출은 사실인가?

법무부에 의한 트럼프 기소는 거의 날조 수준이라고 공화당 측은 비난한다. 트럼프를 유죄로 몰고 갈 준비를 착착 진행, 트럼프를 정치적으로 매장할 준비를 한다고 비난한다. 미 보수파는 사실 법무부를 중심으로 검찰과 FBI가 뭉쳐 승리가 점쳐지는 트럼프를 벼랑 끝으로 몰아붙이는 작전을 전개해 왔다고 주장한다. 트럼프가 주장하는 것도 이 것이지

---

23 지난 4월 중순 트럼프는 2주간 '성추문 입막음' 사건 피고인으로 뉴욕 법원에 출두, 번거로운 재판 때문에 선거 연설을 못하고 있다. 재판이 곧 처벌이라는 말이 나온다.

빅터 핸슨

만, 현재 일단의 보수 성향의 지식인들도 이에 동의한다. 극단적인 미국 정치의 단면을 상징적으로 보여준다.

미국의 저명한 역사가인 빅터 데이비스 핸슨 Victor Davis Hanson[24]은 미국이 '자코뱅'에 의해 점령당하고 있다고 지적했다. 그의 발언은 미 지식인층 사이에서 상당한 파장을 낳고 있다.

---

24 빅터 핸슨은 캘리포니아 주립대학 고전학 명예 교수로 고대 그리스와 전쟁사를 주로 연구했다. 'The Case for Trump(2019, 뉴욕)'를 써내 미국 정치의 변화를 짚었다. 그는 대대로 민주당 후보만 찍어온 집안 출신이지만, 트럼프를 상당히 평가한다. 사상가이자 농부이기도 한 빅터 핸슨은 이 책에서 트럼프가 부상하게 된 맥락과 변화를, 트럼프의 적들이 그를 파멸시키려는 이유를 풀이한다.

핸슨의 견해다. "내가 생각하기에 트럼프는 역사상 한 시대가 종언을 고할 때 등장해 해묵은 가식을 벗겨내는 그런 인물이다"는 헨리 키신저의 말을 인용하면서, 트럼프는 70여 년간 계속된 냉전 질서가 저물어가는 시점에서 오래전에 누군가가 나라 안팎을 상대로 했어야 하는 말과 행동을 하고 있는 것이다. 트럼프는 시대가 요구하는 인물이거나 앞으로 오랫동안 지속될 뭔가의 전조 현상이다. 미국은 변할 때가 되었고 그 변화를 촉발할 누군가를 필요로 하고 있다. 그 누군가는 변화에 저항하는 기득권 세력의 견고한 아성을 깨뜨릴 수 있는 강력한 메시지를 가진 인물이어야 했다."

빅터 핸슨은 트럼프의 거친 성정, 무모함, 교활함에 대한 세간의 비판과 비난에도, 그러한 아웃사이더 기질이 오히려 지지층을 결집시키고 대중의 이목을 사로잡아 선거 승리의 한 요인이 되었다고 본다. 심지어 인종차별주의자, 백인우월주의자, 고립주의자라는 비난을 불러오는 트럼프의 발언과 행동은 자신이 원하는 것을 얻기 위한 의도된 것이라고 본다. 본심은 그렇지않다는 것이다. 많은 트럼프 지지자들은 기존 질서와 그로부터 이득을 얻는 양당 기득권 정치, 딥스테이트 관료 집단과 같은 국가적 암을 제거하려면 트럼프 같은 독한 화학요법 이외 방법은 없다고 핸슨은 풀이한다. 다른 공화당 후보들은 단지 통증을 완화해주는 아스피린에 불과하다는 것. 핸슨은 'The Second World Wars: How the First Global Conflict Was Fought and Won' 등 고대 그리스, 농업, 군사 역사에서 외교, 미국 정치 및 현대 문화에 이르는 다양한 주제의 책을 24권 저술했다. 캘리포니아 셀마에 있는 40에이커의 포도 농장에서 가족과 함께 살고 있다.

자코뱅은 프랑스 혁명 당시 급진적인 정치 단체로, 1789 ~ 1794년 가장 활발하게 활동했다. 자코뱅은 그들의 집회 장소인 자코뱅 클럽의 이름을 따서 명명되었으며 로베스피에르 등이 이끌었다. 이들의 행동은 혁명을 수호하고 공화정을 펼치려는 열망에서 비롯되었다. 하지만, 그 방식은 권위주의적이고 폭력적이며 억압적이다.[25]

　핸슨의 발언은 경청할 만한 의견이라는 지지가 잇따랐다. 이런 은유는 정치적 안정과 사회적 결속을 희생하면서까지 타협 없이 그 이념을 추구하려는 극단적 좌파 이념을 암시한다.

　핸슨은 미국이 대공황 시대와 유사한 폭발적 상황에 접어들 것이라고 예측한다. 대공황은 심각한 경제 침체와 대량 실업으로 사회적, 정치적 파장이 컸던 시기다. 누가 대통령이 되든 미국은 향후 상당한 어려움과 불안정 사회가 될 것임을 시사한다.

　그의 말을 좀 더 들어보자. 핸슨은 지난 2월 폭스뉴스 터커 칼슨

● 폭스뉴스에 출연한 빅터 핸슨(오른쪽)과 사회자 터커 칼슨(가운데), 뉴욕 맨해튼 지방법원에 출두해 재판받고 있는 트럼프의 초췌한 모습 = 폭스 뉴스 캡쳐

---

25 자코뱅은 극도의 혁명적 열정과 광범위한 정치적 숙청, 프랑스 왕과 왕비를 비롯한 혁명의 적으로 간주된 사람들의 처형 등으로 특징 지어지는 공포 정치를 행했다.

Tucker Swanson McNear Carlson 대담 프로에 나와 "지금은 혁명의 과정이다. 앞으로 12개월은 폭발적인 역사가 될 것이다. 미국은 '자코뱅파'에 의해 점령당하고 있다. 앞으로 1년 안에 미국은 대공황 이후 역사상 가장 폭발적인 상황이 될 것이다. 이것은 광기이다"고 말했다.

이어 핸슨은 "미국의 자유주의는 불성실함이 특징이며, 극도로 불관용적인 시대로 이끌려고 한다. 트럼프에 대한 (검찰의)기소는 '그로테스크한 패러디'이며, 자유주의자들은 현재 미국의 민주주의를 지키겠다고 말하면서 실제로는 민주주의를 종식시키려 한다"고 말했다.

이어 "미국의 절반을 휩쓸고 있는 자유주의자들에게 트럼프는 실존적 위협이며, 그렇게 생각하는 미국인이 절반에 가깝다고 좌파들은 과신하고 있다. 따라서 필요한 수단은 무엇이든 정당화될 수 있다고 그들은 생각한다. 다시 말해, 자유주의자들은 추악한 방식으로 선거에서 승리하는 것보다 '당당하게 지는 것'을 선호하는 공화당 문화와도 싸우고 있다"고 했다. 즉, 자유주의자들은 공정하지 않다는 것이 핸슨의 주장이다.

보수 성향의 핸슨은 또 "미국은 지금 문화적, 경제적, 정치적 혁명의 한 가운데에 있고, 같은 기준과 잣대로 플레이하고 있다고 생각하지만, 실제로는 그렇지 않다"고 꼬집었다.

핸슨은 자신이 관찰하고 있는 상황을 '광기'라고 묘사했다. 이는 현 정부에 대해 강한 불만을 나타낸다.

'자유주의 = 세계주의'는 지식인의 아편과 같다

현대철학의 거장 레이먼드 아론Raymond Alon[26]은 '마르크스주의는

---

26 프랑스의 언론인이자 사회학자·역사가·철학자. 20세기를 대표하는 자유주의 우파 지식인이다. 파리의 유대인 가정에서 태어나 동갑내기 장폴 사르트르와 동기동창으로 고등

지식인의 아편'이라고 했다. 잘 알려진 바와 같이 2차 대전이 끝나고 이후 냉전 시기에 대부분 서구의 지식인들은 마르크스주의에 빠졌다.

자본주의 사회에 내재된 불평등과 자본가들의 착취를 지적하는 포괄적인 틀을 제공했기 때문이다. 마르크스주의는 진단 뿐만 아니라 사회조직에 대한 해결책도 제시했다. 지적으로는 매우 매혹적으로 보여졌다. 소비에트 역사의 맥락에서 볼 때 마르크스주의는 계급을 없애고 유토피아 사회를 추구하는 사상이라는 점에서 레닌에 의해 국가 이데올로기로 채택되었다.

마오쩌둥 치하 중국의 지식인들 역시 이 범주에 속한다. 권위주의적 관행과 강제 집단화 또는 숙청은 이상적인 공산주의 사회를 향한 필수 단계로 합리화했다. 그러나, 이상주의적 이론과 달리 현실에는 전혀 맞지 않았다. 이론이나 현실 모두 모순으로 드러난 것은 이미 입증되었다. 억압과 경제 침체가 반복되는 소련과 동유럽에서 마르크스주의 정권의 경험적 실패는 입증하고도 남는다. 말 뿐인 이상주의이고 선전 선동적 폭력을 합리화했다. 자유 세계에서도 사회주의를 추종하는 이론가들은 현실과는 동떨어진 수사에 능하다. 지식인들에게 '마르크스주의는 일종의 아편'이란 표현은 적확하다 할 것이다.

마찬가지로, 빅터 핸슨은 '자유주의 = 세계주의'가 아편 같은 역할을 한다고 지적했다. 자유주의자들은 개인의 자유, 경제적 상호의존성 등의

사법학교를 졸업했다. 히틀러 집권 직전 독일에 유학했고, 귀국 후 고교 교사와 툴루즈 대학 교수로 있던 중 2차대전에 참전했다.

독일이 프랑스를 점령하자 런던으로 탈출, 드골이 이끄는 자유프랑스위원회의 기관지 '자유 프랑스'에 합류해 언론인이 되었다. 종전 후 1947년부터 30년간 피가로지 논설위원으로 있으면서 동시에 국립행정학교(ENA), 소르본 대학교 등의 교수를 겸임했다. 젊은 시절 잠깐 좌파 운동에 참여한 것을 제외하고는 평생 전체주의와 좌파 이념에 맞서 필봉을 휘둘렀다. '지식인의 아편'에서 서구사회 내 마르크시스트들을 비판하여 사르트르, 메를로퐁티 등과 결별했다. '환상적 마르크시즘' 등 명저가 있다.

이상은 보편적으로 유익하다고 강조한다. 오늘날 지식인들에게 비슷하게 위안이 되지만, 그러나 솔직히 현실을 보면 자유주의적 이상은 기만적이다.

이를테면 유럽연합(EU)은 기만적 자유주의의 좋은 사례이다. 평화와 번영을 목표로 회원국 간 사람, 상품, 서비스, 자본의 자유로운 이동을 촉진한다. 이를 통해 자유주의 및 세계주의 원칙을 구현하고 있다. 유럽의 지식인들은 자유민주주의와 경제 통합의 정점으로서 EU의 모델을 옹호한다. 지식인들은 종종 EU를 국제 협력과 평화의 성공적인 사례로 옹호하곤 한다.

현실은 어떠한가. 지식인들이 자랑하는 유럽의 현실은 점점 나락으로 가는 경향이다. 회원국 간의 경제적 격차, 민주적 결함, 이주민 위기 등 EU는 큰 어려움에 부닥치고 있다. 이론적으로 매력적인 이데올로기는 비판적 검토를 가린다. 현실에서 드러나는 모순되는 증거들을 무시하거나 때때로 합리화한다.

아론의 마르크스주의 비판과 자유주의와 세계주의에 대한 핸슨의 확장된 비판은 모두 지적 카타르시스의 위험성을 경고하는, 탁월한 표현이다.

현대 자유주의의 한 형태인 신자유주의 경제 정책도 교훈적이다. 규제가 완화된 글로벌 금융 시스템에서 드러난 중대한 결함은 2008년의 글로벌 금융 위기를 촉발시켰다. 서구의 지식인과 정부 당국자들은 글로벌 금융통합과 규제 완화가 지속적인 경제 성장과 더 큰 안정성으로 이어질 것이라고 홍보했다. 그러나, 규제 감독이 소홀한 틈을 타 국가 간을 넘나드는 흡혈귀적 헷지펀드는 약소국들의 연쇄 금융위기를 촉발시켰다. 죽어나가는 계층은 힘없는 서민층이었다. 각국 정부는 그 위험성을 인식하지 못한 것인지, 방관한 것인지는 알 수 없다.

북미자유무역협정NAFTA이나 환태평양경제동반자협정도 같은 맥락이다. 이러한 협정은 다국적 기업에 큰 혜택을 주고 참여국의 취약한 산업에서 일자리 손실과 경제적 혼란을 초래할 수 있다.

위 두 사례에서 보듯이 이데올로기(마르크스주의, 자유주의, 세계주의)는 시스템 내의 복잡성과 모순에 대해 눈을 멀게 할 수 있는 프레임워크 역할을 한다. '아편'이라는 용어는 특히 다른 고통스러운 현실에 대한 마비 효과 뿐만 아니라, 독성을 마비시키는 중독성까지 내포하고 있다. 핸슨의 비유는 설득력이 있다.

충직한 경찰관이 유죄인 사회

조지 플로이드의 사망 사건은 해묵은 인종차별로 이어졌다. 폭력적 시위와 폭동이 뒤따랐다. 2020년 5월 25일 미네소타주 미니애폴리스에서 흑인 청년 조지 플로이드가 경찰관 데릭 쇼빈(46)의 체포 과정에서 약 9분 30초 동안 목졸림 후 사망했다. 데릭 쇼빈은 21년형을 받고 복역중이다. 재판의 쟁점은 플로이드의 사망 원인이다. 검찰은 쇼빈의 무력 사용이 과도했으며 플로이드의 사망에 직접적으로 기여했다고 주장했다. 그러나, 변호인단은 플로이드의 사망은 주로 건강 문제와 약물 사용 때문이라고 반박했다. 쇼빈은 경찰의 무력 진압 매뉴얼에 따라 했을 뿐이며, 죽일 의도는 없었다고 진술했다. 검시관은 공식 부검 보고서에 사망 원인으로 "제압, 구속 및 목 압박으로 인한 심폐 정지"라고 명시했기에 쇼빈은 유죄를 받는 직접 원인이 되었다.

이 사건으로 미국에서 경찰관의 치안 활동은 심대한 타격을 받게 된다. 수많은 경찰서에서 경찰관 유지와 채용에 어려움을 겪고 있다. 미국 전역에서 경찰관의 사기 저하와 퇴직 및 사직이 급증했다. 사법부의 판결을 과도한 무력 사용에 대한 당연한 조치로 보는 반면, 의무를 다한 법

집행관에 대한 징벌로는 과하다고 지적이 상충했다.

지금 미국 경찰은 눈 앞에서 흑인이 범죄를 저질러도 보고만 있다. 아니, 못 본 척하거나 현장을 떠난다. 950달러 이하의 절도범은 구속되지도 않는다. 구치소가 만원이기 때문이란다. 자유주의 성향 단체장인 지자체에서는 치안이 극도로 악화되어 있다. 밤거리에 나다닐 수 없는게 미국의 현실이다.

입만 열면 젠더, 인종 차별주의자라는 꼬리표를 붙인다. 그야말로 미국 정치는 자코뱅당이 장악했다고 해도 과언이 아닐 성 싶다. 자유주의적 다양성 존중의 폐해가 어떻게 사회를 파괴하고, 가정을 파괴하는가를 보여준다. 빅터 핸슨은 이런 미국적 현실을 지적한 것이다.

혐오, 남녀 차별, 소수민족 차별, 흑인 차별, 이것도 저것도 안 된다. 사람들 앞에서 무심코 말을 하면 혐오스럽다는 비난을 받는다. 지나친 다양성 존중의 근저에는 증오가 소용돌이치는 마르크스주의적 요소가 숨어 있다는 것이 보수 지식인들의 견해이다.

미국 대선을 앞두고 이대로는 안된다는 목소리가 계속 터져 나오고 있다. 현재 미국에서는 근본적인 변화를 원하는 목소리가 큰 힘을 얻고 있다.

이런 여론의 흐름은 한 젊은이에 의해 표출되고 있다.

인도 이민자 출신인 비벡 라마스와미Vivek Ramaswamy는 어제까지 무명의 신인이었다. 2023년 여름부터 그는 대선 정국에 혜성처럼 나타났다. 38세 젊은 나이에 바이오벤처로 돈을 벌었다. 그는 트럼프보다 더 강렬한 주장을 한다. 게다가 유명 방송인 터커 칼슨도 "라마스와미의 주장은 경청할 가치가 있다"고 발언했고, 일론 머스크도 "지지하고 싶다"고 했다. 라마스와미는 이름에서 알 수 있듯이 인도계이다. 부모는 힌두교도이며 타밀어를 구사한다. 이민 2세 라마스와미는 하버드대, 예일대에서 공부하고 바이오 기업 Roivant Sciences를 창업했다. 기업공개 등 연

● 라마스와미(위)와 공화당 대선후보들

금술로 개인 자산이 수십억 달러에 달한다. 손정의 회장도 라마스와미의 초기 벤처기업에 투자하기도 했다. 기업가로 알려졌던 그는 2021년 'WOKE INC'를 저술하며 일약 베스트셀러 작가로 떠올랐다. 이 책에서 그는 좀비 기업 즉, 실적없이 기생하는 기업을 비판한다. 라마스와미는 트럼프 지지자로 미국인의 국가 정체성을 중시한다.

트럼프가 기권하지 않는 한, 라마스와미가 대선 후보가 될 가능성은 없다.

그러나, 그는 4년 후 사람들이 진지하게 받아들일 만한 인물로 정계에서 자리매김하고 있다. 영향력 차원에서도 그는 매우 유명해졌다. 언론은 거품 후보 중 한 명으로 평가절하하지만, 미국 사회의 거대한 트렌드를 반영하는 거울이라는 점에서 주목을 끈다.

라마스와미가 인기를 끄는 현상은 변화를 원하는 유권자들의 열망을 반영한다. 트럼프나 버니 샌더스 같은 인물의 부상도 같은 맥락이다. 두 사람은 공히 정당은 다르지만, 기성 정치권에 도전하는 아웃사이더 출신이다.

많은 미국인들 사이에서 거대 공룡 IT기업으로 성장한 실리콘밸리에 대한 불신이 팽배해 있다. 거대 기술 기업에 대한 규제와 감시를 강화하고 대안 플랫폼의 출현을 촉구하는 목소리가 커지고 있다. 이를 테면 거대 IT 기업이 일상에 미치는 악영향에 대한 우려가 크다.

페이스북(메타)은 수많은 개인정보 보호 스캔들, 특히 수백만 명의 사용자 개인정보를 동의 없이 사용한 뒤, '케임브리지 애널리티카' 사건을 촉발했다. 2018년 수백만 명의 페이스북 사용자의 개인 정보 데이터를 동의 없이 정치 광고에 사용한 사건이다.

구글은 온라인 광고와 검색 엔진을 비롯한 다양한 시장에서 지배적으로 군림한다. 아마존은 리테일에서 클라우드 컴퓨팅에 이르기까지 광범위한 영향력을 행사하고 있어, 독점적 행위라는 비난을 사고 있다. 특히 중소기업들은 아마존의 관행으로 인해 효과적인 경쟁이 어렵다고 호소한다.

이러한 문제에 대응하는 대안 플랫폼이 등장했다. 예를 들어, DuckDuckGo는 사용자의 데이터를 추적하지 않는 검색 엔진을 제공한다. Google처럼 개인 데이터를 추적하지 않는다.

출처 = 주간조선

미국 도시는 무법, 노숙자의 천국

뉴욕, 시카고, 샌프란시스코 등 대도시는 경찰 채용에 어려움을 겪고 있다. 특히 2020년 조지 플로이드 사망 사건 이후 경찰에 대한 신뢰가 크게 흔들리고 있다. 자유주의 성향의 단체장 도시에서는 종종 경찰 예산을 삭감하곤 했다. 경찰 예산 대신 공공 서비스에 재할당하라는

지역 의원들의 요구가 빗발쳤다. 이러한 분위기는 불확실한 환경을 조성하고 고용 불안이나 공무원의 지원 감소로 이어진다. 미국에서 경찰은 높은 범죄율과 치안 문제의 복잡한 특성으로 인해 스트레스가 심한 고위험 직업에 속한다. 지자체 당국의 지원이 충분하지 않다는 인식은 지원 의욕을 더욱 떨어뜨리며, 치안 불안이라는 악순환에 빠져들고 있다.

미국 경찰은 통상 높은 복리후생과 연금을 받지만 뉴욕, 시카고, 샌프란시스코 등은 높은 생활비로 인해 이러한 혜택이 상쇄된다. 치안 부재와 도시 인구 감소로 이어지고 있다.

최근 뉴욕시의 인구 추이를 보면 코로나19 팬데믹 기간 눈에 띄는 감소세를 보였다. 그보다도 자유주의 성향의 뉴욕 시장으로 인해 사람들이 빠져 나간다. 2020년부터 2021년까지 뉴욕의 인구 감소폭은 미국 도시 중 가장 컸다. 특히 세금은 미국 대도시 가운데 가장 높다. 이런 경제적 요인과 함께 범죄율 증가, 청결도, 전반적인 도시 환경에 대한 우려도 주민들을 떠나게 만든다.[27]

---

27 미국은 20년 뒤에 사망자 수가 출생자 수를 초과하면서 오직 이민자 만으로 인구 증가할 것이다. 2030년 1월말 미 의회예산국(CBO)이 내놓은 향후 30년간 미국 인구 전망 보고서에 따르면 미국 인구는 올해 3억3천600만명에서 2053년 3억7천300만명으로 매년 평균 0.3% 증가할 것으로 예측됐다. 2041년까지는 사망자보다 출생자가 더 많지만, 2042년부터는 저출산으로 인구가 순감소할 것으로 예상됐다. 2042년부터는 인구 증가 전체를 이민이 주도하게 된다. 2022년 합계 출산율은 1.66명이며 30~49세 여성의 출산율이 상승함에 따라 2030년에는 1.75명이 될 것이다. 이 합계 출산율은 2053년까지 유

뉴욕시는 미국에서 가장 높은 부동산 가격과 함께 어리석은 정책이 주민을 내쫓고 있다. 예를 들어, 2019년 세입자 보호 명목의 임대료 안정화법은 구체적인 악법으로 꼽힌다. 이 법은 새 아파트에 대한 투자를 억제하고 공급을 제한하며 임대 및 매매 가격의 상승을 초래했다.

2019년에 뉴욕주는 임대료 안정화법을 대대적으로 개정했다. 이전에는 임대료가 일정 기준에 도달하면 임대료 안정화 정책에서 제외되었으나, 2019년 이 조항이 삭제되어 아파트 임대료가 안정적으로 유지되는 것으로 보였다. 그러자 투자자들은 부동산에 투자하거나 임대 건물을 새로 짓는 것을 꺼리게 되었다. 임대료를 충분히 올릴 수 없기 때문이다. 자본가들은 새로운 개발에 대한 투자는 고사하고 건물의 유지 보수를 꺼리게 되었다. 전체적으로 주택 공급을 제한하는 결과를 초래했다. 주택 정책은 세입자 보호와 저렴한 주택 개발 장려 사이에서 균형을 잘 잡아야 성공할 수 있다. 약탈적인 임대료 인상을 억제한다는 명목이었으나, 실제로는 집 값과 임대료만 밀어 올린 셈이다. 문재인 정부의 서울과 매우 흡사하다.

이주민 대책도 골칫거리로 등장했다.[28] 악화하는 치안과 살인적인 임대료 등으로 인해 2023년 뉴욕을 떠난 주민은 10만명을 훌쩍 넘었다.

텍사스의 그레그 애벗 텍사스 주지사 등 공화당 소속 주지사들 14명은

지될 전망이다. 2053년까지 예상 사망률은 꾸준히 하락해 출생 시 기대수명은 2022년 77.8년에서 2053년 82.3년으로, 65세 기대 여명은 2022년 18.9년에서 2025년 21.8년으로 각각 늘어날 것이다. 저출산으로 인한 인구 감소분을 채우는 것은 이민일 것이다. 올해부터 2053년까지 미국으로의 순 이민자 수(미국 내 유입에서 유출을 뺀 수)는 연평균 110만 명에 달할 것으로 예상됐다.

28 국경을 넘어 밀고 들어온 이주민들로 인해 수용시설이 포화상태에 이르자 공화당 소속 그레그 애벗 텍사스 주지사는 그들을 버스에 태워 민주당 소속 주지사들이 있는 대도시로 보냈다. '피난처'를 자처하던 뉴욕에도 쉴 새 없이 버스가 도착하면서 포화상태가 돼버렸다. 뉴욕시장이 비상사태를 선포했다.

● 버스로 태워져 뉴욕 루스벨트호텔에 도착한 이주민들

2024년 2월 5일(현지시간) 텍사스주의 국경지대에 모여 바이든의 이민 정책을 비난했다. 애벗 주지사를 비롯해 테네시주, 몬태나주, 아칸소주, 조지아주 주지사들은 텍사스주 이글패스에 있는 셸비 공원에 모여 기자 회견을 열었다. 애벗 주지사는 바이든 대통령에 대해 "미국의 법을 집행할 책임을 완전히 포기했다. 조 바이든, 이제 당신 차례다. 의회가 통과시킨 법을 따르고 텍사스가 그랬던 것처럼 국경을 지키는 것이 당신의 의무"라고 했다. 텍사스는 100마일(160㎞) 이상의 철조망 장벽을 설치했다. 지난해 12월 미국-멕시코 국경을 넘어온 불법 이민자 수는 사상 최고였다. 공화당 주지사들은 바이든 행정부가 일을 제대로 못해 자신들이 나서게 됐다고 목소리를 높였다.

　로스앤젤레스 이스트할리우드는 노숙자 증가와 이민 문제로 골치아픈 지역이다. 로스앤젤레스는 미국에서 주거비가 가장 높은 도시 중 하나다. 노숙자 급증 때문이다. 그러자 로스앤젤레스를 비롯한 많은 지역에서 노숙자들에게 조건 없이 주택을 우선적으로 제공했다. 이는 조 바이든 행정부의 이민자 환영 정책을 순진하게 따른 결과였다.

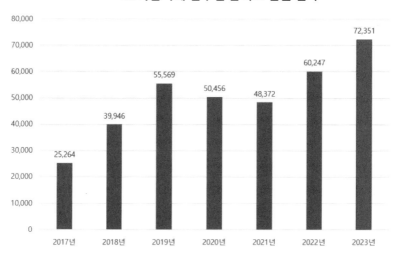

LA 카운티에 접수된 홈리스 민원 건 수

- 2017년: 25,264
- 2018년: 39,946
- 2019년: 55,569
- 2020년: 50,456
- 2021년: 48,372
- 2022년: 60,247
- 2023년: 72,351

● LA카운티 도심 한복판 도로에 마구 널려져 있는 홈리스 텐트 = 편집자주

로스앤젤레스 카운티의 노숙자 민원 건수는 2023년 상반기 기준으로 약 7만2000건. 이들 중 상당수가 정신 건강 또는 약물 남용 문제를 갖고 있었다. 구체적으로 카운티 노숙자 인구의 약 29%가 정신 질환을 앓고 있다고 보고했으며, 약 18%가 약물 사용 때문으로 추정되었다. 이 숫자는 더욱 늘어났을 것이다. 늘어나는 노숙자 문제는 지역 의료 시스템과 응급 서비스에 큰 부담을 주었다. 경찰 및 기타 응급 서비스는 포화 상태이다. 소란이나 사소한 범죄부터 공공 안전 문제에 이르기까지 많은 시간과 자원을 소비하는 상황이다.

현재 노숙자 문제는 LA에서 별다른 개선책 없이 악화일로를 걷고 있다. 카운티는 대응책을 내놓았지만 실효성이 떨어지는 대책만 고집한다. 이런 가운데 살인적인 물가, 치안 불안 등의 문제들로 주민 부담은 날이 갈수록 쌓여간다. 여기에 노숙자 문제는 가장 고질적인 상항으로 악화일로에 있다.

대농지를 사들인 빌 게이츠의 목적

마이크로소프트의 공동 창업자인 빌 게이츠는 미국에서 가장 큰 농지를 소유한 사람 중 한 명이다. 게이츠는 개인 투자 법인 '캐스케이드 인베스트먼트'(Cascade Investments)LLC를 통해 18개 주에 걸쳐 약 24만 2000에이커(약 3억평)의 농지를 사들였다. (The Land Report)

루이지애나, 아칸소, 애리조나, 네브래스카 등에 상당한 규모의 농지를 보유하고 있다. 그 중 루이지애나에 69,000여 에이커의 농지를 소유하고 있으며, 이는 단일 주에서 가장 넓은 규모다. 루이지애나의 농지는 비옥한 토양과 옥수수, 대두, 면화, 쌀 농사로 유명하다. 아칸소 주에도 약 47,927에이커의 농지에 쌀, 대두, 면화 재배 단지를 갖고 있는데, 풍부한 수자원과 온화한 기후는 농사 짓기에 이상적이다. 애리조나에 갖고 있는 약 25,750에이커의 농지는 건조한 지역으로 상추, 멜론, 채소류가 유명하다.

농지는 특히 글로벌 식량 수요가 증가함에 따라 꾸준한 수익을 올릴 수 있는 안정적인 투자처로 여겨진다. 빌 게이츠의 생각이 엿보이는 대목이다. 특히 다가올 인플레이션에 대한 헤지 역할을 하는 안정적인 투자처로 여겨지고 있다(포브스).

미국 IT산업을 이끌어 간 빌 게이츠가 대농지 소유자라는 점은 주목할 만하다.

특히 그는 아시아와 아프리카에서 지속 가능한 농업 기술의 발전과 보급을 생각하고 있다. 예를 들어, 정밀 농업은 데이터 분석과 AI를 사용하여 제철 농사를 최적화할 수 있다. GPS 유도 트랙터, 농작물 모니터링용 드론, 자동 관개 시스템 등 첨단 기술은 최적화 하기에 안성맞춤이다. 지속 가능한 농업에 대한 그의 생각은 흥미롭다. 환경에 미치는 영향을 최

● 빌 게이츠와 그의 아내 멜린다 G는 19개 주에 걸쳐
24만2000에이커의 농지를 소유하고 있다.

소화하면서 생산성을 향상시키는 농업 기술을 발전시키는 것이다.

그러나, 미국에서 가장 큰 개인 농지 소유주인 빌 게이츠의 행보는 여러 가지를 시사한다. 특히 경제적 불평등과 부와 권력의 문제를 부각시킨다. 농지 집중 소유는 트럼프의 포퓰리즘 비판의 대상이 될 수 있다. 부유층의 농지 소유는 박탈감과 위협을 느끼는 농촌 유권자들에게 어필할 수 있다(CNBC). 그러나, 게이츠는 이에 별로 개의치 않는다. 미래 먹거리 내지 식량 문제와 인공지능의 결합에 초점을 맞춘 듯한 생각을 갖고 있는 것 같다.

한편, 게이츠의 생각은 트럼프의 방식과는 상이하다. 트럼프는 재임 중 재생 에너지와 지속 가능한 관행보다는, 화석 연료와 전통 농업의 중요성을 강조했다(Politico).

'미국
우선주의'란
무엇인가

'미국 우선주의'란 무엇인가

'미국 우선'이라는 레토릭의 의미

트럼프의 '미국 우선주의'란 무엇인가. 국내외에서 그 진의를 왜곡해 전달하고 있다는 지적이 있다.

우선 트럼프의 레토릭을 왜곡해 보도하는 미국 언론들이 적지 않다. 한국을 비롯한 해외 언론들은 대개 각국 주권을 무시하는 도발적인 것으로 받아들인다. 트럼프의 말폭탄이 정말 그런 의미인지 따져본다.

첫째, 각국이 자국의 이익을 우선시하고 국제 동맹이나 협정에 지나치게 의존하지 말라고 권고하는 내용이다.

둘째, 세계화가 일방적으로 진행된 나머지, 미국 노동자와 산업에 악영향을 미쳤으며 이전 행정부가 미국의 경제적 이익을 적절히 방어하지 못했다는 것이다. 맞는 말이다.

셋째, 나토 동맹국들에게 국방비 지출을 늘리도록 촉구한다. 유럽의 안보 무임승차, 즉 2차 대전 이후 미군 주둔으로 인해 유럽은 안보 걱정이 거의 없었으며 그 비용을 경제 건설에 투자해 온 사실을 트럼프는 지적한 것이다. 이번 우-러 전쟁에서 무기를 신속히 지원했던 것도 사실상 트럼프가 군비를 늘리라고 촉구했기에 가능했다.

넷째, 트럼프는 합법 이민과 불법 이민을 엄격히 구분하여 미국의 일자리와 치안을 보호하는 수단을 쓸 생각이다.

보수 성향 쪽에서는 이같은 트럼프의 현실주의적 접근을 지지한다. 힘과 자국 중심인 고전적 국제관계 이론과도 일치한다고 본다. 따라서 각국이 자국 이익에 집중하도록 장려하면, 보다 진정성 있는 강력한 국제 협상을 이끌어낼 수 있다는 것이다.

반면, 트럼프의 미국 우선주의를 비판하는 논리도 따져볼 만 하다.

미국 고립에 대한 우려와 함께 다자간 합의에서 후퇴하면 글로벌 안정과 미국의 영향력이 약화된다는 것. 따라서 트럼프의 논리는 장기적 전략이 아니며, 단기적 이익을 선호하여 동맹국간 결속을 약화시킨다는 것이다.

트럼프 행정부 관리였던 마이클 안톤Michael Anton은 "개별 국가는 자국의 이익을 우선시하고 부당한 외부의 영향 없이 주권적인 결정을 내려야 한다고 믿는다. 즉 강력한 국가 자율성을 중시한다는 것"이라고 풀이한다.

국제관계학 이론에서 현실주의 이론으로 명성을 얻은 존 미어샤이머John Mearsheimer 교수[29]는 '각자의 방식대로' 접근법을 지지한다. 미어

---

29 존 미어샤이머의 최근 이슈에 대한 견해를 요약 소개한다. "2022년 2월 24일 침공한 푸틴은 제국주의자이자 팽창주의자이고 동유럽 지배에 진심이다. 우크라이나는 '그런 푸틴의 제국 팽창의 첫번째 관문이었다' 라는 것이 일반적인 상식이었다. 그러나, 푸틴이 우크라이나를 모두 정복하려 했다면 적어도 200만 명의 병력이 필요했다. 주된 요인은 우크라이나의 NATO 가입 시도였다. 미국은 다른 나라의 입장을 잘 고려하지 않는데, 최강국의 입장에서 외교적으로 잘 조율하려면 상대국의 입장도 헤아릴 줄 알아야 한다. 민스크 협약에서 보듯이 푸틴은 더이상 서방을 신뢰하기 힘들 것이다. (하마스가 2023년 10월 7일 이스라엘을 공격한 이유에 대해) 많은 사람들이 이 공격이 이스라엘과 사우디의 아브라함 협정 때문이라고 알고 있다. 그러나, 이 공격이 아마도 2년 전부터 계획하고 있었다고 한다면 이 새로운 협정 때문에 발생한 일은 아닐 것이다. 주된 원동력은 팔레스타인인들이 억압 받고 있다고 느낀 것이고, 이것이 저항으로 표출된 것이다. 양측은 서로간의 보복을 일삼으며 주기적으로 공격을 했지만, 결과는 민간인의 희생 뿐이었다. 이것은 서로 간의 재앙이다. 평화를 얻을 수 있는 유일한 방법은 두 국가의 존재이다. 그러나, 최근 이스라엘 국내 정치적인 문제로 두 국가 해결책이 흔들리기 시작했다. 팔레스타인도 단일 국가를 원하고, 이스라엘도 단일 국가를 원한다. 이스라엘은 하마스를 끝장내고 팔레스타인을 점령한다고 해도 또 다른 저항에 부딪힐 것이다. 즉, 또 다른 저항 집단을 분명히 맞이하게 될 것이고 그 저항 집단은 다시 또 테러를

샤이머는 "트럼프의 수사는 각국이 자국의 이익과 힘에 따라 행동하는 현실적인 관점을 반영하고 있으며, 각국이 자국의 이익을 명확하게 표현하고 방어하는 다극적 세계를 촉진한다"고 옹호한다.

H. R. 맥마스터(H. R. McMaster, 전 국가안보좌관)는 트럼프 논리에 대해 "핵무기와 국방 전략에 대한 공개적인 논의는 미국의 군사적 우위와 억지력 유지에 대한 광범위한 정책의 일환"이라면서, "동맹국과 적국 모두에게 강력한 방어 태세를 강조하는 것"이라고 풀이한다.

빅터 데이비스 핸슨 역시 "미디어가 트럼프의 민족주의를 외국인 혐오주의나 고립주의로 잘못 표현하는 경우가 많다"면서 "트럼프의 '미국 우선주의' 전략은 국익 우선주의, 국제 문제에서 공정한 대우 요구, 일방적 양보보다는 호혜적 관계로 정의되는 실용적인 방식"이라고 옹호한다.

언론의 반응

최근 10여 년간 미국 미디어 환경은 양극화가 심해졌다.

각 매체들은 기자들이 기사 거리를 취재해 송고하면 참여도와 시청률을 높일 수 있게 스토리를 재구성한다. 복잡한 정치적 수사를 단순화하거나 선정적으로 드러내면 독자층에 보다 어필하기 때문이다. 이 과정에서 종종 미묘한 의미를 간과하거나 빠뜨린채 보도되는 사례가 많다.

사용할 것이다. 두 국가 공존은 이스라엘에게도 장기적으로 이익이다. (중국의 대만 침공에 대해) 중국은 대만에 쉽게 군사적으로 접근할 수 없는 이유는 대만 해협이 있기 때문이다. 바다 건너로 기갑사단이나 병력을 이송하는 문제는 간단하지 않다. 많은 잠수함과 항공기, 미사일 등이 있기 때문에 바다를 건너 공격하는 것은 상당히 어렵다. 대만도 중국의 일부가 되어야 한다는 중국의 말에는 의심의 여지가 없다. 그러나, 미국에도 대만 방어는 최우선 과제이다. 중국을 견제하려면 여러 동맹이 필요한데, 대만을 방어하지 않겠다고 한다면 주변 동맹 구조가 무너질 수 있기 때문이다. 두번째 이유로는 중국의 동아시아 해상 지배를 막기 위해서이다. 미국이 대만에서 전쟁한다면 이기는 것을 장담할 수 없다. 그러나, 중국에게도 승자가 없다는 것을 분명하게 할 필요는 있다.

그래서 트럼프의 '미국 우선주의'도 제대로 전달되지 못하고 있는 측면이 크다 할 것이다.

특히 트럼프의 레토릭은 간결한 뉴스 세그먼트로 전달하기 어려운 부분이 적지 않다.

이를테면 트럼프의 수사에 대해 고립주의 대 국제주의라는 이분법적 용어로 지나치게 단순화하는 식이다. 진보 성향의 매체는 트럼프의 발언을 '미국만의 이익 취하기' 식의 부정적인 시각으로 해석한다. 전 세계인에게 불쾌감을 주는 측면을 강조하면서 그의 의도를 깎아내리거나 부정적으로 전하는데 열중한다. 트럼프 반대자들은 이를 확대 재생산한다.

진보- 자유 성향의 미디어는 2차 세계대전 이전 우드로 윌슨의 고립주의 정서를 연상시키며, 고립주의와 혼동시킨다. 즉 트럼프의 수사를 부정적으로 프레이밍한다. 빠르게 진행되는 뉴스 주기로 인해 시청자들은 대부분 사실 확인 및 맥락을 간과한다. 감정적으로 반응하기 쉽다. 따라서 트럼프의 '미국 우선주의'는 정치적 양극화, 선정주의, 정치적 반대자들의 전략적 프레임에 의해 왜곡되는 경우가 적지 않다는 분석이다.

한국 언론도 예외는 아니다. 미국 주류 매체를 그대로 보도하는 경우가 대부분이다. 그들 입맛대로 편집된 기사를 특파원들은 그대로 송고해 보도한다. 이런 환경이기에 트럼프의 주한 미군 철수 또는 방위비 인상 발언을 '국뽕' 시각에서 보도한다. 필자는 트럼프를 두둔할 의도는 없다. 적어도 차기 대통령으로 유력한 사람의 의도를 비교적 정확하게 진의를 전달하는 기사를 보고 싶다.

정리하면, CNN, 뉴욕타임스, 워싱턴포스트 등 진보 성향의 매체는 트럼프의 '미국 우선주의' 발언에 대해 고립주의, 외국인 혐오, 동맹국에 해를 끼친다고 비판한다.

하지만, 필자 생각은 다르다. 트럼프의 미국 우선주의 슬로건은 단순하다. 트럼프의 직설적이고 때로는 선동적인 발언이 부각되어 보다 실질적인 본 뜻이 가려진다는 점이다. 매체들은 단순한 내러티브만 보도할 것이 아니라, 다면적인 의도를 담고 있다는 것도 아울러 보도해야 한다.

지난 40년 간의 미국 정치를 돌이켜보면 트럼프 만큼 오해와 곡해가 심한 인물도 드물 것이다. 날카롭고 대담하게 행동하는 캐릭터 때문일 수도 있지만, 실제 미디어 등이 전하는 트럼프의 이미지와 실제 모습은 거리가 있다. 트럼프에 대한 언론의 비판은 대체로 현실적 근거가 부족하다고 할 것이다.

트럼프 행정부에서 국가안보보좌관을 지낸 로버트 오브라이언Robert O'Brien 과의 대화를 통해 트럼프의 의도하는 바를 들을 수 있었다.

"우리(트럼프와 백악관 동료들) 들은 종종 미국 우선주의에 대해 대화한다. 우리가 하려는 거래가 미국에 좋은가? 그리고 동맹국들에게도 좋은가? 라는 질문을 던진다. 미국 우선주의는 '우선적 미국 이익'만을 의미하지 않는다. 동맹국에 좋지 않으면 우리는 추진하지 않았다. 그리고 동맹국은 물론이고 때로는 적대국과도 좋은 거래를 할 수 있다고 지적하곤 한다. 윈-윈의 거래를 선호한다. 이를테면 우리가 이기고 중국이 지는, 일방적인 윈-윈이 아니라 모든 국가가 얻을 수 있는 진정한 윈-윈이다. 트럼프는 오래 지속되고 튼튼한 관계를 구축하려면 모든 당사자가 이익을 얻어야 한다는 점을 강조한다."

모든 당사자가 이익을 얻어야 한다는 것을 사업가로서 감각에서 나온 것이다.

트럼프는 2017년 1월 취임 연설에서 이러한 생각을 분명히 밝혔다. 그 연설을 요약해본다.

"이 나라는 뒤로 가고 있다. 수백만 명의 미국 노동자들을 생각도 하지 않고, 공장은 하나 둘씩 문을 닫고 있다. 수조 달러를 해외에서 쓰는 동안 자국 내 인프라는 황폐화되고 쇠퇴해 왔다. 미국은 수십 년 동안 자국 산업을 희생시켜 외국의 산업을 부유하게 만들었고, 중산층의 부는 그들

가정에서 빼앗아 전 세계로 재분배되어 왔다. 무역, 세금, 이민, 외교 문제에 관한 모든 결정은 미국 노동자와 그 가족에게 이익이 되는 미국의 일자리를 파괴하는 외국의 침략으로부터 미국의 국경을 지켜야 한다."

쇼크 요법

트럼프는 나토 동맹들이 방위비 분담금 약속을 지키지 않는다고 비난하곤 한다. 사실 서유럽 동맹국은 GDP의 2% 이상을 국방비로 지출해야 한다는 나토의 지침을 지키지 않고 있다. 동유럽의 폴란드 등은 2%를 넘어섰다. (나토 동맹국들은 2014년 나토 정상회의에서 GDP의 2% 이상을 국방비에 투입하겠다고 합의)

2018년 브뤼셀에서 열린 나토 정상회의에서 트럼프는 독일을 '러시아의 포로'라고 비난했다. 러시아와 석유 가스 등 에너지 거래를 비판하면서 독일이 미국의 보호에 의존하면서 '러시아의 포로가 되고 있다'고 했다. 유럽이 방위비 지출을 늘리지 않으면 미국은 '독자적인 길을 갈 것'이라고 위협했다. 2020년 6월 트럼프는 독일 주둔 미군 병력을 9,500명 감축하겠다고 폭탄 발표했다. 트럼프의 파격적인 방식으로 인해 일부 영국, 폴란드 등 동맹국은 국방 예산을 늘리는 성과를 가져왔다. 미국이 재정적-군사적으로 불공평한 부담을 지고 있으며 다른 나토 회원국들도 '공정한 몫을 지불해야 할 때'라고 말했다.

현재 유럽 군사전문가들은 트럼프의 파격적인 조치가 아니었다면, 현재 벌어지고 있는 우-러 전쟁에서 서방의 지원은 실행할 수 없다고 인정하고 있다. 일부 동유럽국들이 2019년 2월부터 확보한 2% 국방비 증액이 우크라이나를 지금까지 버티게 했다는 것이다.

실제로 2022년 2월 러시아가 우크라이나를 침공했을 때, 서방의 대응능력은 비교적 향상되었다. 영국, 폴란드, 발트해 연안 국가들은 이 증액을 바탕으로 상당한 군사 원조를 제공할 수 있었다. 군사비 지출 증가는

● 앙겔라 메르켈 독일 총리, 아베 신조 일본 총리 등이 트럼프에게 대들 듯 따지고 있는 장면. 트럼프는 러시아산 가스를 사들이는 독일을 비난했고, 앙겔라는 맞받아치고 있다. BBC방송 캡처

더 잘 준비되고 더 유능한 유럽 군대로 이어졌고, 이는 우크라이나를 지원하는 데 핵심적인 역할을 했다.

바이든, '아브라함 협정'을 깨부수다

과거 트럼프는 이스라엘과 아랍 국가를 협상 테이블로 끌어내는데 다각적으로 접근했다. 수단에 대해서는 이스라엘과의 관계 정상화를 조건으로 테러지원국 명단에서 삭제하고 경제 원조 인센티브를 제시했다. 모로코에게도 이스라엘과의 관계 정상화 조건으로, 서사하라에 대한 모로코의 주권을 인정했다. 트럼프는 정상화에 동참하지 않으면 지정학적,

● 가장 먼저 이스라엘과 수교한 U.A.E. 3국 정상이 워싱턴에서 협정 이후 기념촬영했다.

경제적 고립을 강조하여 협상 테이블에 끌어들였다.

UAE와 바레인은 무역 및 무기 지원을 조건으로 가장 먼저 서명했다. 직항 노선, 대사관 설립 등이 소속 추진되었다. 마이크 폼페이오 국무장관을 비롯, 사위인 재러드 쿠슈너(백악관 선임 고문), 데이비드 프리드먼(주이스라엘 미국대사) 등 고위급 특사들을 보내 협상했다. 아브라함 협정을 중재하는 트럼프의 접근 방식은 전광석화처럼 중동평화 협정을 끌어냈다.

그동안 단지 이집트와 교류했던 이스라엘은 중동 각국과 직항로를 열었다, 에미레이트 항공 등 아랍 항공편은 이제 이스라엘 상공을 날고 있다. 아랍국은 이스라엘의 벤구리온 공항을 이용할 수 있게 되었다. 이스라엘은 팔레스타인이 공존하는 '두 국가 해법'의 실패에 얽매이지 않고 지역의 중요한 플레이어가 되었다.

협정의 핵심 동기는 이란을 고립시키고 이란에 대응하는 지역 블록을 구축하는 것이다. 트럼프의 목표는 이스라엘과 수니파 아랍 국가 간의 유대를 강화, 시아파 주도국 이란에 대항하는 연합 전선을 구축하는 것이다. 이는 교착 상태인 이스라엘-팔레스타인 평화 프로세스, 즉 이스라엘-팔레스타인 간 2국가 해법을 우회하는 방식이다. 종래 미국의 전통 중동정책과는 다른 방식이다.

반면 바이든은 정반대의 해법을 실행에 옮겼다. 가장 중요한 변화 중 하나는 트럼프 행정부시절 탈퇴한 이란과의 핵 합의인 포괄적 공동행동계획(JCPOA)을 되살리는 것이다. 바이든의 시도는 이란의 핵 야망 억제를 목표로 했지만, 이스라엘과 중동 국가들의 반대에 직면했다.

그런 사이 팔레스타인은 이스라엘을 공격해 현재와 같은 분쟁 상태에 빠져들었다. 미국내 분석가들은 트럼프의 해법이 더 실용적이라고 지적하고 있다. 트럼프는 일명 '아브라함 협정'을 통해 이스라엘과 여타 중동 국가와의 정상화에 중점을 두면서, 이란을 중동의 공동 적으로 만들었다. 트럼프는 팔레스타인을 부추기는 배후에 이란이 있다고 보고, 두 국가 해법이 현실에 맞지 않다고 생각했다.

트럼프의 마케팅과 선거 캠페인

트럼프는 선거운동에서도 비즈니스맨 처럼 행동한다. 선거 전문 미디어 '마케팅 위크' 분석에 따르면 트럼프라는 강렬한 개성이 우선 상품성이 있다. 인지도를 넓히는데 도움된다. 그리고 상대 후보에 대한 언론 관심을 낮추고 후원금이 상대 후보에게 몰리지않도록 하는 것이다. 후원금 고갈 전략은 '산소 빼기 전략'이다. 후원금 쟁탈전이야말로 승부를 결정짓는 핵심 요소이다.

2016년 대선에서 트럼프 전략은 '정서적 측면을 강조하는 것', 즉 '유권자와의 공감을 중시하는 것'이다. 그 하나는 유권자의 감성에 호소하는 TV광고 전략이다. 캠프에는 심리분석 전문가들이 다수 포진했다. 인구 구성을 토대로 '어떤 그룹이 설득되기 쉬운가'를 분석한다. 이를 기반으로 선거팀은 홍보사이트와 광고를 전국적으로 10만여 건이나 준비했다. 인기 TV프로에 홍보 광고를 집중한다. 특정 지역에 '이런 상품이 팔린다'는 비즈니스 감각과 유사하다.

이를테면 이런 유형이다. 2016년 대선에서 트럼프는 펜실베니아, 미시간, 위스콘신 등 경합주의 특정 유권자층에 총기 소유를 지지하는 메시지를 발신했다.

펜실베니아 농가 주민들은 자기 방어와 레크리에이션을 위한 수단으로 대다수 총기를 갖고 있다. 트럼프는 수정헌법 제2조에 규정된 대로 권리 보호, 개인 안전, 스포츠 활동을 위해 총기 소유가 중요하다고 강조한다. 펜실베니아 산업 지역의 블루칼라 근로자 또한 총기 소유를 자랑으로 여긴다.

미시간 주 역시 사냥과 야외활동, 레크리에이션 목적의 총기 소유를 중요시한다. 위스콘신 주에서도 사냥, 스포츠 사격, 호신용으로 총기를 소중히 여긴다. 결론적으로 이들 스윙 스테이트에 대한 맞춤형 총기 지지 메시지는 주요 인구 집단에 공감을 불러일으킨다.

총기에 대해 민감한 한국과는 전혀 다른 주민 양상이다. 현지 사정을 들어보면 총기 사고가 빈발함에도 총기 규제를 하지 못하는 이유를 이해할 만하다.

2016년 선거전 당시 힐러리 클린턴이 얼마나 실망스러운 후보인지 호소하는 전략도 유용했다. 힐러리 클린턴에게 투표할 유권자가 투표장에 가지 않도록 하는 전략이다.

이를테면 이런 사례가 있다.

트럼프는 대중 연설에서 '비뚤어진 힐러리(Crooked Hillary)'라고 자주 놀려댔다. 이는 클린턴의 신뢰성과 진실성을 훼손하려는 트럼프의 전략이다. 그러면서 힐러리 클린턴이 국무장관 재임시 공무 수행에서 개인

이메일을 사용한 사실을 들먹였다. 기밀 정보를 취득한 범죄 행위로 처벌받아야 한다고 비난했다. 2016년 10월 2차 대선 토론에서 "당신은 감옥에 갈 것이며 형사 기소를 받아 마땅하다"고 공격했다. 이로 인해 힐러리의 윤리의식 미흡, 보안과 판단력 결여에 대한 의문이 제기되었다.

또한 트럼프는 "힐러리 클린턴은 역대 대통령 후보 중 가장 부패한 사람"이며 공직을 통해 부를 축적했다고 비난했다. 이런 것들이 언론을 통해 증폭되면서 대중에게 스며들었다.

현대 선거 캠페인 전략에서 '스핀'이라는 개념은 매우 중요하다. 트럼프는 대중의 인식을 자신에게 유리하게 만드는 스핀 활용에 능숙하다. 스핀은 특정 측면을 강조하고 다른 측면은 경시하거나 생략한 정보를 제시한다. 즉 자신에게 유리하도록 내러티브를 구성하는 전술이다.

에너지 가격 급등으로 물가 앙등

영국 파이낸셜타임스(FT)는 최근 실시한 미국 유권자 여론조사 결과를 이렇게 전했다. 조사 결과 '바이든 경제 정책에 반대한다'(58%), '바이

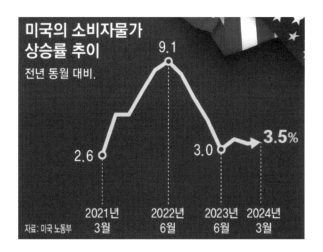

든 정책이 경제를 해친다'(49%) 등 바이든 행정부의 경제에 대한 나쁜 평가가 많았다. '현재 가장 스트레스를 주는 것'에 대한 답변으로 '물가 상승'이 80%를 차지했다. 물가 앙등이 국민들에게 주는 영향이 얼마나 큰지 보여주는 수치다.

바이든 시대에 접어들어 미국 경제는 '나 홀로 호황'을 이어가고 있다. 증시도 활황이다. 하지만, 일반 시민들에게 와닿는 것은 다른 것이다. 좀처럼 잡히지 않는 물가 탓에 바이든의 경제 실적이 지지율에 반영되지 않고 있다. 과거 인플레이션을 단속 못해 정권을 잃는 사례가 적지 않았다. 실제로 보면 바이든 행정부의 인플레는 카터 이후 최고치였다.

2022년 한때 9%를 웃돌던 물가상승률이 최근엔 3%대로 내려왔다. 하지만, 소비자들은 '물가상승률'이라는 수치를 따지지 않는다. 피부로 느끼는 물가에 민감하다. 현재 미국 물가 수준은 바이든 대통령 취임 이전인 2020년보다 훨씬 높다.

월스트리트저널WSJ이 최근 8명의 미국 대통령의 첫 번째 임기 물가상승률을 분석한 결과 바이든 대통령이 연평균 5.5%로, 지미 카터(10.3%) 다음으로 2위였다. 오바마 행정부(1.2%), 도널드 트럼프 행정부(1.9%) 때는 저물가 시대였는데, 바이든 정부 들어 물가가 용수철처럼 크게 튀어 오른 것이다. 결국 카터는 재선에 실패했다. WSJ는 "유권자들은 로널드 레이건부터 트럼프까지 6번의 대통령을 거치면서 인플레이션이 낮아지는 것에 익숙해졌다가 바이든 정권하에서 갑자기 물가가 급등했다"고 풀이했다.

빌 클린턴은 1992년 대선에서 "문제는 경제야, 이 바보야"라는 구호를 앞세워 아버지 부시를 꺾고 승리했다. 브루킹스연구소의 윌리엄 골스턴 선임연구원도 "일시적이든 구조적이든 인플레이션은 나쁜 정치"라며 "대중은 자신의 최고 관심사에 무관심한 것처럼 보이는 대통령을 용서하지 못한다"고 했다.

미국의 물가 흐름은 앞으로도 안심할 수 없다. 중동 지역의 긴장이 계속되면 언제든지 휘발유 가격 상승을 부채질할 수 있다. 최근 바이든 행정부의 중국에 대한 관세 폭탄 역시 저가 중국산 유입을 막으면서 인플레이션을 자극할 것이다.

뉴욕타임스NYT가 최근 애리조나와 조지아, 미시간, 네바다, 펜실베이니아, 위스콘신 등 6개 경합주를 대상으로 실시한 여론조사에 따르면 바이든은 위스콘신을 제외한 5개 주에서 트럼프 전 대통령에 뒤졌다. 순전히 인플레 관리에 실패했기 때문에 경제 실적이 좋음에도 평가받지 못하고 있는 것이다. 후보가 해리스로 바뀌었지만, 트럼프 지지율은 그대로이다.

바이든은 취임 첫날부터 트럼프 행정부의 정책을 폐지하기 위해 발 빠르게 움직였다. 바이든의 첫 번째 조치는 미국 걸프 연안으로 석유를 수송하는 프로젝트인 키스톤XL파이프라인의 허가를 취소했다. 석유-가스 생산 용도로 하는 연방 토지의 신규 임대를 중단했다. 이미 체결한 계약도 재검토했다.

바이든은 2030년 미국의 온실가스(GHG) 감축 목표를 2005년 대비 50~52%로 하겠다고 했다. 자신이 부통령으로 재직했던 오바마 정부 시절(2009년 1월~2017년 1월)의 목표치의 거의 두 배 수준으로 끌어올리고, 2050년까지 온실가스 배출을 '제로'로 만들겠다고 선언했다. 즉 화석 연료 소비 축소를 유도해 탈탄소화 정책을 강력하게 추진하는 것이다.

재생 에너지로의 전환에는 인프라, 기술, 인력 교육 등 거액의 예산이 들어간다. 장기적인 지속 가능성을 위해 화석 연료의 공급 중단도 중요하지만, 단기적으로 에너지 생산 비용이 높아져 소비자의 에너지 요금 인상으로 이어진다.

특히 바이든의 야심찬 기후 정책은 생활비 전체를 앙등시키는 악영향을 미치고 있다.

미국 국민들은 휘발유 가격 상승에 민감하게 반응한다. 미국은 세계 최대의 가솔린 소비국이며, 세계 최대의 자동차 소비국이다. 1인당 하루 약 1.2갤런(4.5리터)으로 유럽 국가들의 두 배에 달하는 휘발유를 소비하고 있다.

원유가는 어떤가. 미국의 원유가격 지표인 뉴욕상품시장(NYMEX) 원유선물가격(WTI)은 2022년 3월 배럴당 130달러를 돌파했다. 러시아가 우크라이나를 침공했기 때문이 아니냐?"고 생각한다. 그러나, 그건 틀린 생각이다. 전쟁과 무관하게 미국은 자체적으로 연료를 조달할 수 있었고, 잉여분을 수출할 수 있다. 다시 말해 에너지 가격 폭등은 바이든 정부의 세심하지 못한 정책 실패에 기인한다. 가솔린 가격 앙등과 인플레이션은 결국 바이든의 재선에 발목을 잡을 공산이 커졌다.

아울러 환경 규제로 인해 운영 비용이 증가한다. 분명히 석유, 가스 및 관련 제품가의 앙등을 부채질할 것이다. 장기적인 지속 가능성을 위해 기후 환경 개선은 절실하다. 하지만, 어설픈 측면이 있었다 다시말해 바이든은 단기적인 생활비 상승과 장기적인 지속 가능 발전의 균형을 맞춰야 했다.

트럼프는 이 점에 주목했다. 아직 시간이 있다는게 트럼프의 생각이다. 석유와 천연가스를 시추하고 석유와 천연가스를 생산할 수 있는 허가를 다시 내주겠다고 했다. 트럼프가 선거를 앞두고 바이든을 상대로 유리한 싸움을 벌이고 있는 이유가 이것이다.

미국 에너지 가격 폭등의 이유

트럼프의 1기 행정부는 에너지 자립과 화석 연료 생산 확대에 주력했다. 셰일 가스-석유 생산을 장려하기 위해 환경 규제를 완화하고, 석유-가스 탐사에 연방 토지 및 연안 지역을 개방했다. 이로 인해 2018~2019년 미국은 세계 최대 원유 생산국이 되었고, 휘발유 가격은 낮게 유지 되

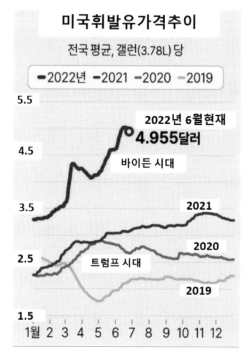

미국 휘발유 가격 추이

전국 평균, 갤런(3.78L) 당

● 2022년 — 2021 — 2020 — 2019

2022년 6월 현재
4.955달러

바이든 시대

트럼프 시대

2021

2020

2019

5.5 / 4.5 / 3.5 / 2.5 / 1.5

1월 2 3 4 5 6 7 8 9 10 11 12

었다. 2018~2021년 사이 휘발유 가격은 갤런당 2.17달러까지 하락했다.

텍사스와 뉴멕시코의 퍼미안 분지는 트럼프 재임 기간 동안 석유 호황을 맞았다. 화석 연료 시추-채굴에 규제를 완화하자 생산 증가로 이어졌고, 석유 생산량 급증에 크게 기여했다.

그러나, 바이든 행정부는 탄소 배출을 줄이며 재생 에너지원으로 전환하는 데 주력하고, 트럼프가 파기한 파리 협정에 재가입했다. 전기자동차(EV) 장려, 재생 에너지 인프라 투자 등에 주력하고 시추 탐사를 위한 연방 토지 임대를 중단했다. 이는 곧바로 에너지 가격 급등으로 나타났다. 2022년 6월 휘발유 가격은 갤런당 5.00달러 이상으로 급등했다. 트럼프 시대와 비교해 거의 두배에 이른다. 더구나 코로나19 팬데믹에 이어 우-러 전쟁으로 전 세계 석유 수요와 공급망에 이상이 생기면서, 에너지 가격 상승을 부채질했다.

트럼프의 행동에 대해 자유 진보 세력은 기후 대책 행동을 방해한다고 비판했고, 보수계에서는 백인 노동자 층을 중심으로 지지하는 등 양쪽으로 갈라졌다. 환경보호 전문가들은 트럼프는 기후 변화를 완화하는 전 세계적인 노력에 찬물을 끼얹었다고 비난했다.

앞에서 설명했지만, 트럼프는 기후 변화의 심각성을 경시하는 것이 아니라, 국가 정책의 우선순위를 강조한다. 트럼프 행정부 당시 환경보호

청장을 역임한 앤드류 휠러는 강조했다. 환경과 경제발전의 균형을 맞추는 것이 트럼프의 접근 방식이라는 것이다. 헤리티지 재단도 이에 동의한다. 재단은 "트럼프는 기후 변화에 대한 우려를 이해한다. 동시에 경제적 우선순위와 국익이 우선시되어야 한다는 점"이라고 옹호한다.

사법부가 선거를 방해한다?

트럼프 유죄 평결의 전말

2023년 3월 30일 뉴욕 맨해튼 대배심은 성 추문 폭로를 막고자 성인 배우에게 돈을 준 의혹과 관련해 트럼프 기소를 결정했다. 트럼프는 2016년 대선을 앞두고 전직 포르노 배우인 스토미 대니얼스가 자신과의 10년 전 혼외정사를 폭로할 것을 걱정한 나머지 입을 다무는 대가로 개인 변호사 마이클 코언을 통해 13만 달러를 주었다고 한다.

문제는 나중에 트럼프가 코언에게 해당 금액을 갚는 과정에서 불거졌다. 가족 기업인 '트럼프그룹'이 코언에게 13만 달러에 수고비 등을 추가해 42만 달러를 갚으면서 회계 장부에 그 돈을 '법률 자문 비용'이라고 적었다. 이는 기업 문서 조작을 금지한 뉴욕주 법률을 위반한 것이다. 기업 문서 조작은 비교적 가벼운 범죄이다. 하지만, 선거법 위반과 같은 또 다른 범죄를 감추고자 그렇게 했다면 중범죄에 해당한다는 게 검찰의 판단이다. 트럼프그룹이 갚은 돈은 당시 대선후보였던 트럼프를 위해 사용된 만큼 불법 선거자금 수수에 해당한다는 얘기다. 즉 선거에 영향을 미치기 위해 기업 돈을 쓴 것이다. 선거에 영향을 미치기 위한 목적으로 지급된 것으로 입증되면 선거자금법 위반으로 간주된다. 보기에 따라서는 중범죄로 처벌될 수도 있다.

이 사건은 5년 가까이 묻혀 있었다. 하지만, 앨빈 브래그 맨해튼 지방

● 앨빈 브래그

검사장(49)은 기소 가능하다고 보고 올해 초 대배심을 구성하고 기소를 준비했다.(민주당 소속인 브래그는 하버드대 로스쿨을 졸업, 맨해튼 최초 흑인 검사장에 오른 인물이다).

지금까지 회계 장부와 선거법 위반을 결합해 기소하는 사례는 거의 없었다.

트럼프는 조 바이든 행정부의 '마녀사냥'이라면서 지지자 결집에 나섰다. 미국 정치권의 반응은 극과 극이었다. 공화당 의원들은 '정치적 마녀사냥'이라며 비난했고, 여당인 민주당 의원들은 '법대로 처리'를 외쳤다. 공화당 다수인 케빈 매카시 하원의장은 "미국 국민은 이런 부당함을 용납하지 않을 것"이라며 "하원은 브래그와 그의 전례 없는 권력 남용에 책임을 물을 것"이라고 밝혔다.

트럼프는 올해 6월 현재 여론조사에서 바이든에 오차 범위 이내이지만, 대략 5~7% 앞섰다. 트럼프 선대본부의 판단은 이렇다. 바이든 측이 정면 대결로는 승산이 없으며 다른 쪽으로 트럼프에 대한 공격을 집중하기로 했다는 것. 바이든이 취할 수단이란 사법부에 의한 공격이라고 봤다. 이도저도 안되니 사법부를 동원한다는 것이다.

사법부의 첫 공격은 바로 뉴욕 주 맨해튼 대배심[30]이 트럼프에 대해 기

---

30 트럼프를 '성추문 입막음' 혐의와 관련해 기소한 미국 뉴욕주 맨해튼의 대배심(grand jury)은 한국에는 없는 제도다. 일반 시민이 검찰의 수사 내용을 검증해 기소 여부를 결정하는 제도로서, 검찰이 기소권을 가진 한국에서는 검찰 개혁 차원에서 도입 필요가 제기돼왔다. 정부의 사법권 남용을 견제하는 차원에서 도입된 제도로 영국에서 유래됐다. 미 헌법 제5조에는 1년 이상 징역 또는 사형을 선고할 수 있는 중죄는 대배심의 기소가 필요하다고 명시되어 있다. 대배심은 소배심(trial jury)과는 역할이 다르다. 뉴욕

● 스토미 데니얼스(가명)

소하기로 결정했다. 검찰은 34건의 1급 업무상 기록 조작 혐의로 기소했다고 공개했다. 법률 전문가들은 이 돈이 불법 선거 기부금에 해당되는지 여부를 중심으로 사건을 바라본다.

검찰은 단순한 기업 회계 조작이 아니라 2016년 미 대선에 영향을 미칠 수 있는 불법행위를 감추기 위한 것으로, 중범죄라고 주장했고, 맨해튼 대배심원단은 이를 받아들였다.

기소를 결정한 것은 시민들 사이에서 무작위로 선정된 사람들에 의한 배심원단이다. 일반적으로 배심원단이란, 지역 시민의 목소리(즉, 편견)가 반영되기 쉽다.

트럼프는 배심원단의 평결 이후 법원 앞에서 "이것은 부패한 판사에 의한 조작된 재판이다. 진짜 판결은 11월 대선에서 내려질 것"이라며 "나는 무죄이며 끝까지 싸울 것"이라고 반박했다. 맨해튼 대배심의 기소 결정 직후 트럼프가 발표한 성명 전문이다.

주의 '대배심원 핸드북'은 대배심원에 대해 "범죄를 저질렀다고 믿을만한 이유가 있는 사람을 기소하는 '칼'이자 근거 없는 고발로부터 무고한 사람을 보호하는 방패"로 책임이 막중하다고 설명하고 있다. 이런 역할을 수행하기 위해 대배심은 수사 권한이 있으며 증인을 소환해 심문하거나 자료를 요구할 수 있다. 대배심은 비공개로 진행되며 배심원은 수사 내용에 대해 발설할 수 없다. 재판이 아니라 검찰이 공소를 제기할 만큼 충분한 근거가 있는지를 판단하기 때문에 피고소인의 증언이 의무가 아니며 피고소인은 자신이 조사받는지 모르는 경우도 있다. 그러나 증인에게는 비밀 유지 의무가 없다. 트럼프에 대한 대배심의 수사가 비공개인데도 지금까지 언론이 그 내용을 보도하는 것은 증인 때문이다. 대배심은 16~23명으로 구성되며 뉴욕주에서는 23명이다. 뉴욕주의 대배심원 자격을 보면 18세 이상 미국 시민으로 해당 카운티 주민이어야 하며 영어 능력과 중죄로 유죄 판결이력이 없어야 한다.

"본 건은 역사상 가장 높은 수준의 정치적 기소이며 선거 간섭입니다. 내가 트럼프 타워의 황금빛 에스컬레이터에서 내려왔을 때부터, 즉 내가 여러분들의 대통령으로 취임하기 훨씬 이전부터 극단적 좌파 민주당원들은 나를 파괴하기 위해 마녀사냥을 벌여왔습니다. 그들은 이 나라에서 열심히 일하는 남성과 여성들의 적입니다.

여러분은 제가 비슷한 일에 휘말렸던 것을 기억하실 것입니다. 러시아게이트의 탄핵 날조와 비합법적이고 헌법 위반적인 마라라고 수색, 그리고 이번입니다.

민주당은 거짓말쟁이 사기꾼이며, '트럼프의 목을 베어야 한다'는 강박관념에 사로잡혀 있습니다. 그리고 이제는 명백한 (사법부의)선거 개입을 통해 완전히 무고한 사람을 기소하려 하고 있습니다. 이런 일은 우리나라 역사에서 한 번도 없었던 일입니다. 민주당은 지난 수십 년 동안 내 선거 캠프에 대한 사찰을 비롯해 수없이 많은 공작을 벌여왔습니다. 그러나, 우리의 사법 시스템을 정치적 반대자를 처벌하기 위해 이용하는 것은 역사상 유례가 없는 일입니다. 더군다나 그 대상은 미국 대통령을 지낸 사람이고, 현재 공화당의 가장 유력한 대통령 후보입니다. 맨해튼 법무장관 앨빈 브래그Alvin Bragg는 조지 소구스의 눈에 띄어 자금 지원을 받고 있습니다. 그가 바로 수치스러운 인물입니다. 그는 뉴욕에서 정치적으로 숨 쉬고 있는 전례 없는 범죄의 물결을 막는 것이 아니라, 조 바이든의 더러운 일을 돕고 있습니다. 집중해야 할 살인자, 강도, 폭행범은 내버려두고! 이런 일로 브래그는 업무 시간을 허비하고 있습니다. 나는 이 마녀사냥이 반드시 바이든에게 대규모로 역분사할 것이라고 믿습니다.

미국 국민들은 극단적 좌파 민주당이 무슨 짓을 하고 있는지 정확히 알고 있습니다. 모두가 그것을 보고 있기 때문입니다. 그리고 우리 운동, 우리 당은 단결하고 굳건해질 것입니다. 먼저 앨빈 브래그를 물리치고, 다음에는 조 바이든을 물리칠 것입니다. 그리고 정신 나간 민주당원들을 마지막 한 명까지 공직에서 쫓아낼 것입니다. 그래야만 '미국을 다시 위대하게' 만들 수 있습니다."

이번 기소 결정은 적절한 사법적 판단이 아니라, 대배심의 기소 결정이기에 트럼프 입장에서는 억울할 수 있다. 미국의 사법 절차는 보통 민주 국가의 사법적 시스템과는 좀 결이 다르다.

트럼프는 지방검사의 정파성을 문제삼고 있다.

우선 여타 중앙집권적 사법 제도가 확립된 한국, 일본과 달리 미국에서는 지방검사의 '공선제'가 있다.[31] 지방검사가 선거로 임명되는 것은 대중에 대한 책임을 지고 기소 결정에 지역사회의 가치를 반영하기 위한 취지에서다.

트럼프에 대한 기소를 주도하고 있는 앨빈 브래그 검사 역시 선거를 통해 선출되었다. 따라서 선거에 당선되기 위해서는 당적을 가져야 유리하다. 뉴욕주는 트럼프의 고향이긴 하지만, 대표적인 진보적인 지역이다. 앨빈 브래그도 당연히 민주당 소속이니 트럼프에게 불리하게 작용할 가능성이 없지 않다.

지방검사의 또 다른 문제점으로는 검사가 '유권자의 취향'에 따른 결정을 할 가능성이 높다는 점이다. 공정한 사법적 판단보다는 유권자의 성향에 맞출 우려가 있다는 점이다. 다시 말해 유권자가 민주당 우호 성향이 강한 지역에서는 아무래도 편향적 판단을 하기 쉽다. 이처럼 유권자

---

31 대배심은 검사가 제시한 증거를 검토하여 용의자에 대해 형사 기소를 할 만한 충분한 근거가 있는지 판단한다. 대배심 절차는 일반적으로 비밀리에 진행되며, 배심원단은 검찰이 제시한 증거와 증언을 바탕으로 심의한다. 그러나, 비밀주의로 인해 검사가 제시한 증거가 검사에 의해 통제된다는 점에서 대배심이 검사의 영향을 크게 받을 수 있다. 일반적으로 검사가 대배심에 제공하는 정보의 흐름을 통제하고 사건의 내러티브를 구성하기 때문이다. 대배심 절차의 비밀주의는 투명성과 책임성을 떨어뜨려 공정성에 대한 우려와 절차적 위법을 초래할 수 있다. 민주적 참여와 지역사회 참여를 촉진하는 반면, 정치적 압력, 포퓰리즘에 휘둘릴 수 있다는 지적이 많다.

의 취향에 맞는 사법적 판단을 내렸다는 것이 트럼프 측의 불만이다.

또한 기소를 결정한 대배심에 대해서도 트럼프는 불만을 제기한다. 대배심은 검찰이 형사 기소를 할 수 있는 충분한 근거가 있는지 여부를 검토하는 것이 임무다. 앞에서 설명했지만, 일반 시민 16~23인으로 일반 시민으로 구성된 대배심원단이 기소 결정을 내리고 피고인이 무죄를 주장할 경우 배심원 재판을 받게 된다. 트럼프는 지난 4월 4일 출두에서 무죄를 주장했다. 역시 뉴욕주라는 지역적 특성을 반영한 결정이 나오기 마련이다.

미국에서 연방법원과 주법원은 같은 사법기관임에도 전혀 다른 기관이다. 연방법원과는 별도로 각 주에 지방법원부터 대법원까지 존재한다. 대부분의 재판은 주 소재 법원이 관할하며, 연방법원은 중대 형사 사건, 특허 관련 소송, 헌법 및 연방 제정법 관련 사항을 다룬다. 뉴욕 주 안에서는 지방법원을 대법원(supreme court)으로 호칭한다.[32]

미국 시간으로 2023년 6월 8일 트럼프가 또다시 기소되었다. 혐의는 기밀문서 불법 소지 혐의다. 특별검사가 기소한 기밀문서는 오바마는 물론, 조 바이든 당시 부통령도, 힐러리 클린턴 국무장관도 마크 펜스 부통령도 소지하고 있었다. 누가 봐도 트럼프만을 겨냥한 명백한 법무부와 FBI의 공격이다. 앞서 2022년 8월 플로리다 주 마라라고의 트럼프 저택을 FBI수사대가 들이닥쳐 압수수색 했다. 80상자 분량의 문서가 압수되었는데, 중요 기밀문서가 포함되었다는 소문이 무성했다.

또다시 트럼프는 '사법부의 정치적 이용'이라며 법무부를 맹비난했다. 친트럼프 언론에서는 '보여주기식' 가택수색이라고 비판했다. 기소 다음

---

32 뉴욕주 대법원(지방법원): 대부분의 민,형사 사건을 처리하는 일반 관할 법원이다. 하급 법원으로 뉴욕시 민사법원, 형사법원 등이 있다. 뉴욕주 항소법원: 뉴욕주에서 가장 높은 법원이다. 재판을 진행하지는 않지만 법 적용에 오류가 있는지, 공정한 절차가 이루어지고 있는지를 검토한다. 수석 판사 1명과 6명의 준판사로 구성되며, 여기서 내린 결정은 연방 대법원이 다루지 않는 한 확정된다.

● 트럼프의 저택

● 뉴욕 대배심에 출두한 트럼프

날 공개된 공소장에 따르면 총 37가지 혐의였다. 수사를 지휘한 잭 스미스 특별검사는 기자회견에서 "국방 정보를 보호하는 법을 위반해 우리 나라를 위험에 빠뜨렸다"고 주장했다. 문서 중에는 핵무기 개발 및 연구, 특정 국가에 대한 핵 반격 계획, '파이브 아이즈'로 불리는 5개국과의 군사정보 공유 내용 등이 포함된 것으로 알려졌다. 트럼프는 기소 후 자신의 결백을 호소하면서 "수사를 지휘한 잭 스미스 특별검사야말로 깡패이자 정신병자"라고 비난했다.

이에 대해 뉴욕타임즈는 색다른 분석을 했다. 보도에 따르면 트럼프가 어떤 기밀 자료를 보관하고 있었는지, 왜 명령을 받았을 때 넘겨주기를 거부했는지는 알 수 없지만, 트럼프의 '민감한 정보에 대한 욕구'는 '세계 지도자들과의 개인적 관계'와 '혼외정사로 추정되는 것', 그리고 레버리지로 사용할 수 있는 모든 것에 있다고 전했다.

트럼프에 대한 상반된 평가

도널드 트럼프 전 대통령과 법무부DOJ나 연방수사국FBI 등 연방기관 사이의 긴장감은 대선이 다가올수록 더욱 높아지고 있다. 이에 대한 언론의 평가는 엇갈린다. 친트럼프 또는 반트럼프로 확연히 갈린다. 주류-진보 언론은 대체로 트럼프 기소를 지지하며, 보수 미디어는 "기존 질서에 도전하는 정치적 아웃사이더인 트럼프를 사법부가 매장시킨다"는 논리를 펼친다.

법률 전문가들 역시 주류-진보 언론과 대체로 맥을 같이 하는 성향이다. 뉴욕타임즈NYT, 워싱턴포스트WP, CNN 등 자유 성향 언론은 법무부와 FBI에 대해 법치를 옹호하고 책임성을 보장하는 광범위한 노력의 일부로 평가한다. 특히 트럼프가 주장하는 '딥스테이트' 음모론에 대해 근거가 없으며, 언론의 신뢰를 추락시키려는 트럼프의 전략이라고 반박한다.

반면 폭스뉴스, 브레이트바트, 월스트리트저널WSJ 등은 종종 친트럼프의 성향을 보인다. 특히 기득권 세력과 좌파 인사들이 연합해 펼치는 '트럼프 죽이기'는 그의 재집권을 저지하려는 목적이라는 논조를 유지한다. 트럼프 측도 정치적 박해의 희생자, '마녀사냥'이라는 프레임을 만들어, 연방기관이나 주류 언론에 회의적인 유권자들을 결집시키는 기반으로 활용하고 있다.

중도 성향의 법학자들은 트럼프에 대한 사법부의 공격은 편향적이며, 사법부에 대한 국민적 신뢰를 약화시킨다고 지적한다.

대표적으로 트럼프에 대한 옹호 논조를 펴고 있는 월스트리트저널의 2023년 3월 31일자 사설을 요약해 소개한다.

"트럼프에 대한 수사는 순수하게 법을 집행하기 위한 것이 아니라 그를 정치적으로 손상시키려는 동기에 의해 이루어졌다. 기존 체제에 도전한 정치적 아웃사이더라는 트럼프의 위치가 정부 내 확고한 이해관계의 표적이 되었다. 선택적 기소가 그 증거이다. 종종 트럼프의 행동이 다른 정치인의 유사한 행동보다 더 면밀히 조사받고 있다. 다른 정치인들이 비슷한 혐의에 직면했지만 기소되지 않았다. 트럼프를 특별히 소외시키기 위한 이중 잣대를 들이댔다.

여기에는 FBI, 법무부, 뉴욕 검찰이 트럼프의 정치적 미래를 방해하기 위해 협력하고 있다. 법적 기관의 무기화는 당파적 동기에 따라 행동하고 있고, 연방기관에 대한 대중의 신뢰를 약화시킨다.

전직 대통령을 이런 식으로 표적으로 삼는 것은 민주주의 규범과 원칙을 위협하는 위험한 선례를 남기는 것이다. 따라서 정치적 싸움은 법 체계가 아닌 투표소에서 치러져야 한다.

예컨대 2016년 대선에서 러시아의 개입에 대한 뮬러 특검 수사도 트럼프 대통령의 대통령직을 약화시키려는 정치적 동기가 있는 것으로 간주할 수 있다. 트럼프의 재집권을 막거나 그의 영향력을 약화시키기 위한 기득권의 공동 노력을 암시하는 것이다.

트럼프에 대한 법적 조치가 그 범위와 강도에서 전례가 없는 수준이며, 트럼프를 정치 무대에서 제거하기 위한 조직적인 노력의 그림이다."

향후 트럼프 재판과 관련하여 예상 시나리오를 소개한다.

첫째, 11월 초 대통령 선거보다 재판이 늦어지면 트럼프에게 유리하다. 만약 선거보다 재판이 빨리 진행되어 트럼프에게 유죄가 선고된다면, 미국 국민의 절반은 이를 불공평하다고 생각하여 소요 사태도 예상할 수 있다. 반대로 선거보다 심리가 더 빨리 진행되어 트럼프 대통령에게 무죄가 선고될 가능성도 있다.

바이든과 법무부는 다양한 방해공작을 할 것이다. 예를 들어 재판 시작과 함께 '이동금지 명령'을 내린다든지, 또 다른 사건으로 기소를 한다든지 하는 것이다.

설령 트럼프가 유죄 판결을 받더라도 처벌에 대해서는 여전히 논란거리다. 또한 전직 대통령을 감옥에 수감하기 위한 보안, 정치적 문제 등 번거로운 절차가 너무 많다. 이 때문에 전문가들은 실형 선고가 불가능할 것으로 보고 있다.

트럼프는 모든 혐의에 대해 무죄를 주장하고 있다. 특히 기밀 문건 보관과 관련해 '자신의 소유지에서 발견된 자료에 대해서는 기밀 지정을 해제했다'고 주장한다. 기밀 지정 해제가 법적으로 온당한지, 어떤 절차를 밟았는지 등이 법적 다툼의 핵심이 될 것이다.

또 다른 포인트는 다른 사람은 기소되지 않았다는데 있다. 힐러리 클린턴, 마이크 펜스, 조 바이든 전 부통령 등은 기밀문서 취급과 관련해 수사조차 받지 않았다는게 변호인단의 주장이다.

암살의 우려 또는 가택 연금

트럼프 측에서는 혹시 모를 민주당의 행동에 촉각을 곤두세우고 있다. 트럼프 측이 주장하는 '마녀재판'으로도 제지하지 못할 경우 암살 우려도 있다. 역사를 돌이켜보면 미국에서 대통령 또는 대선 후보에 대한 암살 시도는 드물지 않다. 16대 링컨, 35대 케네디를 포함해 4명(나머지 2명은

20대 개필드와 25대 매킨리)에 대해서는 성공했고, 암살 미수는 3명(7대 앤드류 잭슨, 38대 제럴드 포드, 40대 로널드 레이건)이 있다. 45대 바이든까지 따져 대략 15%의 대통령이 암살 또는 암살 미수라는 계산이다.

하지만, 실제로 트럼프를 암살할 수 있느냐 하면 상당히 어렵다. 지금 시스템으로는 어렵다.

예를 들어, 2023년 8월 트럼프가 재판 출두차 조지아주 법원 청사에 나타났을 때 전방 경비 오토바이 20대와 구급차 1대를 포함한 경호 차량 16대, 그리고 도로변에 수십대의 현지 경호 차량이 주차되어 있었다. 트럼프가 이동할 때도 구급차를 포함한 10대 이상의 차량이 호위한다. 그 중 어느 차량에 트럼프가 타고 있는지 일반인으로서는(그리고 아마도 길가에서 경비를 서는 경찰관의 눈에도) 알 수 없다.

또한 일반인들은 눈치챌 수 없겠지만, 특히 대형 TV 방송사의 위성중계로 생중계되는 현장 장면을 보면 또 다른 특징이 있다.

대통령이 탄 차량 행렬 10여 대가 카메라 앞을 지나갈 때 영상이 흐트러지는 현상을 볼 수 있다. 12대 중 어느 차량에 트럼프가 탑승했기 때문이다. 위성 중계라는 것이 포인트다. 영상이 흐트러지는 현상은 트럼프가 탄 차량에서 통신을 방해하는 강한 전파(재밍)를 내보내기 때문이다. 그 이유는 드론의 습격 등 경호 차량으로는 저지할 수 없는, 상부로부터의 공격을 막기 위함이다. 트럼프는 차량에 의한 공격 뿐만 아니라 특공대 공격까지 대비하고 있다.

트럼프도 암살 등 최악의 상황을 예상, 경비를 강화하고 있다. 트럼프가 탑승한 차량은 당연히 방탄이고, 지뢰에도 대비한 차량이다. 10여대 차량 행렬이 동시 이동시켜 전방 경호 차량만 폭파되도록 한다. 보안 계획 등이 외부로 유출될 리는 없겠지만, 아마도 뉴욕의 트럼프타워나 플로리다의 자택도 드론 공격에 대비하는 보안 체제를 갖춰놓았을 것이다. 트럼프 주거지 등에서 공격하는 것도 불가능하다.

현실적으로 생각할 수 있는 암살 기회는 두 가지다.

첫째, '아베 암살형'이다. 선거 집회의 경우 많은 인원이 모이고, 입장객의 소지품 검사가 이루어지지 않거나 불충분한 경우다. 그러나, 이는 미국에서는 거의 생각할 수 없다. 금속탐지기 검색대가 설치되고 소지품 검사도 철저히 한다. 주요 공항 수준의 보안조치가 이루어진다. 경비를 뚫을 수 있는 정보 유출이나 안내가 없으면 행사장에 들어가지도 못한다. 즉, 공화당 내부에서 조직적으로 트럼프를 배신하지 않는 한 불가능하다.

둘째, 트럼프가 차량에서 승하차하는 시간을 골라 원거리에서 저격하는 경우다.

사실 차량에서 승하차하는 순간은 암살 포인트가 되기 쉽다. 2023년 8월 초 남미 에콰도르에서 유력 대선 후보가 바로 선거 행사를 마치고 차량에 탑승하려다 저격 당해 사망한 사례가 있다. 이러한 승하차 장면을 노릴 가능성도 있지만, 최근 트럼프는 승하차 장면이 TV 등 망원경으로 촬영되는 것조차 거의 없다. 즉, 지하 주차장 등 남의 눈에 띄지 않는 곳에서 승하차하기 때문이다. 비공개 승하차 장소에서 저격한다는 것은 경호 계획이 사전 유출되지 않는 한 불가능하다. 만일 저격되었다면 트럼프 측근 경호 책임자급에 배신자가 있음을 의미한다. 이 역시 가능성이 없는 것은 아니지만, 확률은 매우 낮다. 그럼에도 트럼프는 팬실베니아 유세 도중 암살될 뻔 했다. 과거에도 그랬듯이 배후 조종자는 결코 밝혀지지 않을 것이다.

어쨌든 트럼프는 암살을 우려하고 있다.

광신적 자유주의자, 민주당의 하수인 등 다양한 저격 가능성이 있기 때문에, 극도로 경계하고 있는 것은 사실이다.

최근 트럼프 측이 분노하는 것은 이 것이다. 일련의 재판 일정이 선거 유세와 겹치도록 맞물려 있다. 가장 우려되는 것은 '슈퍼화요일'을 불리는 예비 선거일 전날 재판 출석이 예정되어 있다.

또는 재판 진행을 방해했다거나 배심원을 협박했다는 등의 혐의를 만들어 트럼프를 체포하려 할 수도 있다. 이는 최악의 시나리오지만, 그렇다면 적어도 미국 전역의 트럼프 지지자들이 폭동을 일으킬 수 있다. 연방의회 습격 사건에서 보듯이 트럼프 지지자들의 분노가 폭발할 수 있다.

선거일을 몇 개월 앞두고 다양하게 재판 일정을 잡는 것은 누가 봐도 정상적이지 않다. '마녀재판'이란 말이 회자되는 이유다.

트럼프의
대중국
접근법

트럼프의 대중국 접근법

중국에서 촉발된 '현대판 아편전쟁'

바이든 정부는 2023년 10월 3일부터 마약전쟁에 돌입했다. 일명 '현대판 아편전쟁'이다. 미 수사당국은 주로 멕시코에서 밀반입되는 치사율이 높은 합성 오피오이드(마약성 진통제)를 적발했다. 일명 펜타닐이다. 이 마약은 현재 미국을 휩쓸고 있다. 갈랜드 법무장관은 "미국인에게 치명적인 펜타닐의 국제 공급망은 대부분 중국 화학회사를 기점으로 하고 있다"고 콕 집어 발표했다. 밀매 조직이 비트코인으로 벌어들인 수십억 달러 미국 내 자산은 동결됐다. 그러나, 기소 대상자 전원을 체포하는데 실패했다.

미 재무부 해외자산관리국(OFAC)은 중국에 기반을 둔 12개 법인 등 총 28개 회사와 개인을 제제 대상으로 올렸다.

2023년 10월 말 기준 펜타닐로 인한 미국 내 중독 사망자는 11만 명을 넘었다. 바이든은 2023년 10월 샌프란시스코에서 열린 APEC 정상회담에서 시진핑 주석과 만나 펜타닐 밀반입 억제의 공조를 요청했다. 시 주석은 당시 단속에 협력하겠다고 약속했으나, 말 뿐이라는 것이 통설이다.

펜타닐은 병원 등에서 암 수술할 때 고통이 심한 수술 환자 등에게 투약할 목적으로 제조되었다. 중독성은 헤로인의 50배, 모르핀의 100배에 달하며, 2mg만으로도 치사량에 달한다. 강력한 효과로 인해 과다 복용시 사망 위험이 높다. 멕시코 카르텔을 통해 밀반입된 펜타닐은 높은 효과, 상대적으로 낮은 생산 비용, 엄청난 이윤으로 인해 마약업자들에게는 매

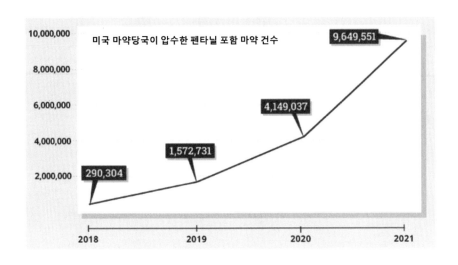

미국 마약당국이 압수한 펜타닐 포함 마약 건수

9,649,551

4,149,037

1,572,731

290,304

2018 2019 2020 2021

력적인 돈벌이 수단이다. 특히 소규모 실험실에서도 만들 수 있어 종래 히로뽕 제조 방식보다 단속망을 피하기 쉽다. 멕시코의 마약 카르텔은 주로 중국 화학공장에서 원료를 수입한다.

중국 화학공장에서 생산된 펜타닐이 태평양 건너 미국으로 밀반입되는 경로는 두 가지다.

우선 순도 90% 이상으로 정제된 펜타닐을 1kg(약 2.2파운드) 이하 소량으로 포장해 우편으로 보내는 경우다. 하지만, 적발 위험이 커 매년 줄어드는 추세에 있다. 미국 세관(CBP)은 "적발 규모가 2018년 278파운드에서 2019년 11.58파운드로 크게 줄었다"고 했다.

반면, 멕시코를 통한 간접 펜타닐 유통은 매년 늘고 있다. 중국산 마약 원료를 화학약품으로 위장해 멕시코로 실어 나른 뒤 완제품을 만들어 미국에 공급하는 방식이다. 적발 규모가 2018년 1,500파운드에서 2019년 2,660파운드로 급증했다. 2023년 펜타닐 제조와 저장시설 적발이 전년보다 6배나 늘었다.

중국과 멕시코의 마약업자들 공생관계가 미국 사회를 무너뜨리는 형국이다. 멕시코에서 암약하는 마약 카르텔은 중국에서 자금을 세탁할 수 있으며, 중국 마약 조직은 안정적으로 수출 활로를 확보하고 있다는 것이 미 법무당국의 판단이다. 중국 입장에서는 미국 내 펜타닐 유통과 밀매가 서구 중심 세계를 무너뜨릴 무제한 전쟁의 수단으로 보고 있는 것 같다.

미 국무부는 2021년 8월 30일 중국인 장젠(남, 43)을 지명수배 했다. 미국은 현상금으로 500만 달러(약 58억4,000만 원)를 내걸었다. 장젠은 2016년 중국에서 체포됐다가 2017년 석연치 않은 이유로 풀려나 4년째 붙잡히지 않고 있다.

미 당국은 중국 당국의 실질적, 암묵적 용인이 없으면 마약 거래가 불가능하다고 보고 있다. 이처럼 대량의 펜타닐이 미국으로 불법 유입돼 활개치는 건 양국 관계가 그만큼 험악하다는 것이다. 미 외교 전문잡지 디플로매트는 "미국 사회를 파고드는 펜타닐은 미중 관계의 바로미터"라

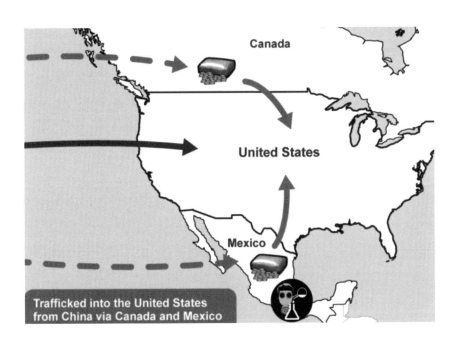

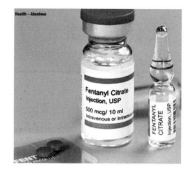

며 "중국은 불법 마약 생산과 수출을 단속하는 수많은 수단을 갖고 있지만 방관하고 있다"고 지적했다. 트럼프는 집권하면 가장 강력한 수단으로 중국에 해결책을 요구할 것이다. 트럼프는 재임 시절 2019년 시진핑 주석을 만나 펜타닐을 단속하기로 합의한 적이 있다. 그러나, 중국이 이행하지 않고 있다고 미 법무당국은 보고 있다. 트럼프는 가장 먼저 마약 단속부터 시행할 것을 촉구할 것이다.

몽골 제국을 꿈꾸는 시진핑

미국이 중국을 적대시하는 상징적 조치가 공자학원의 폐교 조치다. 공자학원에 대해 미 교육부는 중국공산당의 스파이 기관, 명백한 사상전의 거점으로 판단하고 폐지 조치를 시행중이다. 중국어를 배우고, 중국고전을 이해하고, 중국과의 우호를 증진시킨다는 애초 설립 목적에 맞지 않는다는게 미국의 판단이다. 미국에서는 113개 대학에 설치된 공자학원에 대해 보조금이 삭감되거나 폐지되었으며, 현재 5개교만 남아 있다.(SCMP 보도)

캐나다 정부는 화웨이 오너의 딸 멍완저우 체포 이후, 여러 대학과 교육 기관에 설치된 공자학원을 폐쇄했다. 언론 보도된 사례 중 하나는 2014년 토론토 교육청의 공자학원 폐쇄다. 학문 자유에 영향을 미친다는 이유를 내세웠다. 2013년엔 맥마스터 대학교에서 폐쇄되었으며, 셔브룩 대학교와 뉴브런즈윅주 교육부도 폐쇄 조치했다.

영국도 마찬가지다. 리시 수낙 정부가 공자학원 폐교를 선언한 이후,

셰필드 대학교와 멘체스터 대학교가 2021년 공자학원을 폐쇄했다. 대학들은 중국과 교류할 수 있는 다른 방법을 모색하고 있다. 일본의 경우 와세다대학, 리츠메이칸대학 등은 아직 운영중이다.

최근 몇 년 사이 중국은 칭키즈칸을 치켜세우고 있다. 이를 두고 몽골인들은 칭키즈칸을 한족으로 만들려는 패권 중국의 역사 왜곡의 시도라고 비판하고 있다.

중국 영토인 내몽고 자치주에는 칭기즈칸의 무덤이라고 알려진 무덤이 있다. 13세기 몽골 제국을 일으킨 칭기즈칸(1227년 사망)의 무덤은 더럽혀지지 않도록 비밀에 부쳐졌다. 그를 묻은 병사들도 돌아오는 길에 자신들을 본 사람을 모두 죽였다고 한다. 칭기즈칸의 무덤 위치를 확인할 수 있는 결정적인 고고학적 증거는 없다. 내몽고 자치주 오르도스 남쪽에 있는 이 묘소는 중국 정부에서 칭기즈칸 묘소로 공식 인정하고 홍보하고 있다. 오르도스에서 남쪽으로 1시간 반 정도 차를 타고 가면 후허하오터에 칭기즈칸 왕릉이라고 알려진 묘소가 있다.

그러나, 이 묘소는 그의 매장지가 아니다. 그를 기리기 위한 경의의 장소로 사용되는 기념 장소일 뿐이다. 원나라 시대에 지어졌으며 20세기 이후 여러 차례 재건과 증축을 거쳐 현재에 이르렀다. 학자들은 이 무덤이 칭기즈칸의 진짜 매장지가 아니라고 주장한다. 중국 당국의 칭키즈칸 유적지의 관리와 홍보는 역사를 통제하려는 문화적, 정치적 동기라는 지적이다. 이른바 중국 문화계에서는 이른바 '몽골공정'이라고 부른다. 문화적으로 중요한 유적지이긴 하지만, 칭기즈칸과는 직접 관련이 없다는

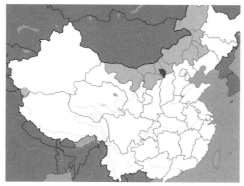

● 중국 내몽골자치주 후허하오터에 있
는 칭기즈칸 묘소와 동상

것이 대다수 학자들의 주장이다.

　중국이 내몽골 자치주에 있는 이 곳을 홍보하는 이유를 일대일로에서 찾을 수 있다. 중국공산당은 '몽골 제국의 전성기를 자신의 손으로 재현한다'는 프로젝트로 일대일로를 추진하고 있다. 일대일로 건설을 통해 실크로드를 재현한다는 말은 공산당이 내세우는 명분에 지나지 않는다. 속셈은 칭키즈칸을 한족으로 묶어내 몽골 제국을 재현한다는 시진핑의 야심을 이루기 위한 것이다.

중국의 비정상적인 아프간 접근

러시아도 미국도 정복하지 못한 아프간에 중국이 접근하고 있다. 세계가 비판하는 무단 정권 탈레반에 아무 거리낌없이 접근하고 있다는 서방의 비판이 나온다. 흔히 아프간을 '제국의 무덤'으로 부른다. 특히 2021년 8월 미군 철군 이후 힘의 공백이 발생하자 탈레반이 통치했고, 특히 여성과 소수자 인권에 대한 국제적 우려를 불러일으켰다.

시진핑의 아프간 접근 방식은 두 가지로 특징지을 수 있다.

첫째는 일대일로 이니셔티브(BRI)의 한 거점으로 간주한다는 점이다. 경제와 안보 두 가지 측면이다. 아프간에 묻혀 있는 희토류, 리튬을 포함한 풍부한 광물 자원이 매력적이다.

안보 분야, 특히 무슬림 위구르족이 거주하는 신장 지역으로 불안정이 확산될 것을 우려해 선제 차단하려는 목적이 있다. 위구르 무장 세력이나 기타 이슬람 단체의 분리주의를 미리 차단하려는 것이다. 아프간 위구르 무장 세력이 중국에서는 골칫덩어리로 등장할 수 있다. 탈레반 정부가 이러한 단체를 통제하고 은신처를 제공하지 않도록 중국은 미리 손쓰고 있다.

● 2021년 9월 베이징을 방문한 탈레반 지도부와 왕이 국무위원이 기념촬영을 했다.

둘째, 러시아와 미국의 군사적 접근 방식과 달리 중국은 외교적 관여를 선택했다. 지혜로운 접근법이다. 중국은 아프간 내부 분쟁에 불개입하는 정책을 선택했다. 이러한 접근 방식은 다른 국가의 내정 불간섭이라는 중국의 외교 정책에서 비롯된다. 중국은 미군 철수 이전부터 탈레반 지도부를 베이징에 초청해 소통을 유지해왔다. 중국은 탈레반 정권을 승인한 최초의 국가에 속한다.

중국이 탈레반과 같은 정권에 관여하는 것에 대해 서방측의 비판은 높다. 억압적인 정권에 국제적 정당성을 부여한다는 점이다. 요약하면, 시진핑의 아프간 접근 방식은 경제적 이득과 안보 조치가 혼합되어, 과거 미국과 소련의 군사 개입과는 확연히 다른 방식이다.

대만 침공과 중국공산당의 속내

중국 경제가 심상찮다는 인식이 광범위하게 퍼지고 있다. 경제 상황이 악화하면 민중의 불만이 폭발했다는 것은 중국 역사에서 흔히 볼 수 있다. 2023년부터 10월 29일부터 31일까지 안보포럼 회의체인 일명 '향산포럼'(중국 군사과학원이 주관하는 北京香山論壇)이 베이징에서 열렸다. 회의에서 기조연설에 나선 것은 장마챠오 공산당 군사위원회 부주임이었다. 장 부주석은 "서방 일부 국가가 세계 질서에 혼란을 일으키고 중국의 공산당 통치를 약화시키려 하지만 단호히 맞서겠다. 대만 독립 움직임이 있으면 직접 행동에 나설 것"이라고 경고했다. 군대를 움직이는 실무 책임자의 입을 통해 대만 침공을 확인했다.

중국의 대만 침공의 징후는 내부 경제 동향과 관련이 깊다.

중국 경제는 최근 몇 년 동안 몇 가지 중요한 도전에 직면해 있다. 에버그란데(헝다그룹)와 같은 대형 부동산 기업이 파산했다. 빚더미에 허우적대는 부동산 기업들은 금융 불안을 가져온다. 중국 경제를 보면 현재 수십년간 호황을 이끌어 온 기반시설·부동산 개발 위주의 성장이 끝나면서 경제난에 몰려 있다. 미국을 제치고 세계 최대 경제 대국으로 올라서겠다는 중국공산당은 조바심을 내고 있다. 경제가 흔들린다면 공산당 지도부의 리더십에 상당한 흠집을 내는 것이다. 이를 해결하기 위해 국내에는 더 억압적이고, 해외에는 더 공격적인 행동을 취할 것이다.(WSJ 2023 8월 20일자 보도)

지금 중국은 기반시설·부동산 개발로 일으킨 경기부양 효과가 떨어지면서 부채 문제가 심각하다. 저출산 현상과 미·중 갈등에 따른 외국인 투자 감소 등으로 성장 속도가 현저히 떨어지고 있다. 영국 컨설팅업체 캐피털 이코노믹스는 국내총생산(GDP) 성장률이 오는 2030년 연 2% 내외로 떨어질 것으로 예측했다. 중국 정부가 발표한 지난해 GDP 성장률은 3.0%였다.

키스 리치버그 홍콩대 미디어연구센터 이사도 "중국 경제 위기로 시 주석과 중국공산당은 더는 경제 호황에 기댄 권위주의 통치를 정당화할 수 없게 될 것"이라고 분석했다.(WP 2023년 8월18일자 보도)[33]

---

33 WP는 '중국 경제에 먹구름이 드리우다'라는 제목으로 보도했다. 요약하면, 외교정책분석가 맥스 부트는 "중국의 경기 둔화로 인해 시진핑은 대만 침공을 비롯해 더 권위주의적이고 군국주의적인 정책을 추구할 수 있다. 갈수록 커지는 국내 불안 여론을 억누르고, 대중의 분노를 외부의 적에게 돌리기 위한 차원이다. 독일이 깊은 비관론 속에서 1·2차 세계대전을 시작했다. 러시아는 지난 수년간 인구가 급감하는 '죽음의 나선' 속에서 잃어버린 제국의 영광을 되찾고자 우크라이나를 침공했다"고 풀이했다. 미국 국가정보국(DNI) 동아시아담당관을 지낸 폴 히어는 "중국을 겨냥한 미국의 수출 통제 정책이 시 주석으로 하여금 자국의 경제적 우려와 관련해 미국을 탓할 수 있도록 도와주는 꼴이 되고 있다. 중국 경기 둔화를 위안으로 삼지 말아야 한다. 중국 내부의 긴장감과 문제를 키우는 이런 상황이 미국 또는 미·중 관계에 있어 좋았던 적이 없기 때문이다. 전례 없는 집권 3기의 시 주석에게 특히 실업 상태인, 잠재적으로 반항기가 있는 청년들은 근심거리다. 중국 젊은이들은 역사적으로 1919년 5·4운동과 1989년 톈안먼 6·4항쟁을 포

특히 높은 청년실업률과 부동산 위기는 현실적인 위험이 될 수 있다. 데이비드 이그나티우스 WP 칼럼니스트는 "중국 경제 위기가 미국과 동맹국에 반드시 좋다고 가정해선 안 된다"면서 "중국 경제의 쇠퇴는 시 주석에게 민족주의 카드를 사용할 더 많은 이유를 제공한다. 중국 국민에게 공동번영을 줄 수 없다면 대안으로 대만을 주고 싶은 유혹을 받을 수 있다"고 했다.

미국 외교 싱크탱크 외교협회(CFR)도 중국공산당의 권력 독점을 정당화하기 위해 시 주석은 민족주의로 눈을 돌리고 있다고 분석했다.

특히 급속한 인구 노령화와 출산율 감소로 인한 인구학적 문제는 더욱 공산당을 코너로 몰고 있다. 중국공산당은 정치, 경제, 사회 생활에 대한 엄격한 통제에 더욱 열을 올리고 있다.

최근 중국은 데이터 보안 및 사교육에 대한 규제 단속과 같은 조치를 시행한다. 그러나, 이러한 조치는 시장 불안정과 투자자들의 우려를 불러일으키기도 한다. 경제적 내부 압력에 직면해 더 이상 통제 불능의 경우, 민족주의 카드를 꺼내 국내 장악을 시도하려 할 것이다.

또 하나 중국경제에 발목을 잡는 것은 인구 동향이다. 중국 인구는 이미 정점을 찍고, 이미 감소하기 시작했을 수 있다. 반면 노인 인구는 향후 수십 년 동안 급격히 증가할 것이다. 65세 이상 인구는 2049년까지 4억 명으로 지금보다 두 배 이상 급증할 것이다. 특히 눈에 띄는 것은 85세 이상의 인구는 약 1억5000만 명으로 지금보다 3배 이상 늘어 미국 등

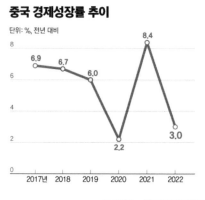

중국 경제성장률 추이

단위: %, 전년 대비

8.4
6.9
6.7
6.0
3.0
2.2

2017년 2018 2019 2020 2021 2022

● 출처 = 중국국가통계국

함, 기존 질서에 도전하는 반항의 선두에 있었다.

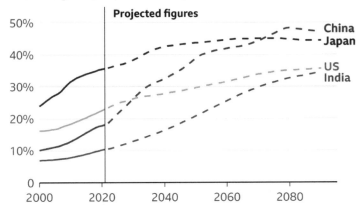

China's population is ageing fast
Percentage of people over 60 years old

Projected figures

China
Japan
US
India

2000　2020　2040　2060　2080

● 도표설명 = 2020년부터 중국의 60세 이상 인구 증가율(노령화)이 가파라지고 있다.

을 능가할 것이다. 이는 미국과 유럽을 합친 숫자와 비슷하다.

중국경제는 과연 회복할까

　중국 경제의 상황을 SNS에 올리면 계속 차단당하고 있다. 얼마 전 윈
난성 쿤밍시의 '도시투자회의' 회의록이 유출됐다. 지방정부의 부실 운영
과 부채의 실체가 드러났다. 쿤밍시에 2022년 연말 만기도래한 부채는
한화로 4조원대이다. 이는 빙산의 일각에 불과하다. 직원들의 복지기금
까지 당겨 쓰는 등 재정이 고갈되는 바람에 몇 개월 째 봉급을 지급하지
못했다. 사실상 파산 상태인 것이다. 쿤밍의 도시 철도 부채 부채 비율은
550% 수준. 현재 중국에서 지하철 운영 수익을 내고 있는 곳은 우한, 선
전, 지난, 상하이 등의 4개 지하철 뿐이다.
　중국 전역 고속철도는 대략 3만km이다. 중국국가철로국의 누적 부채

총액은 1200조원 가량. 교통비를 올려 부채를 줄여 나간다고 하는데 턱없이 부족하다.

도시의 아파트들은 너무 많이 지어져 유령도시로 변한 곳이 적지 않다. 지방정부 부채는 공식 발표로 우리 돈 8000조원을 넘는다. IMF는 2027년 쯤 지방정부 빚이 거의 2경을 넘어설 것으로 추산하고 있다.

중국경제가 당면한 진짜 위기는 외국인 투자가들의 신뢰 하락과 자본 유출에 있다. 당장의 부동산 경기 침체, 수출 부진, 소비 부진보다도 신뢰 하락을 자초한 측면이 크다. 최근 외국계 컨설팅 업체에 대한 당국의 조사, 반간첩법 조항의 모호성, 청년 실업률 등 통계 발표 중단 등이 그것이다. 외국 기업과 외국인 투자자들의 대중 신뢰가 추락하고 불확실성이 증폭되는 것이다.

중국공산당은 국가 경쟁력의 하락을 저지할 방도를 찾고 있으나 아직 뾰족한 수단이 없다. 중국 경제의 미래를 엿보려면 경제를 이끌 인재들을 살펴보아야 한다.

1991년 소련이 붕괴되고 옐친의 러시아가 탄생하자, 미국 경제학자들은 러시아로 몰려가 자본주의 개혁을 조언했다. 그들 중 상당수가 유대인이었다. 무리수를 두는 바람에 경제는 엉망이 되었고, 신흥 올리가르히(과두체제)가 생겨났다. 만일 중국 경제 개혁에 미국인 경제학자들이 들어와서 조언하면 의외로 회복 궤도에 오를 수도 있다. 그러나, 시진핑은 외국인 말에 귀 기울일 만큼 관용적이지 않다. 중국의 과두체제 oligarchy는 전체주의 권력의 특권이다. 이 특권을 박탈하는 개혁은 반드시 실패한다.

역으로 과두체제를 개혁하지 않는 한 중국 경제의 재부상은 쉽지 않다는 말이다.

1978년 불을 당기기 시작한 중국 경제의 부흥은 덩샤오핑이라는 걸출한 개혁적 실력자가 진두지휘 했기에 가능했다. 즉 기득권을 차지한 공산당 과두들을 제압했기에 개혁 작업에 나설 수 있었다. 그러나, 지금 시진핑 주석에게 덩샤오핑 같은 개혁적 사고를 기대할 수 없다.

2023년 9월22일 한 정 국가부주석이 유엔총회 연설에서 "중국시장을 세계에 더욱 개방하겠다"며 외국인들의 투자를 호소했다. 그러나, 이는 수사에 불과할 뿐 최근 중국 경제는 국제공급망에서 더 멀어졌다. 이를 미국의 대중 경제 제재 탓으로만 돌릴 수 없다.

정책 입안과 결정은 정치인의 역량에 달려 있다. 리커창까지 중국 경제는 국무원의 전권 사항이었다. 시진핑이 10여 개의 경제소조를 출범시켜 소조장(책임자)을 겸하기 이전까지는 그랬다. 지금 중국 관료들은 시큰둥하고 있다.

미래 중국 경제를 책임질 경제 분야 인물들을 일별해 보면서 예전 성장 가도의 희망을 기대해볼 수 있다.

당서열 2위 국무원 총리 리창(李强)과 그 보좌역으로 부총리 4인이 있다. 딩쉐샹, 허리펑, 장궈칭, 류궈중이다.

가장 주목할만한 인물은 정치국상무위원(서열 6위)인 딩쉐샹丁薛祥(61)이다. 장쑤성 난퉁 출신으로 엔지니어에서 정치인으로 출세했다. 막강 권력의 중앙판공청 주임을 지내면서 시 주석의 최측근으로 성장했다. 상무 부총리를 맡은 딩쉐샹은 2022년 10월 20차 당대회에서 중앙정치국 상무위원에 올랐다. 소황제가 되었다. 직전까지 중앙판공청 주임 겸 국

● 딩쉐샹

가주석판공실 주임을 맡았다. 시 주석의 비서실장 격이다. 1982년부터 2007년까지 국영기업인 상하이재료연구소에서 일하다 공무원의 길로 들어섰다. 2007년 3~10월 상하이시 당서기였던 시 주석의 눈에 들어 출세 길을 열었다. 시 주석의 국내외 방문, 중요 온라인 정상회담 등의 배석자에 거의 빠지지 않는

다. 시진핑의 '문고리 권력' 내지 '그림자'로 불린다. 그러나, 경제정책에 얼마나 역량을 발휘할지는 미지수다.

● 허리펑

대외활동 경력이 적은 허리펑(68, 何立峰)은 리커창 총리 밑에서 국가발전개혁위원회 주임으로 있으면서 금융정책 전문가 경력을 쌓았다. 허리펑은 샤먼대학 경제학 박사다. 재정금융 전문가로 두각을 나타냈으며, 네이멍구 부시장 시절부터 시진핑의 심복으로 활약했다.

류허 전 부총리의 뒤를 이어 대외경제 담당 부총리에 오른 허리펑은 광둥성 출신으로, 1980년대 시 주석의 샤먼시 부시장 재직 당시 인연을 맺은 이후 40년 이상 측근으로 있다.

● 장궈칭

장궈칭(59, 張國淸)은 무기 관련 기업에서 오랫동안 근무하며 충칭시장, 톈진시장, 랴오닝성 서기 등을 지냈다. 장은 허난성 출신으로 칭화대 출신 정치국 위원이다. 중국 최대의 무기생산 및 공급, 수출업체인 중국병기공업그룹에서 1999년부터 2013년까지 일하며 총경리까지 역임한 군수통이다. 특히 2017년부터 국가발전개혁위원회(발개위) 주임으로서 거시 경제 정책을 총괄하는 한편 고속도로·터널·교량 건설 등 대형 인프라 프로젝트를 지휘했다. 시 주석의 핵심 어젠다 중 하나인 일대일로(一帶一路:중국-중앙아시아-유럽을 연결하는 육상·해상 실크로드) 사업에도 깊이 관여했다. 미중 전략 경쟁 심화 속에 무기 분야에 밝은

● 류궈중

그의 역할이 작지 않을 것이다. 충칭과 톈진 시장을 지냈고, 랴오닝성에서 당서기를 지내며 행정 경력을 착실히 쌓았다.

류궈중(61, 劉國中)은 헤이룽장성 출신으로 방북단 단장 자격으로 김정은과 면담한 경력이 있다. 하얼빈공대를 졸업한 뒤 1982년 공직에 입문해 싼시(陝西)성장 등을 거쳐 싼시성 당서기를 지냈다. 류궈중과 장궈칭은 한국 기업들과도 인연이 있다. 류궈중은 싼시성장 재임 시절

2018년 삼성의 총 70억 달러 규모 낸드플래시 반도체 공장을 유치했고, 장궈칭은 2017년 충칭시장으로 있으면서 현대자동차 충칭 공장을 유치한 바 있다.

4명의 부총리 중 허리펑이 가장 정책통으로 불린다. 부총리들은 허리펑을 제외하고는 젊기 때문에 2027년 시진핑 주석이 구성할 차기 집행부(중앙정치국 상무위원)에 진입하거나 잔류(딩쉐샹)할 가능성이 높다.

취임 첫날 전기차 보조금 없앨 것

트럼프는 전기자동차(EV)에 가장 비판적이다. 전기차 산업은 종래 자동차 공장이 몰려 있는 미시간 주 같은 산업도시를 황폐화시켜 굴뚝공장 일자리를 감소시킬 수 있다. 물론 트럼프 대선 전략 차원이다. 트럼프의 생각은 일자리 감소를 우려하는 전미자동차노조(UAW)와 일치한다. 애초 UAW는 트럼프 편이 아니었다. 그러나, 트럼프는 "전기차 기업에 주는 보조금은 시기상조이며, 멕시코로 우회 수입되는 중국산 자동차가 미국에 꽉 찰 것"이라고 선전하고 있다. 트럼프에게는 탄소중립 등 환경 목표보다 일자리 보호가 우선이다.

현 단계에서 미국 전기차 시장의 전망은 그리 좋은 편이 아니다. 내연차에서 전기차로의 전환에 적극적이던 바이든도 기존 자동차 업계와 노

중국 빅테크와 전기차 합종연횡

화웨이
- 창안자동차-CATL과 삼각 합작
- 세레스, 체리자동차, 베이징자동차 등과 각각 합작

샤오미
2014년부터 니오, 샤오펑 등 중국 모빌리티 회사에 투자

바이두
지리자동차와 합작

알리바바
상하이치-장강하이테크와 합작해 즈지자동차 설립

디디추싱
샤오펑과 협력 6월 전기차 출시 계획

미국 유럽의 중국 전기차 견제

미국
- 2월 중국산 커넥티드카 국가안보 위협에 대한 조사 착수
- 1월 미 공화당 중국산 전기차 관세율 현 27.5%에서 125%로 인상 법안 발의

EU
- 10월부터 중국산 전기차 보조금 조사 착수
- 중국산 전기차 부과 관세율 현 10%에서 15~50%로 인상 목소리 확대

<2023년 현재>

조 바이든 대통령

2032년까지 전기차 신차 비중 67%로

2030년까지 배출가스 기준 '천천히' 강화

자동차 노조(UAW) 권리 지지

도널드 트럼프 전 대통령

바이든 전기차 활성화 정책 폐기

중국 자동차 산업 의존도 축소

배기가스 배출 등 연비 규제 종료

조에 밀리는 모양새다.

　트럼프는 전기차와 배터리 산업에 보조금을 주는 인플레이션 감축법(IRA) 폐기를 주장하며 연일 바이든 대통령의 전기차 보급 확대 계획을 비판하고 있다. 트럼프는 트윗 등을 통해 "중요한 것은 소비자가 전기차를 그렇게 원하지 않고 전기차는 전부 중국에서 만들어질 것"이라고 주장했다.

　트럼프는 미국의 자동차 분야 경쟁력 강화에 대해 바이든과는 다른 비전을 갖고 있다.

　우선 보호무역 접근법을 선호한다. 구체적으로는 중국산 제품에 60% 이상 관세를 메기고 다국적 기업들이 중국을 떠나 미국으로 회귀하도

록 다그치며, 공급망을 중국 밖으로 옮기도록 장려하는 것이다. 이에 비해 바이든은 동맹국들 기업을 국내에 유치하여 강력한 경제적 기반을 마련하는 것이다. 2024년 상반기 데이터에 따르면, 바이든의 접근법이 상대적으로 미국에 더 이득이었다. 이와는 대조적으로, 관세 인상을 주무기로 한 트럼프의 정책은 미국 경제에 막대한 비용을 초래한 무역전쟁을 촉발했다.

2016년 처음 대선 출마한 트럼프는 "중국이 우리나라를 강간하는 것을 계속 용납할 수 없다"고 했다. (We can't continue to allow China to rape our country) 그러면서 "미국의 제조업이 공동화되고 노동자들이 일자리를 잃고 있는데, 이는 중국이 '세계 역사상 가장 큰 도둑질'을 저지르고 있다. 노동자들 편에 서서 더 공정한 협상을 하기 위해 자신의 협상 기술을 활용할 것"이라고 했다. 미국산 제품 구매를 크게 늘리고 중국의 국가 주도 경제 모델에 구조적 변화를 일으키도록 강요했다. 트럼프는 이를 통해 대중국 무역적자를 줄이고, 미국 제조업을 활성화하며, 미국 노동자들에게 일자리를 만들어 줄 것으로 생각했다.

재임 4년 동안 트럼프는 무역적자, 화웨이, 틱톡에 분노를 표출했다. 그러나, 대중 무역전쟁은 역으로 미국 경제에 상당한 타격을 가했다. 일자리 30만개가 없어졌고, 5500억 달러 관세는 고스란히 미국 소비자에게 물가앙등으로 전가되었다. 바이든 취임 이후 미국의 대중국 무역적자는 2020년 3,110억 달러로, 트럼프 재임 중인 2018년의 4,190억 달러보다 적다. 미국의 무역적자는 트럼프의 재임 기간 동안 사상 최고치를 기록하며 21%나 늘었다.

트럼프의 대중 무역 협상은 성과를 거두지 못했다. 하지만, 지지자들은 중국의 약탈적 경제 행동에 제동을 걸었다고 트럼프를 칭찬했다. 실제로 민주당의 전통 지지층인 노조와 노동자들에게 공화당 지지층을 넓히는 데 도움이 되었다.

바이든 대통령은 트럼프에 대해 너무 보호주의적이고 일방적이라고 비판했다. 그는 동맹국과 파트너국의 지지를 얻어 미국 국내 투자를 장려했다. 청정 에너지 기술, 반도체 제조 등에 2조 달러 이상 투자했다. 또한 중국으로부터의 '탈(de-risking)'이라는 개념을 동맹국들에 확산시켰다. 공급망을 중국에 의존하지 않도록 조절했다. 트럼프의 관세 폭탄이 정치적으로 더 인기가 있다는 것을 알면서도 바이든은 그렇게 하지 않았다.

중국은 2023년 5.2%의 경제성장률을 기록했으나, GDP는 17조9,600억 달러에서 17조 7,100억 달러로 줄었다. 미국 GDP는 2023년 22조3천억 달러로, 전년 대비 2.5% 성장했다. (2022년 21조 8천억 달러)

특히 중국의 2023년 외국인 직접 투자는 전년 동기 대비 82%나 감소해 1993년 이후 가장 낮았다. 바이든은 트럼프처럼 미국 물건을 사도록 강요

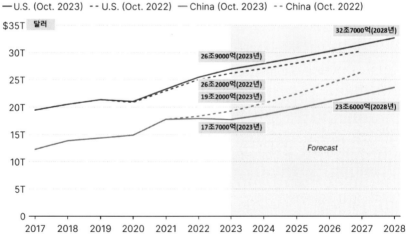

● 도표 설명= 국제통화기금(IMF)이 미국과 중국의 GDP 2022년 예측치와 2023년 예측치를 발표했다. 2023년의 경우 중국은 당초 예측치보다 1조 5000억이 줄었고, 반면 미국은 당초 예측보다 7000억 달러가 늘었다. 중국은 갈수록 예측치 보다 실제가 낮아지는 반면, 미국은 예측치 보다 실제가 높아지는 경향을 보인다.

하지 않았지만, 2023년 대중 무역적자는 가장 낮은 수준을 유지했다.

집권 이후 트럼프는 중국과 무역전쟁에 본격 나설 것이다. 이미 트럼프는 모든 중국산 수입품에 60% 고정 관세를 부과한다고 말폭탄을 던졌다. 블룸버그(Bloomberg Economics)는 "만약 그렇게 된다면 현재 5,750억 달러에 달하는 미국과 중국 간의 무역 규모는 거의 끊어질 것"으로 예측했다. 또 동남아시아와 멕시코가 가장 큰 수혜자가 될 것으로 예상했다. 미국내 중국산 상품 가격이 60% 급등하면 이들 지역으로 수입선이 이동하기 때문이다.

트럼프의 참모들은 미국내 물가앙등으로 이어지겠지만, 중국경제 전반이 미국보다 더 큰 타격을 입을 것으로 예측한다.

트럼프는 대중 교역의 고삐를 더욱 죌 것이 분명하다. 트럼프는 광범위한 디커플링을 선호하고, 그에 따른 높은 비용을 기꺼이 감수할 것이다. 지금까지 바이든은 국가안보나 인권 등 특정 분야를 표적으로 탈중국(디리스킹)에 초점을 맞췄다. 바이든은 중국의 범법 행위에 맞서기 위해 동맹국들과의 협력을 강조한데 반해 트럼프는 중국을 직접 압박할 것이다.

그러나, 이러한 대중 정책 공방은 미국 유권자들 사이에서 지지자를 선택하는 주요 변수로 부상하지는 않을 것이다.

트럼프는 특히 중국에 대해 AI 기술, 반도체 등 하이테크 기술 봉쇄를 더욱 강경하게 할 것이다. 그의 말 폭탄에는 항상 협상 카드가 쥐어져 있다. 트럼프는 미국 우선주의와 동시에 '비즈니스 우선주의'를 내세운다. 중국의 거대 시장과 적대하여 사업을 잃기보다는 무의미한 제재는 해제할 것이다. 대중국 비즈니스 분야에서는 오히려 완화할 가능성도 없지 않다.

대만 해법은 코소보화 전략

트럼프는 돌려말하는 법이 별로 없다. 대만 문제에서도 예외는 없었다. 2024년 1월 폭스 뉴스와의 인터뷰에서 트럼프는 "본토(중국)가 공격할 경우 미국이 대만 방어에 나서면 안된다"면서, "대만은 우리의 모든 반도체 사업을 가져갔다. 예전에는 모든 칩을 직접 만들었지만 지금은 90%가 대만에서 생산된다. 대만은 똑똑한 놈들이 우리 사업을 빼앗아 갔다는 걸 기억하라"고 했다.

2016년 당선 직후엔 이런 말도 했다. "중국이 하나라는 원칙에 우리는 갇혀 있어야 하는가.?" 당시 헨리 키신저는 트럼프 타워에서 만나 "마지막 순간까지 온건한 태도를 유지하는 것이 협상술의 묘미일 것"이라고 했다.

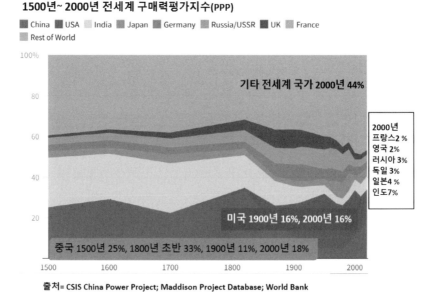

1500년~ 2000년 전세계 구매력평가지수(PPP)

■ China ■ USA ░ India ■ Japan ■ Germany ▨ Russia/USSR ■ UK ░ France
▨ Rest of World

기타 전세계 국가 2000년 44%

2000년
프랑스 2 %
영국 2%
러시아 3%
독일 3%
일본 4 %
인도 7%

미국 1900년 16%, 2000년 16%

중국 1500년 25%, 1800년 초반 33%, 1900년 11%, 2000년 18%

출처= CSIS China Power Project; Maddison Project Database; World Bank

● 한겨레신문 2022년 7월31일자 인용

현재 마이크로소프트Microsoft, 애플Apple, 구글Google, X(구 Twitter), 페이북Facebook 및 방위산업 등 첨단 기술 기업들은 대만산 칩 없이 작동할 수 없다. 바이든이 대만 반도체 산업을 미국으로 이전시키려 안간힘을 쓰는 이유이다.

대만의 걱정은 태산 같다. TSMC가 미국에서 3nm 4nm 칩을 생산하면 대만에는 무엇이 남을 것인가. 세 가지로 예측할 수 있다.

첫째, 중국의 칩 연구와 생산 능력이 발전하여 점진적으로 외국산 칩을 대체하는 것이다.

둘째, 대만은 칩 생산에서 미국의 통제를 받게 되어 세계 최대 시장인 중국과 거리를 두는 것이다.

셋째, 대만 칩 산업은 한국, 일본, 독일 등 칩 생산 능력을 갖춘 다른 지역의 도전에 직면하여 시장 위축으로 이어질 수 있다.

미국은 대만이 독립하지 않고 현상 유지를 원한다. 과연 대만경제가 버틸 수 있을까.

트럼프 팀이 고려중인 대만 시나리오 중 하나는 일명 '코소보화'이다.

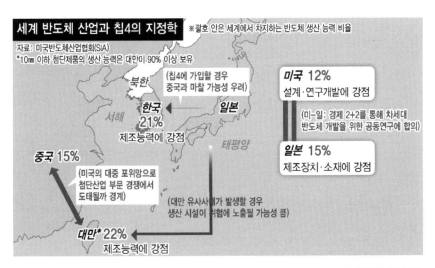

● 한겨레신문 인용

직접적인 군사 개입을 피하고 대신 정치-경제적 조치에 집중하는 전략이다.

'코소보화'란 1990년대 후반 나토가 유고 반도의 작은 나라 코소보에 전면적인 군사 개입 없이 국제적인 지원 하에 반자치지역으로 수립된 상황을 말한다. 이를 대만에 적용하면 중국과 무력 대결 없이 대만의 자치와 안보를 지원하는 노력이다.

이 전략은 국제적 지지, 외교적 인정, 동맹국 지원을 통해 대만의 정치적 입지를 강화하는 것이다. 경제적으로는 대만의 핵심 반도체 산업의 글로벌 공급망을 강화하고 대중국 의존도를 낮추는 것을 의미한다.

말 그대로 대만은 세계 최고의 반도체 파운드리 기업 TSMC를 갖고 있다. 트럼프의 관심은 생산 역량을 미국으로 집중하는 리쇼어링이다. 바이든과 유사하다. 특히 TSMC와 긴밀한 칩 공급망을 유지하는 것은 미국 기술 기업과 방위 산업에 필수적이다. 90%를 공급하는 이 공급망에 차질이 생기면 경제-안보에 치명상을 줄 수 있기 때문이다. 미국은 가능한 한 직접적인 군사 개입을 피하면서 대만에 무기 판매를 늘리고 군사 훈련과 협력을 강화할 것이다.

구체적인 행동 요령이라면 이런 것이다. 대함 미사일, 방공 시스템, 첨단 전투기 등 첨단 무기 시스템을 제공한다. 여기에는 F-16V 전투기, 패트리어트 미사일 방어 시스템, 해안 방어 순항 미사일 판매가 포함된다. 해양 분야에서는 첨단 프리깃함, 잠수함, 대잠전 장비가 있다.

대만군과 정기적인 합동 군사훈련으로 상호 운용성과 준비 태세를 강화하고, 미국, 일본, 인도, 호주 등 4자 안보협력(쿼드)를 더욱 강화할 것이다.

그러나, 코소보화 전략은 미-중 간 긴장의 파고를 높일 것이다. 중국은 대만을 자국 영토의 일부로 간주한다. 어떤 형태로든 대만 독립은 용납할 수 없으며, 미국에서 의한 국제적 지위 향상도 저지할 것이다. 대만에 대한 미국의 군사적 지원이 증가하면 중국은 더욱 공격적인 태도로 나올 것이 분명하다. 미국 전략가들 사이에서는 '대만 유사시 TSMC 공장을 폭파-파괴한다'는 비공개 시나리오가 존재한다.

트럼프의 대중국 접근 방식

아직도 코로나 바이러스의 최초 발원지에 대한 논란이 분분하지만, 대체적으로 중국의 우한을 꼽고 있다. 상식이 통하는 국가였다면 우한 지역에 대한 정밀조사를 통해 전 세계인의 문제였던 발원지가 어디냐에 대해 공동 조사를 했어야 마땅하다.

그러나, 중국 당국은 그렇지 않았다. 발생 직후 초동조치를 소홀히 했으며, 관련 정보도 제대로 제공하지 않았고, 오히려 발원지로 지목된 곳을 폭파하거나 불태워 버렸다. 세계보건기구와 협력해 초기 대응을 재빠르게 했다면, 전세계로 확산되는 사태는 사전에 방지할 수도 있지 않았

● 갖가지 바이러스 발생지로 추정되는 중국 우한의 수산시장

을까. 아직 중국은 자신들의 실수에 대해 정치적 공세라며 인정하지 않을 것이다.

코로나 사태로 인해 과연 중국이 신뢰할 수 있는 국가인가에 대해 근본적인 의문이 전 세계에 제기되었다. 세계보건기구WHO에 대해서도 불신이 팽배해 있다.

WHO 관련 부서에서는 바이러스의 존재를 일찍부터 알고 있었다. 중국이 정보를 은폐하기 이전에 WHO가 관련 보고서를 확인했다면 이렇게 악화되지는 않았을 것이다. 하지만, WHO는 바이러스가 사람에서 사람으로 전염되지 않는다는 중국 정부의 근거 없는 설명을 신뢰했다.

서방이 권고하는 제안도 무시했다. 신종 바이러스가 어떻게 퍼지는지, 어떻게 하면 피해와 치사율을 줄일 수 있는지에 대한 정보도 무시했다. 그러는 사이 바이러스를 분석하고 검사해서 백신을 개발할 수 있는 골든타임을 놓쳐버렸다. 코로나 바이러스는 전세계로 확산되었다.

WHO는 지금도 중국의 주장을 액면 그대로 받아들이고 있다. WHO와 중국 당국의 잘못된 대응으로 인해 전 세계에 바이러스가 퍼져나가며 엄청난 피해를 초래했다.

트럼프는 줄곧 '차이나 바이러스'를 언급하며 중국에 책임이 있다고 주장해 왔다.

트럼프가 백악관 주인으로 들어앉게 되면, 구체적으로 어떤 행동을 취할 것인가. 우선 예상되는 시나리오를 제시해본다.

첫째, 중국과 연결되는 글로벌 공급망을 재검토할 것이다. 미국은 세계에서 몇 안 되는 자급자족이 가능한 나라이다. 식량에 대해서도 자급 체제에 문제가 없으며, 에너지 분야 자립도 문제없다. 식량, 군사, 에너지 3분야의 자급이 확립되어 있다. 이 세 가지에 더해 중요한 것은 제약과 기술 분야의 자립이다. 중국에 대해 더욱 고삐를 죌 것이다.

둘째, 중국 주도로 진행되고 있는 5G 네트워크를 견제할 것이다. 트럼프는 중국의 5G 네트워크 구축을 허용해서는 안된다는 생각을 갖고 있다.

셋째, 미국이 대중국 공급망을 재검토하는 것은 일본과 아시아에도 변화가 예상된다. 트럼프는 일본, 한국, 멕시코, 캐나다, 영국 등 동맹국과 협력해 대중국 금수 조치를 취하는 방안을 강구할 것이다.

넷째, 코로나 바이러스가 가져온 위기로 세계는 '중국 모델'과 '서구 모델'이라는 두 가지 시스템이 존재한다는 현실을 직시했다. 그리고 '중국 모델'로는 한계가 있다고 인식하게 되었다. 정치적으로는 독재, 경제적으로는 국가 자본주의라는 '중국 모델'의 가장 큰 결함은 불투명성이다. 이번 위기에서도 은폐 체질을 노골적으로 보여줬다. 이는 바로 시스템으로서의 결함을 드러낸다.

중국은 결함 투성이인 자유 민주주의와 자본주의 경제는 안 된다고 주장했다. 그간 중국 모델, 즉 '베이징컨센서스'라는 용어를 자랑스럽게 주

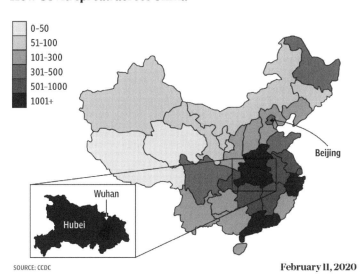

● 그림설명 = 2020년 2월 11일 당시 중국 내륙에서부터 확산해가는 정도를 나타낸다.
영국 '더 텔레그라프' 인용

장해왔지만, 지금은 쑥 들어가 누구도 거론하지 않고 있다. 코로나 사태로 인해 중국에 대한 신뢰도 하락, 공급망 재검토 등 부정적인 상황이 전개되고 있다. 중국 정부의 작위인지 사고인지는 아직 밝혀지지 않았지만 트럼프 당선 이후 중국은 상당한 대가를 치르게 됐다.

트럼프, 글로벌 패권에 관심 없다

2017년부터 트럼프 대통령은 미국 기본 노선의 전환을 단행했다. 즉 정치적으로는 미국 우선주의와 함께 글로벌 패권을 포기하는 것이다. 경제적으로는 자국에 생산 거점을 마련하는 리쇼어링 전략이다. 이를테면 애플, 인텔 퀄컴 등 초대형 기술 기업이 미국내 생산기지를 우선하도록 유도하는 것이다. 이를 분석하기 위해 먼저 최근 글로벌 기술 기업들의 특징과 트렌드를 몇 가지로 정리한다.

첫째, 유럽은 현재 잃어버린 통신 장비 시장을 되찾기 위해 전쟁 중이다. 지난 20여년 간 화웨이는 통신 장비시장을 사실상 석권했다. 전통 강자였던 노키아, 에릭슨 등을 밀어내고 화웨이와 ZTE(중싱통신)는 세계 곳곳에 10만 개의 안테나 기지를 설치했다. 러시아, 중동은 물론 동맹국인 유럽 NATO 국가들조차도 중국계 지상국이 설치되었다. 아프리카에서는 중국 기업이 선점하는 바람에 미국 통신 기업은 거의 발붙이지 못하고 있다. 영국이 종주국이었던 파푸아뉴기니와 피지에서도 영국계 보다폰을 화웨이가 맹추격하고 있다.

둘째, 미국은 특허 출원과 관련해 한층 장벽을 높였다. 이는 주로 중국 기업들의 차세대기술 선점을 막기 위한 것이다. 그러나, 정보 유출, 스파이 방지, 첨단 기술 방어에 서유럽은 단합하지 못하고 있다. 즉 미국의 대중국 봉쇄에 전적으로 협력하지 않고 있다.

셋째, 미국 주도의 공급망 재정비이다. 파운드리 분야에서 독보적 1위인 TSMC는 화웨이에 대한 반도체 공급은 계속하겠다는 입장이다. 세계 2위 삼성은 미국 퀄컴에 계속 공급하고 있다. 최근 화웨이가 북한에 통신망을 구축했다는 보도가 나와 미국 정보당국이 조사중이다.

시진핑 주석은 작년 7월에도 장쑤성 하이테크 단지 등을 불시 방문했다. 난징에 있는 지진산 연구소로서, 6G통신, 인공 지능, 양자 컴퓨팅, 사이버 보안 등 첨단 기술 개발에 주력한다. 첨단 기술의 자립을 위한 핵심 시설이다.

시진핑 주석은 2023년 11월 16일 샌프란시스코 APEC 참석차 6년 만에 미국을 방문했다. 숙소인 하얏트 리젠시 호텔에서 만찬을 열었는데, 미국 재계를 움직이는 CEO 300여 명이 참석했다. 참가비는 1인당 4만 달러(600만 원)로 테이블 당 8명이었다. 팀 쿡 애플 CEO를 비롯해 마이크로소프트, 시티뱅크, 엑손모빌, 브로드컴, 보스턴컨설팅그룹, 보잉, 인텔 등의 CEO 또는 임원들이었다. 미 정부는 대중 첨단 기술 유입을 저지하고 있지만, 미 재계는 중국 시장의 잠재력을 중시하고 있는 것이다.

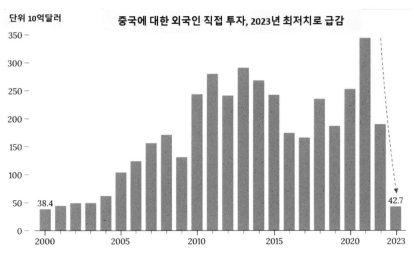

단위 10억달러

중국에 대한 외국인 직접 투자, 2023년 최저치로 급감

중국 에 대한 외국인 직접 투자가 지난해 2023년 만에 최저치로 급감했다(중국국가외환관리국, SAFE) 20323년 427억 달러의 유입은 2022년의 4분의 1에도 못 미치는 수준이다.

정작 중국의 당면 문제는 외국 기업의 대중국 투자가 급감하는 상황이다. 2023년 6월 말 기준 외국기업의 중국 투자 잔액은 9180억 달러로 추정된다. 해외 투자의 급감으로, 달러가 부족해지자 그 부족분을 미국 채권 매각으로 메꾸고 있지만, 밑빠진 독에 물 붓기다. 트럼프는 글로벌 패권에는 관심이 없다. 미국 기술 기업들의 리쇼어링 정책을 가열차게 추진할 것이다. 중국의 달러 부족 사태가 언제 표면화할지 주목된다.

미국, 중국
이해에
실패했다

미국, 중국 이해에 실패했다

스티브 잡스가 화웨이를 키웠다

미국 정계와 달리, 재계는 중국을 중시하고 있다. 재계는 반도체 산업을 제외하면, 대만에 거의 흥미를 갖지 않는 편이다. 미국 재계는 제조-조립에서 중국 공급망에 의존하고 있다. 애플, GM, 스타벅스 등은 중국에서 매출을 올려 상당한 돈을 벌고 있다. 미국 재계는 중국 비즈니스가 위태로워지는 것을 우려해 대만 문제에서 한 발짝 떨어져 있다. 이로 인한 화웨이 부상 같은 미국으로선 달갑잖은 결과물이 나오고 있다.

이를 테면 Apple 창업자 스티브 잡스는 글로벌 전략 아래 스마트폰 생산기지를 중국으로 이전했다. 그러나, 글로벌 공급망은 전략적 실수였고, 화웨이의 빠른 부상을 허용했다. 중국공산당의 전략을 이해하지 못

● 시진핑 국가주석이 데이터센터를 방문해 보고받고 있다.
데이터 야망의 의지가 응축된 첨단연구 기관이다.

한 측면이 크다.

화웨이의 부상은 중국공산당이 주도하는 무조건적 지원, 끊임없는 R&D 투자, 공격적인 시장 확대, 풍부한 연구 인력 등으로 촉진되었다.

특히 Apple 생산 공장에서 획득한 노하우는 컸다. Apple은 중국에서 정교한 공급망 구축 등 강력한 생태계를 구축했다. 화웨이는 Apple과의 협력을 통해 검증되고 개선된 고품질 공급망을 가질 수 있었다. 화웨이는 선전과 같은 혁신 클러스터에서 숙련 인력을 확보할 수 있었다. 2023년에만 화웨이 연구개발(R&D)에 30조원 이상 투입되었다. 단일 회사 규모로는 전무후무한 천문학적인 돈이 들어갔다. 실제 지난 3월말 공개된 연례보고서에서 지난해 R&D에 1647억 위안(약 31조원)을 투자한 사실이 드러났다. 이는 전체 매출액(7042억 위안)의 23.4%를 차지한다.

화웨이의 R&D 규모는 삼성전자를 능가한다. 삼성의 지난해 R&D 비용 총액은 28조3397억원으로 전년 대비 13.7% 증가한 사상 최대치였지만 화웨이보다 적다. 화웨이의 투자 규모는 한국의 전체 R&D 지원 예산

● 매일경제 2024년 3월 25일자 인용

과 비슷하다. 지난해 한국의 R&D 예산은 31조원이다. 올해는 26조 5000억 원이다. 화웨이 전체 직원의 50%가 넘는 인력이 R&D에 종사할 정도로 연구 개발에 몰두해왔다. 미국의 계속되는 제재에도 무너지지 않는 이유이다. 트럼프는 'TSMC가 미국으로부터 기술을 탈취했다'는 식의 무책임한 발언을 한다. 그는 대체로 반도체에 관한 한 문외한이다.

반도체 경쟁에서 알 수 있듯이, 미국과 영국의 목표는 '두뇌 부분'의 독점, 지적재산권 확보에 있다. 즉 설계와 기본특허를 통해 규칙을 정하고, 생산은 하청업체에 의존하며, 특허료를 받아 돈을 버는 식이다. 인텔, AMD, ARM 등은 첨단 기술의 반도체를 설계하는 기업이고, TSMC는 제조를 담당한다. 계속 미국은 대만 한국 등을 압박해 반도체 우위를 되찾기 위해 리쇼어링에 몰두할 것이다.

중국공산당의 데이터 제국 구축

중국공산당(CCP)은 데이터의 등장을 서방 주도 세계를 뒤흔드는, 새 판 짜기의 기회로 보고 있다. 미국 중심의 세계 판도에서 벗어나려는 몸부림이다. 이미 중국은 데이터의 무한한 가치를 중시하고, 10여년 전부터 새로운 산업 혁명을 이끌 요인으로 점찍었다. 이를테면 데이터를 통해 국가간 정보 흐름을 파악하는 방식이다.

베이징의 데이터 장악이란, 국가적 데이터와 국가 간 데이터 이동, 리소스와 아이디어의 생산, 유통, 소비를 통제하는 것이다. 미국 등 서방 주도의 기존 체계를 붕괴시키면서, 중국 주도의 새판을 짜는 전략의 일환이다. 21세기 디지털 혁명은 새로운 기회, 기술 진보, 자유로운 이동을 촉진하지만, 한편으로 유례없는 위험을 초래한다. 바로 데이터 제국의 출현이다.

데이터가 새로운 산업 혁명의 요소라는 아이디어는 독일에서 처음 나왔다. 독일 기업 Andreessen Horowitz는 '세상을 먹어 치우는 소프트웨어(software eating the world)'라는 이슈를 처음 제기했다. 세계경제포럼World Economic Forum은 4차 산업혁명을 이끌어가는 요인으로 데이터를 꼽았다. 즉 기존의 토지-노동-자본-기술과 더불어 생산 요소의 하나로 데이터가 추가되었다. 디지털 경제가 출현하면서 데이터 산업은 그야말로 날개를 달았다. 이를테면 엄청난 분량의 데이터를 순간적으로 분석해내는 데에는 디지털 기술 밖에 없다. 인력으로는 불가능하다. 디지털 기술로 인해 데이터는 새로운 생산 요소이며, 기본 리소스이자 전략 리소스로 부상했다.

이를 포착한 것은 중국공산당이었다. 디지털 혁명을 통해 세계 구조는 다시 짜여질 것이다.

그 기회를 제일 먼저 거머쥐는 국가가 새로운 세계 질서의 지배적 지위를 차지한다는 것이 중국공산당의 인식이다. 중국사회보장기금(China's National Social Security Fund)의 부위원장, Chen Wenhui은 이렇게 말했다.

"산업 경제의 초기 단계에서는 영국이 핵심 국가가 되었다. 디지털 경제 초기에는 미국과 중국이 핵심 국가가 되었다. 디지털 경제 개발 시기인 지금 중국은 전략적인 기회에 직면하고 있다. 디지털 경제는 새로운 산업혁명을 낳고 있으며 세상의 모습은 재편성 단계를 맞이하고 있다. 중국은 디지털 경제에서 선점자의 우위를 취하며 4차 산업혁명을 부흥시킬 것이다. 그 바탕에는 데이터의 축적, 정보 능력이 있다."[34]

데이터는 토지나 노동력과는 다르다. 더 많은 데이터에서 파생되는 더 나은 예지력, 위험 감지력 및 기회 식별력 뿐만 아니라 물리적 공격, 캠페

---

34 NBR 특별 보고서, #97 2022년 3월 중국의 디지털 야망:자유 질서를 대체하는 글로벌 전략

인 홍보까지 모든 정보 분야에서 더 나은 타겟팅을 제공한다. 데이터 산업에서 필수적 힘은 엄청난 개별 데이터에서 유용한 데이터로 바꾸는 가공 능력과 분석력에 있다.

디지털 세상은 네트워크를 통해 사람, 물건 및 아이디어가 국경을 넘나드는 교환에 기반한다. 네트워크와 흐름은 정보력에 의해 좌우되고 정의된다. 이는 GPS 지원의 부대 이동에서 차량 공유 앱까지, 그리고 문자 메시지에서 소셜 미디어에 이르기까지 모든 것에서 분명하게 드러난다. 디지털 기술이 플랫폼이라면 데이터는 콘텐츠에 해당한다. 데이터는 생산 요소로서 가히 혁명적인 콘텐츠를 제공한다.

아마존Amazon은 이에 관한 명확한 예시를 보여준다. 아마존은 지배적인 정보 플랫폼을 가지고 있기 때문에 미국의 e커머스를 좌지우지 한다. 이를테면 Amazon은 우월한 정보 접근력을 바탕으로, 다음 시대 시장을 사로잡을 제품이 무엇인지 확인하고 더 싼 가격으로 복제한다. 충분한 데이터를 통해 Amazon은 내년에는 어떻게 변할지 예측한다. 이론상으로 경쟁자인 Walmart도 유사한 데이터를 수집하고 사용하여 결과물을 만들어 낸다. 그러나, Amazon은 사용자의 선호와 욕구 및 구매에 먼저 다가가는 능력에서 탁월하다.

중국의 야망은 세계 질서의 리더로 부상, 중화 질서를 구축하는 것이다. 디지털 혁명을 그 기회로 잡고 데이터를 구축, 거대한 네트워크 파워를 형성하는 것이다. 중국이 네트워크 강국으로 성공하면, 중국공산당 CCP의 체제 선전 및 가공의 어젠다를 만들 수 있다. 또한 베이징은 중국식 권위주의를 확산하는 데 유리하다. 그러면 디지털 혁명을 이끌 중국의 장점은 무엇인가. 앞에서 약간 언급했지만, 거듭 설명한다.

첫째, 중국의 엄청난 인적 규모는 데이터를 생성하고 축적하는 콘텐츠에서 탁월하다. 중국의 14억여 명의 인구, 초거대 시장, 엄청난 내수 잠재 수요 및 풍부한 천연 리소스의 이점은 빅데이터 생산의 보물이다. 이는 중국 디지털 아키텍처의 국제 경쟁력을 높인다. 최고 또는 가장 매력적인 소셜 미디어 플랫폼이란, 가장 많은 활성 사용자를 가진 플랫폼이다. 즉 엄청난 이용자가 쏟아내는 데이터의 규모에 있다. 당연히 14억 인구의 네트워크와 플랫폼은 공산당이 통제한다.

둘째, 중국공산당의 중앙집권 체제는 데이터의 장점을 극대화할 수 있다. 중국과 미국은 디지털 경제의 리더로 부상할 것이다. 미국의 강점은 기술인 반면, 중국의 강점은 시장이다.

중국의 첨단 기술 훔치기

중국공산당은 이미 미국의 데이터 관련 기술에 눈독을 들여왔다. 가공하고 분석하며 데이터가 주는 의미를 추출하는 기술이다. 이는 2018년 트럼프의 1기 행정부 당시 작성한 인공지능국가안보위원회NSCAI 보고서에 상세히 나와 있다. 보고서에 따르면 미국이 가장 주시해 온 것은 조직적 기술 유출과 기술 훔치기다. 기술 훔치기는 중국과 러시아 정보당국이 주도해왔다. 그간 미국은 강건너 불구경하는 식으로 당면 문제가 아닌 것처럼 여겼다. 뒤늦게 미국은 데이터 관련 기술을 비롯한 첨단 지식을 도둑맞고 있다는 사실을 깨달았다. 미국은 이제까지 경각심은 커녕 경계심을 갖지도 않았다. 경각심은 오바마 정부에서 시작했으나, 1기 트럼프 행정부 들어서 실제 행동에 옮겨졌다.

중국공산당의 기술 유출과 훔치기는 AI기술을 비롯한 첨단 데이터 관련 기술, 민군 겸용 기술dual-use technologies, 그리고 기초 기술 분야에 집중되었다. 중국공산당은 2050년까지 과학기술 초강대국 도약을 목표로 역량을 집중하고 있다. 이를 위해 다방면으로 라이선스 및 첨단 기술 획득에 주력하고 있다. 획득 대상 분야는 미국의 메가테크 기업, 연구기관 및 정부의 첨단 분야다.

중국의 기술 훔치기에는 갖가지 유형이 있다. 가장 흔한 수법은 1.수출 금지 우회 통로, 2. 지적재산을 노린 첨단 기업과의 제휴다. 아울러 3. 미국 첨단 기술 기업들과의 비즈니스 거래, 산업스파이 등이다. 금액으로 따져 매년 3000억 달러에서 6000억 달러 어치의 기술이 유출되는 것으로 추정된다. 이는 즉각적으로 드러난 손실만을 계산한 것이다. 시간이 지남에 따라 드러나는 지속적인 피해 규모는 계산에서 빠져 있다.

지난 30여년간 중국공산당이 주도해 진행한 데이터와 AI 기술이전 및 유출 전략은 유령회사 설립, 학문 협력을 위장한 기술이전, 적대적 투자, 적대적 합작 투자, 산업 스파이, 인재 빼내기 등이다.

중국군은 매년 2만여명의 인재를 유학생 신분으로 위장해 미국의 유명한 연구소와 유명 대학 연구기관에 파견해왔다. 이런 기술 유출 수법은 20여년 전부터 시작되었다. 2001년 빌 클린턴 행정부에서 WTO 가입을 허용하면서 더욱 활발해졌다. 2015년 무렵부터 이를 인지한 미국 보안당국의 제제가 시작되었다.

달리 말해 중국은 군사 및 경제 현대화를 위해 미국 납세자들의 달러로 건설한 고도의 소프트웨어 인프라를 도둑질한 셈이다. 미국의 모든 연구 환경은 국가 예산으로 구축되었기 때문이다.

중국 반도체와 대만 청방네트워크의 밀착

반도체 선도자는 애초 미국이었다. 군사 기술을 민간에 전수해 반도체 산업을 성장시켰으나, 당시 많은 돈이 들어가는 사업 특성 때문에 70~80년대 세계를 주름잡던 일본 자본이 반도체 시업을 이어받았고, 급기야 1980년대 후반 미국을 압도하는 지경에 이르렀다. 미국내 반도체 소비의 거의 90%를 장악하자, 일본 기업들은 견제받기 시작했다. 1986년 미일 반도체 협정이 체결된 것은 이런 배경이 있었다. 1986년 이후 미국과 일본은 반도체 기술을 한국과 대만에 이전하기로 협약했다. 이는 일본의 반도체 산업이 사양길로 접어드는 단초가 되었다. 미국, 일본에서 대만으로 이전된 반도체 기술은 중국으로 흘러갔고, 1987년 화웨이 창업에 이어 중국 최대 반도체 기업 SMIC도 창업하면서 중국도 반도체 시장에 뛰어들었다. 삼성전자는 이미 10여년 전부터 반도체 산업에 뛰어들었으나, 반도체 기술 접근의 장벽이 사라진 이 시기를 기점으로 일취월장 했다.[35]

미국이 중국의 '반도체굴기'를 꺾는 대중국 압박의 진짜 표적은 대만의 청방靑幇네트워크다.(그림참조) 사실 중국이 반도체 산업에 진입하게 된 것은 대만 반도체 전문가와 기술자들 덕분이다. 미국의 대중국 제재의 표적은 표면적으로 보면 '중국제조 2025'이다. 하지만, 미국의 속내는 다른 데 있다.

제1선에서 중국으로 반도체 제조기술의 이전을 주도해 온 대만의 '청방네트워크'를 와해시키는 것이다. 미국이 중국 반도체 굴기를 압박하는 듯 보이지만 그 이면은 다르다는 말이다.

대만의 반도체 산업을 쥐락펴락하는 청방네트워크는 친척끼리 내지 후견인 그룹의 비밀결사와 같은 성격이다. 청방은 배후에서 정치인들을

---

35 1986년 미국과 일본이 체결한 미일반도체 협정은 미국의 절대 강자의 위치를 위협한 결과였다. 일본은 당시 10% 수준이던 일본 내 미국산 반도체 시장 점유율을 1992년까지 20%로 높이기로 합의했다. 자국 시장의 빗장은 걸어 잠그고 자국 기업을 보호했던 일본은 문을 열었고, 미국의 대일본 반도체 직접 투자도 허용했다. 협정 이후에도 미국은 일본의 협정 미준수를 들먹이며 보복 관세 부과, 일본 반도체 산업 감시 등 압박을 계속했다. 협정은 86년, 91년, 96년 세 차례 개정된 이후 만료되었다. 이 결과 일본 반도체 생태계는 무너졌고, 한국과 대만이 일본 반도체 몰락으로 생긴 빈자리를 채우게 된다.

중국의 30여년간 기술유출과 미국의 뒤늦은 대응

유령회사, 페이퍼컴퍼니 Front Companies	적대적 투자 Predatory Investments 적대적 합작투자 Predatory Joint ventures	산 업 스 파 이 espionage 불법적 인재채용
■	■	■
핵심 기술기업 투자심사강화	외국인투자심의 위원회(CFIUS) 강화, 미국과 동 맹국이 우위를 갖는 핵심분야 수출 통제	연구실적, 발명 물 유출 방지 능 력 강화, 법 강화

미 정보당국, 불법 기술이전 및 기술 유출로 연간 3000~5000 달러 손실 추정

중국의 연도별 AI 생태계 성장 로드맵

2030년

2025년

2020년

연관산업규모

핵심산업규모

180조

27조

900조원

72조원

1800조원

180조원

움직이는 비밀 결사적 요소가 다분하다. 청방이란 말은 당나라가 중원을 통일하기 직전 5대 10국 시대에 시작되었다고 한다. 청대 시대 태동한 청방은 '타도만주인'을 명분으로 내건 일종의 반정부 단체의 성격이었다. 국공 내전 당시 일본군과 공산당 홍군, 국민당군에 무기와 정보를 팔아 큰 돈을 벌어 성장했다. 공산당에 배신하는 바람에 공산당 홍군의 공격을 받고 홍콩으로 패주해 괴멸된 것으로 알려졌으나 살아났다. 국공내

전에서 패배한 국민당군과 함께 대만으로 건너갔다. 이어 대만 정치인들의 후광을 업고 재력을 쌓았다.

현재 청방네트워크의 좌장은 대만 메모리반도체 기업 화방전자華邦電子(윈본드일렉트로닉) 창업자인 자오웨이쥔焦佑鈞이다. 반도체 파운드리 세계 1위 TSMC 창업자 모리스창은 친척이다. 모리스창이 미국의 대중 압박을 비판하는 발언을 한 것은 이런 맥락이다. 모리스창도 미국에서 반도체 기술을 배워 거물이 되었지만, 미국에 대해 반기를 들고 있는 것이다.

청방의 주요 기술 후원자는 대만보다는 일본에 있다. 일본의 청방 인맥은 넓고 깊다. 일본 샤프를 인수한 대만 기업 홍하이정밀공업(폭스콘)의 실소유주 궈타이밍郭台銘(2023년 대만 총통 선거 출마)은 사실상 중국 공산당이 대주주인 화웨이를 기술적으로 지원해 왔다. 자오웨이쥔의

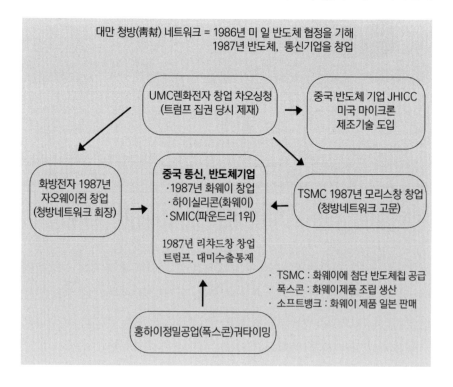

오른팔이었던 리챠드창은 중국의 반도체 파운드리 SMIC를 창업했고, 이어 TSMC와 함께 화웨이의 반도체 자회사인 하이실리콘을 기술적으로 지원했다. 자오웨이쥔과 모리스창은 1987년 창업 당시 대만 반도체 파운드리 UMC(롄화전자)의 창업자 차오싱청曹興誠의 도움을 받았다. UMC는 미국 마이크론에서 메모리 기술을 도입해 성장했으나, 중국의 메모리 반도체 기업으로 급성장한 JHICC를 지원한 사실 때문에 미국의 블랙리스트에 올랐다.

2020년 트럼프 행정부는 화웨이를 지원한 혐의로 UMC의 미국 수출을 금지했다. UMC는 미국의 반도체 설계전문기업 마이크론의 칩 제조 기술을 훔친 사실도 적발되었다. 결과적으로 반도체 파운드리 기업인 TSMC, UMC, 그리고 폭스콘이 미국, 일본의 반도체 기술을 중국 반도체 산업에 이전한 셈이다.

현재 청방네트워크의 좌장인 자오웨이쥔이 창업한 메모리 반도체 기업 윈본드일렉트로닉(화방전자, 일본 상장기업)은 1987년 TSMC 창업과 화웨이 창업을 도왔는데. 이것이 일본의 반도체 기술이 대만에 이전되는 계기가 되었다. TSMC를 창업한 모리스창張忠謀은 미국 텍사스인스트루먼트TI에서 임원으로 일하다 대만으로 건너와 창업했다. 모리스창과 훙하이정밀공업(폭스콘, 일본 상장기업)의 창업자 궈타이밍도 친척이다.

당시 미국의 반도체 기업들은 팹리스 즉, 설계와 아키텍쳐 분야를 전담했다. 당시 파운드리(제조)나 메모리 분야는 대개 한국이나 대만 등 제3국에 넘겼다. 당시로선 대규모 자본이 투입되는 반면, 수익성이 그다지 좋지 않았던 시절이었기 때문이다. 미일반도체 협정에 따라, 미국기업들은 메모리나 주문형 반도체 생산을 주로 한국과 대만에 맡겼는데 수익성이 낮았다.

이병철 삼성그룹의 선대 회장은 반도체의 잠재력을 꿰뚫어 본 탁월한 인물이었기에, 오늘날 한국이 반도체 강국으로 성장할 수 있었다.

당시 대만 업계는 반도체의 미래를 불투명하게 보고 투자를 꺼렸다. 미국 반도체 업계에서 잔뼈가 굵어진 모리스창은 TSMC 창업 당시 자신이 근무한 TI와 인텔 등에도 투자를 요청했지만 거절당했다. 마지막으로 네덜란드 필립스가 TSMC에 투자했다.

TSMC는 1987년 2월 2억2000만 달러의 투자금으로 창업했다. 당시 대만 정부 즉, 대만행정위원회의 투자 규모는 48.3%였고, 필립스가 27.5%, 나머지 24.2%는 대만 내 민간기업 출자 등으로 이뤄졌다.

대만 정부가 투자금의 절반을 부담한 것이다. 모리스창은 중국 저장성 출신으로 미국 시민권자다. 2018년까지 TSMC 회장을 지낸 거물이다. TSMC는 현재 세계 파운드리 시장의 60% 이상을 장악해 세계 최대 반도체 기업이 되었고 AI 반도체에 주력하고 있다.

화웨이가 트럼프 행정부에서 밉보인 직접적 이유는 미 국방부가 개발한 통신장비용 백도어 기술 때문이다. 백도어 기술은 첩보와 정보 네트워크를 구성하는 필수 첨단 기술이다. 상호 통신하는 네트워크의 정보가 역으로 상대방에게 흘러가는 기술이다. 미국은 중국의 백도어를 비난하고 있지만, 미국 역시 데이터 감시와 모니터링의 목적은 베이징과 크게 다르지 않다.

화웨이가 5G에서 헤게모니를 장악했다는 것은 중국공산당이 정보시스템 인프라를 통제한다는 말과 상통한다. 이는 미국이 중국산 반도체를 믿지 못하는 이유 가운데 하나다.

중국의 반도체 굴기의 운명

과연 중국이 AI 시대 필수 부품인 반도체의 자력 갱생에 성공할까. 대만과 중국을 넘나들며 반도체 생산 현장 경험이 풍부한 대만 출신 반도체 전문가들 증언을 통해 중국 반도체 산업의 미래를 가늠해볼 수 있다. 먼저 장샹이에 대한 얘기다.

미국 프린스턴대와 스탠퍼드대에서 전자공학을 전공한 그는 1997년 모리스 창 TSMC CEO에 의해 공동 CEO까지 올랐다가 2013년 퇴직했고, 2015년까지 2년간 고문으로 더 일했다. 장샹이는 16나노㎚ 공정 개발을 이끌면서 TSMC를 가장 기술력이 앞선 세계 최대 파운드리 업체로 성장시킨 주역 가운데 한 명이다.

장샹이는 2013년 무렵 SMIC로 옮겨 중국 반도체 성장의 마중물이 되었다. 그러나, 당시 5G 통신의 선도자인 화웨이(華爲)에 이어 SMIC가 미국의 표적이 되면서 제재를 받게 된다.

그 무렵 SMIC는 미국 국방부의 블랙 리스트에 올랐다. 이로 인해 SMIC는 식각, 세척, 이온 주입, 박막 침적, 검사 등 거의 전 생산 과정에서 미국산 설비와 재료를 획득할 수 없었다. 반도체 회로 선폭 14㎚ 이하 미세 공정은 더욱 생산하기 어렵다. 이제 겨우 14㎚ 공정 제품을 겨우 생산하기 시작한 터에 미국의 제재로 SMIC 주가는 반토막이 났다. 그러던 차에 장샹이가 2013년 SMIC에 영입되었다.

장은 자신의 인맥으로 네덜란드 ASML로부터 최신 제조 장비를 도입하려던 찰나, 미국의 블랙리스트에 오르면서 무산됐다. 게다가 SMIC를 떠나 2019년 HSMC(우한훙신반도체제조)의 CEO로 옮겼지만, 이 기업은 반도체 보조금 사기극을 벌인 대표적 기업이었다. HSMC에 이미 투입됐거나 투입될 예정이던 20억 달러 규모의 반도체 개발 프로젝트는 제대로 시작도 하기 전에 부실의 늪에 빠졌고, 장은 2020년 6월 퇴사했다. HSMC의 몰락은 국가보조금 횡령 사건 때문이었다.

● 장샹이

장샹이는 "중국 기업은 연구개발의 기술적 측

면은 해결할 수 있을지 모르지만, 가장 큰 걸림돌은 사람이다. 지난 10년 이상 중국에서 이 산업을 발전시켜 왔지만, 미국의 제재는 아주 최근의 일"이라고 결론지었다.[36]

즉, 기술 개발보다 돈벌이와 출세가 그들의 삶의 방식이고, 그렇게 되면 반도체 개발에 집중할 수 없다는 얘기다.

장에게는 불운의 연속이었다. 2017년 11월 '타도 삼성'을 외치며 일어선 HSMC에 우한성 정부는 2조8000억원의 투자금을 들였으나 그대로 날려버렸다. 반도체에 문외한인 식당 사장이던 중국인 3명은 각자 반도체 전문가로 포장했다. 고난도 기술인 7nm(나노미터, 1나노=10억분의 1m) 공정의 반도체 칩을 생산하겠다고 호언장담하며 창업했다. 그러나, 3년 만에 문을 닫았다. 사장으로 영입한 TSMC 출신 장샹이는 희생양이었다. 그는 껍데기뿐인 회사에 '얼굴마담'으로 영입된 사실을 알아차린 뒤 회사를 떠날 때 "HSMC 경험은 악몽이었다"며 혀를 내둘렀다.

장은 중국 최대 파운드리 업체 SMIC에 2020년 12월 부회장으로 영입됐으나, 2021년 11월 11일 사임한 사실이 알려졌다. 세간에서는 같은 TSMC 출신인 량멍쑹 공동 CEO와 갈등을 견디지 못했다고 알려져 있다.

2020년 12월 16일 중국의 최대 파운드리 업체 SMIC의 주가가 폭락했다. 실적 악화도 아닌데 투자자들이 주식을 던진 것은 SMIC의 연구개발(R&D)을 총괄하는 량멍쑹 공동 최고경영자CEO의 사임설 때문이었다. 1952년 대만에서 태어난 량멍쑹은 국립성공대에서 전기공학을 전공한 뒤 미국 UC버클리에서 박사 학위를 받았다. 미국 반도체 업체 AMD에서 메모리 개발 업무를 맡다가 고국으로 돌아가 TSMC에서 17년 동안 독보적 기술력을 유지하면서 이 회사를 파운드리 최고봉으로 이끌어 명성을 얻었다. 개인적으로도 반도체 특허 450건을 보유하고 기술 논문 350여 편을 발표해 '천재 연구원'으로 평가 받았다. 량멍쑹은 2011년 삼성전

---

36 宮崎 正弘, ２０２５年トランプ劇場２. ０! 도쿄, 2024, p.198~200

자 시스템LSI사업부 부사장에 영입돼 삼성의 기술력 향상에도 공을 세운다. 2017년 SMIC로 옮긴 뒤에는 후진적 공정을 획기적으로 첨단화한다. SMIC는 28나노 생산에도 어려움을 겪고 있었는데 량멍쑹은 합류 즉시 문제를 푼 뒤 20나노를 건너뛰고 14나노 양산에 들어갔다.

승승장구하던 량멍쑹은 지난해 말 심각하게 거취를 고민했다. SMIC가 량멍쑹과 TSMC에서 같이 일할 때 껄끄러운 사이로 알려진 장샹이를 부회장에 영입했기 때문이다. 장샹이를 자신보다 높은 자리에 앉히자 사표를 던졌다는 소문이 퍼지면서, 주가가 급락한 것이다. 량은 아직 자리를 지키고 있다.

중국공산당은 반도체 굴기를 포기하지 않을 것이다. 장이 떠나기 무섭게 SMIC는 재정비해 반도체 생산에 나선다. 사실상 국유기업이 되었다. 중국 반도체 업계가 사기꾼에 놀아나지 않고, 인재들끼리 갈등이 없다 해도 TSMC나 삼성전자를 추격할 수 있느냐는 또 다른 문제다. 기술적 난이도가 상당한 데다 미국의 저지 아래 글로벌 공급망을 뛰어넘기란 쉽지 않다.

TSMC와 삼성전자는 5nm 공정에서 3nm급으로 뛰어오른 반면, SMIC은 14nm에 머무르고 있다. 쟝샹이는 중국의 반도체 산업이 대만이나 한국을 뛰어넘지 못할 것으로 내다본다. 그는 "중국 반도체 산업이 '성공하지 못하는 이유'는 미국의 금수, 규제 압력보다 인재가 가장 큰 걸림돌"이라고 말했다.

중국의 '반도체 굴기'는 시간표대로 가고 있다

반도체 첨단 공정의 핵심장비인 극자외선(EUV: Extremely Ultra Violet) 노광기(사진을 찍는 것과 같은 원리)는 고난도 반도체 제조로 가기 위한 필수 장비이다. 10nm 이하 미세회로 공정에 절대적인 EUV 노광기는 네덜란드 ASML이 유일하게 생산한다.

ASML의 노광기술의 핵심은 '극자외선 빛을 만드는 일'이다. 극자외선은 가시광선대의 보라색의 바깥쪽에 있는 짧은 파장으로 육안으로는 볼 수 없다. 태양에서 날아온 빛 속의 극자외선은 지표면에 닿기도 전에 대기 중에 사라진다. 지구상에서 극자외선을 활용하려면 이 빛을 만들어야 한다.

전세계에서 유일하게 이 기술을 상용화한 기업이 ASML이다. 이 장비를 받기 위해 전세계 반도체 기업들이 줄을 선다. 이 장비는 연간 30~40대 수준 밖에 만들지 못한다. ASML 장비에 들어가는 부품은 2만개 정도의 네델란드 길드에 의해 만들어지는데 대부분 미국 기술이나 부품을 받아 생산한다. 최신 노광장비는 5000억~6000억원으로 비싸다.

따라서 ASML도 미국 정부가 부품 공급 등을 막으면 제조할 수 없다. 이 때문에 대중국 수출을 중단하라는 미국의 요구를 받아들일 수밖에 없다. 그렇다고 반도체 업계에서는 중국시장을 무시할 상황도 아니다. 중국이 반도체와 반도체 장비 업계에서는 중요한 거대 시장이다. 중국의 기술력은 우주탐사선을 화성까지 보낼 정도여서 언제든 치고 나올 수 있다.

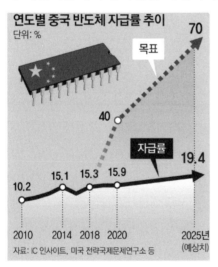

연도별 중국 반도체 자급률 추이
단위: %

목표
70

자급률

40

10.2 15.1 15.3 15.9 19.4

2010 2014 2018 2020 2025년
(예상치)

자료: IC 인사이트, 미국 전략국제문제연구소 등

● 동아일보 인용

미국이 견제하는 동안 중국은 28nm~14nm급까지의 기술을 지속적으로 갈고 닦고 있다.

중국이 한국의 LCD 업체인 하이디스를 인수한 후 초기에 고전을 면치못하다 LCD 세계 1위의 타이틀을 거머쥐었다. 반도체 분야에서도 비슷한 일이 일어나지 말라는 법이 없다.

미국의 중국 이해는 '우물안 개구리'

1991년 소련붕괴를 목도한 덩샤오핑은 1992년부터 시작한 남순강화를 계기로 개혁 개방에 주력한다. 개혁 개방의 궁극의 목적은 중국경제가 서방의 공급망에 올라타는 것이다.

덩은 소련식의 경직된 경제 체제가 어떻게 붕괴하는지, 비효율적인 체제가 어떻게 무너지는지 지켜보면서 구상에 몰두해왔다. 2012년까지 두 자릿수 대의 경제성장률을 기록하면서 중국은 일약 G2 반열에 올랐다. 물론 그 사이 결정적 계기는 2001년 WTO 편입이었다. 클린턴 정부의 중국 밀어주기 덕분이었다. 즉 중국의 값싼 공산품을 미국 시장에 내다팔

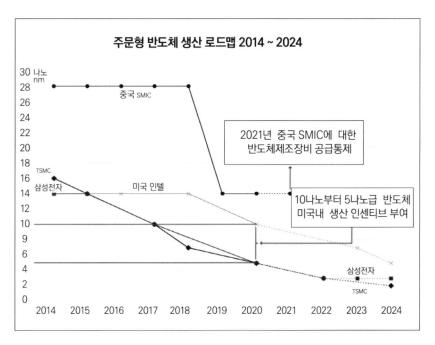

주문형 반도체 생산 로드맵 2014 ~ 2024

※ 2021-2024년 기업별 반도체 생산은 예상치이며 각기업 마다 로드맵을 구축했다.
SMIC는 14나노급 이하 반도체 제조장비의 수출금지로 인해 2021년 이후에는 로드맵이 표시되지 않음.

● 서울신문 인용

도록 문을 열어주자 곧이어 유럽시장이 중국에 문을 열어주었다. 즉 서방의 공급망에 올라탄 것이다. 중국은 비약적인 수출 증가와 국부 창출을 이뤄냈고, 이제 세계경제는 중국을 빼놓고 나아갈 수 없게 되었다. 세계경제에서 중국의 엄청난 비중과 함께, 미국에 맞설 정도로 군사력도 키워냈다. 지난 30년 간 줄기차게 군비를 확대했다.

이렇듯 중국의 폭풍 성장에도 미국에서는 중국의 저력을 과소평가하는 기류가 강했다. 이는 중국의 미래를 예측하는데 혼선을 거듭하는 결과로 이어졌다.

2000년대와 같은 미국의 '중국 무시' 시각은 2016~2018년대로 들어서면서 급변하기 시작한다. 그러나, 중국을 연구하는 미국 학자들은 난감해한다. 무엇보다도 통계의 부정확 내지, 정책 결정의 불투명성, 공산당식 의사결정 등이었다. 중국식 사고방식이라고 해석하면 그만이겠지만, 정확한 수치를 요구하는 서구식 연구 환경에 비춰 중국 이해는 더욱 어렵다. 특히 누가 어떻게 어떤 정책을 결정했는가를 거의 알 수 없다. 서구식 관점으로는 중국공산당의 의사 결정 방식이나, 독특한 운영 체제를 이해할 수 없다. 공산 독재라고 폄하할 수 있지만, 그러기에는 중국공산당의 능력은 대단했다.

특히 미국의 중국 관련 연구자들은 오인 또는 착오를 반복해왔으며, 이는 고스란히 미국의 대중국 정책 예측의 혼선으로 이어졌다. 미국내에서 석학으로 인정받는 존스홉킨스대 국제관계 관계대학원SAIS 데이비드 램프턴David Lampton 교수의 지적은 뼈아프게 다가온다. 그의 지적을 일본 와세다대 명예교수로 중국 연구 대가인 모리 가즈코 여사가 알기쉽게 정리했다.

● 데이비드 램프턴

"미국은 1949년 중화인민공화국(신중국) 건국 이후 최소한 두 번 이상 중국의 힘을 과소평가하

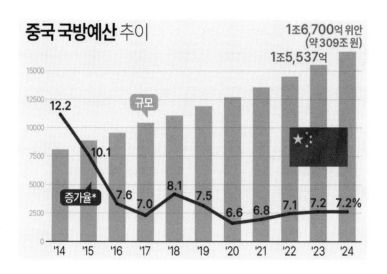

중국 국방예산 추이

1조6,700억 위안
(약309조 원)

1조5,537억

규모

12.2

10.1

7.6
7.0

8.1

7.5

6.6 6.8 7.1 7.2 7.2%

증가율*

'14 '15 '16 '17 '18 '19 '20 '21 '22 '23 '24

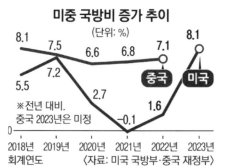

미중 군사력 비교

미국	※2021년 기준	중국
7405억달러	국방비	2090억달러
148만명	병력	218만명
2281대	전투기	1950대
11척	항공모함	2척

미중 국방비 증가 추이
(단위: %)

8.1 7.5 6.6 6.8 7.1 8.1
7.2 2.7 1.6
5.5 -0.1

중국 미국

※전년 대비.
중국 2023년은 미정

2018년 2019년 2020년 2021년 2022년 2023년
회계연도 〈자료: 미국 국방부·중국 재정부〉

는 오류를 범했다. 첫째는 파멸적인 결과를 초래했고, 두 번째는 미합중국의 신뢰에 엄청난 상처를 입히게 되었다.

첫째는 1950년 한반도 전쟁이었다. 미국은 한반도 통일에 대한 합중국의 드라이브에 베이징 정부가 개입할 가능성을 염두에 두지 않았다. 당시 베이징은 전쟁으로 피폐한 상태였다. 하지만, 그것은 틀렸다. 이것과 기타 잘못된 판단이 한국 전쟁에 대한 베이징의 개입을 초래했으며 중국, 미국, 그리고 한반도의 사람들에게 엄청난 대가를 치르도록 만들어 버렸다.

두번째는 1993년의 일이다. 빌 클린턴 미국 대통령은 중국의 힘을 과소 평가했다. 당시 클린턴은 최혜국대우와 인권 문제를 연계시켰지만,

<표> 중국의 시대별 전략적 사고의 변화

시대	전략적 사고
전통중국 (당, 송, 명, 청)	도덕주의
중화민국(쑨원)	현실주의, 실용주의
마오쩌둥 시대	이상주의, 도덕주의
개혁개방 이후 현재	현실주의, 실용주의

중국은 강경했다. 그래서 클린턴 정부는 꼴사나운 유턴U-turn을 했다. 그 결과 베이징 정부에게 워싱턴의 인권에 관한 강경 자세는 레토릭에 불과하게 되었다. 워싱턴에게 있어서 인권은 전략적이며 비즈니스의 이익보다 하위에 있다는 확신을 갖도록 만들었다."

데이비드 램프턴 교수의 지적은 지금도 이어지고 있다. 역으로 최근 미국은 한반도에서의 중국의 영향력을 과대평가하는 경향이 있다. 오히려 중국이 김정은을 달래고 있는 상황이다. 참으로 역설적이다. 중국에 대해 비판적 입장에 있는 해리 하딩Harry Harding도 1970년대 말 대중국 정책에서 판단착오였음을 지적했다. 당시 미중 사이에는 핑퐁외교라는 말이 유행했다. 이 말의 속뜻은 마오쩌둥의 대미 수교전략이다. 말하자면 마오가 대미 수교를 위해 깔아놓은 밑밥이었던 것이다. 1970년대 말 소련의 아시아 팽창을 막기 위해 미국은 중국과 이른바 '준전략 관계'를 맺게 된다. 미국은 소련에 대항하는 대항마로 중국을 기대했으나, 역시 미국은 또 착오를 범했다. 당시 중국은 오로지 먹고사는 문제 해결을 목적으로 미국과의 수교에 적극적이었다. 결과적으로 미국은 마오쩌둥의 핑퐁외교 전략에 넘어갔다는게 하딩의 지적이다. (Harding 1984)

이런 미국의 대중국 정책의 갈짓자 행보는 미국식으로 중국을 해석하는, 서구 우월주의 사고방식 때문으로 풀이된다.

톈안먼 사태에 대한 판단 미스

미국 조야는 물론, 미국 중국학계에서 가장 논란이었던 사안은 1989년 톈안먼 사태였다. 당시 미국내 중국 전문가들의 시각은 낙관적이었다. 미국의 도움으로 중국 경제가 발전하면, 한국, 대만이 그러하듯이, 느슨한 형태의 민주 국가로 발전할 것으로 보았다. 서구적 시각, 서구식 국제정치학 관점에 따른 것이다. 통상 미국인들은 공통적으로 서구적 가치관 입각, 서구식 안경을 통해 상대를 바라보는 관행에 젖어 있다.

이런 탓에 톈안먼 사태의 본질도 놓쳐버렸다. 중국 전문가로 유명한 미셸 옥센버그Michel Oksenberg 교수도 후회한다고 고백했다. 옥센버그는 "많은 동업자도 마찬가지일 것으로 생각하지만, 나는 이전의 교훈을 곱씹고 있는 중국 관찰자"라면서 고백했다. 중국지도부 내 분열의 심각성, 최상층의 정치개혁은 사실상 표피적이었다는 점, 그리고 지도부 내 세대 간 격절이 심각했다는 점 등을 연구 시야에서 놓쳐버렸다고 밝혔다.

당시 미국내 중국 연구자들은 민주화 시위에 나선 중국 대학생들을 지지한 자오쯔양 총서기와 일단의 진보 개혁파들의 구상이 실현될 것으로 낙관했다. 미국식 민주주의 시스템이 머지않아 중국에도 뿌리내려 보통 국가가 될 것으로 본 것이다.

당시 중국 연구의 선도격인 일본에서도 비슷한 분위기가 연출되었다. 톈안먼 사태를 전후해 일본내 중국연구자들 상당수는 톈안먼 광장의 비극으로 '인민공화국은 해체될 것', '군대 내부의 항쟁으로 내전이 일어날 것'이라며 비극적인 결말을 예상했다. 하지만, 덩샤오핑은 단번에 군대를 진입시켜 진압해버렸다. 30여 년이 지난 지금에 이르러 중국은 미국 일본 전문가들 예측을 보란듯이 뒤집었다. 해체되기는 커녕 미국과 패권을 다투는 강대국 반열에 올랐다.

미국의 대중국 관점이 얼마나 낙관적, 또는 자기식대로인지 단적으로 보여주는 또 하나의 사례가 있다. 마이클 필스버리Michael Pillsbury의 저작물이 그것이다. 그는 리처드 닉슨Richard Nixon 정권에서부터 오바마Obama 정권까지 미 국방부 고문을 역임하고, 보수 씽크탱크 랜드연구소RAND Corporation에서 대중국 국방정책조사관을 지냈다.

그는 '100년의 마라톤: 미국을 대신하여 글로벌 초강대국이 되기 위한 중국의 비밀 전략' 제목의 논문을 통해 미국의 대중 유화책을 비판했다. 그의 주장을 요약한다.

"미국의 대중 정책은 1971년 이래 8명의 대통령이 지나간 수십 년 동안 거의 변화가 없었다. 닉슨이 중국과의 국교 회복을 향해 움직인 이래, 미국의 대중 정책을 결정하는 것은 주로 중국과 '건설적인 관계'를 구축하고 그 발전을 돕고자 하는 사람들이었다. 이 정책은 8명의 대통령의 기간 동안 변함없이 유지되어 왔다. 나 자신도 1969년에 중국과의 연대를 뒷받침하는 최초의 정보를 백악관에 제공했던 한 사람이었다. 그 이래 수십 년에 걸쳐 기술과 군사의 양면에서 중국에 원조하도록 두 당 정권에 촉구해왔다. 그리고 아래의 가설을 신봉하게 되었다. 즉 '중국도 우리와 마찬가지 사고방식의 지도자가 이끌고 있다. 취약한 중국을 돕는다면 중국은 결국 민주적이고 평화적인 대국이 될 것이다. 그리고 중국은 대국이 되더라도 지역 지배, 그리고 세계 지배를 의도하지는 않을 것이다'라고 말이다. 하지만, 수십 년이 지나면서 미국과 어깨를 나란히 하는 대국으로 부상하게 된 중국을 직면하고 있다."(모리 가즈코, 2021)

마이클 필스버리는 이 저작물을 통해 자신의 주장이 오류였다고 고백했다.

미국 조야에서는 2015년 무렵부터 대중 전략을 놓고 논전이 한참 벌어졌다. 미국인들 입장에서 보면 갑자기 중국이 커졌기 때문인데, 이를 어떻게 볼 것이냐는 점이다. 그러나, 갑자기 커진 것이 아니다. 그간 미국 사람들은 중국을 자기식 내지 피상적으로 평가해 온 결과인 것이다. 현재 미국에서 중국 관련해 벌어지는 논쟁 주제는 다음과 같다.

중국의 실력과 의도를 어떻게 평가할 것인가. 중국의 국제전략을 어떻게 판별할 것인가. 2008년 이래 펼쳐지는 이른바 '전랑외교'라는 이름의 강경 외교는 내부 권력투쟁에서 비롯된 것인가. 국유기업 및 지방과 결탁한 이익집단이 득세하는가. 중국인민해방군이 독자적인 행동에 나설까? 중국 외교의 행동은 전통적인가? 신중국 외교정책의 뿌리는 어디에 있는가? 조공질서나 화이사상 같은 절대 군주 시대의 전통적인 대외 인식이나 대외행동이 남아 있는가, 아니면 현대 국가의 외교체제로 변모했는가?. 다시말해 여타 현대 국가들과 마찬가지로 근대 주권국가 시스템이라고 부르는 1648년 시작된 베스트팔렌 시스템Westphalian system을 전제로 하는가 등이다.

중국 외교의 뿌리는 마오쩌둥의 전략전술에서 비롯된다. 마오쩌둥 시대는 청제국 전통과 국제주의의 혼합이었다고 할 수 있다. 현대 중국외교는 마오쩌둥의 전통에서 탈피했다고 볼 수 있다. 중국 외교의 기본 스탠스는 서구에서 바라보는 시각과는 다르다. 즉 '주권을 완전히 회복하지 못하고 있다'는 인식이 밑바탕에 깔려있다. 최근 대만에 대한 중국의 신경질적 반응은 미국을 비롯한 서방세계가 중국에 가하는 주권 침해라는 인식 때문이다. 서태평양에서 미국에 대항하는 것과는 성격이 다르다.

〈표〉중국외교 : 전반부 30년과 후반부 40년 비교

	목표	가치	모델	대외관계	주적	외부결정요인
마오쩌둥 시대	혁명	평등	자기희생	국제주의	제국주의	외부압력
개혁개방 이후	경제성장	부(금전)	축재	현실주의	테러리즘	내부압력

출처 : 모리 가즈코 2021

세계 및 지역에 대한 중국 지도부의 인식은 1990년대 후반부터 빠르게 변화하고 있다. 물론 1960년대 전후 이른바 비동맹외교에 나서기는 했지만, 그리 활동적이지 않았다. 1990년대 중반부터 중국은 국력 신장과 함께 북방, 서방, 동남방에 대한 적극 외교를 전개하기 시작했다. 동남아시아는 아세안ASEAN에 대응하고, 중앙아시아에 대해서는 2001년 상하이협력기구SCO를 창설하였다. 중국 지도부의 대외 인식 내지 외교적 인식은 어디까지나 중국 중심의 세계 질서이다.

김정은과
재회를
고대하다

김정은과 재회를 고대하다

하노이 회담 실패의 전말

도널드 트럼프의 재선을 전제로 할 때, 그의 대북 접근법은 '어젠다 47'에 잘 나타나 있다. 역시 '미국 우선주의'라는 슬로건에 따른다. 대전제는 경제적 압박과 동시에 필요 시 군사력의 사용이다.

그의 과거 정상회담을 되짚어보면 미래 행동도 짐작할 수 있다.[1]

트럼프의 첫 임기 동안 김정은과의 만남은 2018년 싱가포르 정상회담에서였다. 현직 미국 대통령과 북한 지도자 간의 최초의 만남이었다. 과거 미국의 대북 접근과는 양상이 달라도 너무 달랐다. 비핵화와 관련된 어

---

1 지난 4월 28일 일본 중의원 보궐선거에서 패배한 기시다 총리에게 '북·일 정상회담'은 위기에서 벗어날 호재다. 2002년 고이즈미 준이치로 당시 일본 총리가 평양을 방문해 납북 일본인 5명의 귀국을 성사시키자 지지율이 단숨에 20%포인트 급상승한 바 있다. 김정은이 가장 빨리 현금을 마련하는 방법은 일본과의 관계 개선이다. 북한이 일본과 국교를 정상화하면 최소 100억달러(14조원 가량)가량의 현금을 챙길 수 있다. 2002년 고이즈미 준이치로 방북 당시에도 보상금으로 최소 100억 달러가 나왔다. 이 수치는 1965년 한·일 국교 정상화 당시 무상 3억달러, 유상 2억달러 등 5억달러로 합의본 것에 기반한다. 한국이 받은 이 금액은 당시 한국 정부 예산의 1.5배 수준이었다. 요즘음 북한 예산을 연 70억~80억달러로 추산하면 그 1.5배인 100억달러가 거론되는 배경이다. 기시다는 자신들이 북한에 살아있다고 주장하는 납북자 일부를 데려오는 것이 목표다. 일종의 정치쇼인 셈이다. 평양을 방문해 과거 고이즈미 총리처럼 생존 피해자를 데려오는 것이 중요한 목적으로, 그 반대급부로 당장 북한에 제공할 대가는 국교정상화의 발판이 될 '평양 연락사무소' 설치. 작년 말 국내외 언론에 보도되었던 북한과 일본의 고위급 접촉 소식은 북한과 일본 간에 어느 정도 논의가 진척된 결과로 보인다.
올해 3월에는 오타니 쇼헤이 선수가 출전한 서울 메이저리그 개막식에 기시다 총리가 들르면서 평양으로 향할 수 있다는 관측까지 나돌았다.

떠한 전제 조건 없이는 고위급 회담을 피했던 과거 미국의 행동이었다.

정상회담의 시발점은 2018년 4월 마이크 폼페이오 국무장관의 평양 방문이었다. 거의 20년 만에 재개되는 북미 관계의 중요한 분기점인 순간이었다. 북한 정권과의 협상의 미묘한 특성을 반영하듯 폼페이오의 방북은 극비리에 진행되었다. 폼페이오 장관의 임무는 북한에 수감된 미국 국적 억류자 김동철, 토니 김, 김학송 3명의 석방과 정상회담이었다.

첫째, 두 정상의 직접 개입이다. 트럼프와 김정은은 직접 회담에 참여했다. 트럼프의 첫째 목적은 북한 지도자와의 친밀감 구축이었다. 하노이 회담 결렬 이후에도 트럼프는 종종 김 위원장과 쌓아온 개인적인 관계를 강조한 것은 이런 배경 때문이다. 두 사람은 북한이 한반도의 완전한 비핵화를 위해 노력하기로 약속하는 공동성명을 발표했다. 그러나, 용어가 모호하게 표현되었고 비핵화를 위한 명확한 경로나 일정도 나오지 않았다.

둘째, 군사훈련 중단이다. 싱가포르 정상회담 이후 트럼프는 한미군사훈련 중단을 발표했다. 북한에 일정 양보를 한 셈이다. 그러나, 목표와 기대가 상충되었다. 미국 측이 기대한 것은 한반도 비핵화로 이어질 프로세스의 시작이었다. 반면 북한으로선 핵보유국으로 대접 받으면서 경제제재 완화가 목표였다.

결과적으로 2018 싱가포르 회담은 실패했다. 트럼프는 김정은을 국제적인 지도자로 부각시키는 빌미를 제공했다는 비판을 받았다. 한반도 비핵화에 대한 실질적인 진전은 없고 구체적인 약속도 받지 못한 채 김정은에게 국제적 지도자로 정당성을 부여했다는 미국내 비판이 거셌다. 트럼프 입장에선 고위급 외교 도박을 단행했다.

특히, 하노이 회담 실패의 원인 중 하나는 강경파 존 볼턴의 개입이었다. 볼턴은 '리비아 모델'과 유사한 비핵화 접근법을 공개적으로 발설했다. 2003년 리비아는 제재 완화를 대가로 대량 살상무기를 제거하기로 합의했다. 카다피는 대량살상 무기의 폐기를 이행했는데도, 2011년 나토 군사 개입으로 몰락했다. 즉 북한에게 '리비아 모델'을 제시하는 것은 장차 정권 붕괴를 도모한다는 것을 시사한다. 볼턴이 주장한 리비아 모델은 북한에게는 절대 받아들일 수 없는 것이다.

북한에게 볼턴의 방식은 오히려 불신을 초래했다. 김정은 입장에서 볼 때 미국은 상호 수용 가능한 합의에 진정성이 없고 '레짐 체인지'에 더 관심 있다는 신호로 해석되었다. 트럼프는 개인 외교에 대한 의지를 보여 왔지만, 실패에 이른 것이다.

따라서 재선 이후 트럼프가 대북 정책에 나선다면 먼저 광범위한 외교적 기반을 만들 것이다. 현실적인 목표를 설정하며 잠재적 합의의 윤곽을 잡기 위한 북미 당국자 간의 물밑 작업을 세밀히 할 것이다. 즉 과거 하노이 정상회담의 함정을 피하고 실현 가능한 목표를 명확히 할 것이다.

바꿔 말하면, 강력한 검증 메커니즘을 작동시키는 한편, 통이 큰 경제 인센티브를 제공할 것이다. 인도주의 개발 지원의 허용, 북한 인프라에 대한 투자, 농업 및 에너지 지원 등이 포함될 수 있다.

둘째, 트럼프는 김정은과 개인적인 신뢰를 구축하는데 몰두할 것이며, 김정은의 주요 관심사를 헤아려 제시할 것이다. 물론 그것의 1순위는 체제 보장이다. 물론 이러한 보장은 북한의 핵무기 해체 진전에 따라 달라질 수 있고 변수도 많다.

트럼프는 획기적인 거래 성사를 목표로 삼는다. 가급적 웅장한 국제적 무대를 마련하는 데 중점을 둘 것이다. 대담하고 높은 수준의 협상과 개인 외교를 선호할 것이다. 아울러 매파 인사들의 강점과 관점을 활용해 협상 입지를 높일 것이다.

무엇보다도 트럼프는 김정은이 핵을 절대 포기하지 않을 것임을 잘 알고 있다. 협상에는 상대방이 냉큼 받아먹을 무언가를 준비해놓는게 기술이고 능력이다. 북핵을 무력으로 떼려부순다는 것은 곧 한반도 전쟁을 의미한다. 이는 한국민들도 원치 않을 것이며, 미국 역시 전쟁은 부담스럽다. 아무리 김정은과 북한이 밉더라도 협상 테이블로 끌어내어, 전쟁 위험을 줄이고 합의에 이르게 하는 것이 정치 지도자의 리더십이고 능력이다. 트럼프의 능력이 어느 정도인지 김정은과 재회에서 발휘되기를 기대해본다.

중러 밀착 견제용으로 김정은은 안성맞춤

트럼프는 중국 견제 목적으로 북한을 끌어들이는 파격적인 시나리오를 그릴 가능성이 있다.

지금 미국 정치에서 여야를 막론하고 주요 과제 중 하나는 중국 견제 대책이다. 미국인들에게 패권을 추구하는 중국의 위험성은 폭넓게 확산하고 있다. 트럼프는 바이든 행정부 보다 더욱 중국의 고삐를 죌 가능성이 높다. 그 방법 중 하나로 트럼프는 대중국, 대러시아 대응에서 김정은을 레버리지로 삼을 수 있다. 북한의 지정학적 잇점을 이용하려는 발상이다.

과거 트럼프는 북한의 '핵 소년'을 달래기 위해 세 번이나 만났다. 첫 만남은 전 세계적인 센세이션을 일으켰다. 2018년 6월 12일 싱가포르의 유명 관광지 리조트에서 만났다. 두 번째 회담은 2019년 2월 28일 하노이의 메트로폴 호텔에서 열렸다. 합의는 없었고, 볼턴 보좌관은 "회담은 실패했다"고 했다. 세 번째는 같은 해 6월 30일 판문점에서 열렸지만 역시 사진만 찍고 돌아섰다.

다만, 세 번의 회담을 통해 트럼프가 알아차린 것이 있다. 북한은 중국과 러시아에 대해 그리 적극적이지도 믿지도 않고 있으며, 김정은이 국제정세에 정통하고 미국을 잘 파악하고 있다는 사실이다.

    김정은-트럼프의 만남을 조율한 마크 폼페이오 전 국무장관 회고록에 따르면 평양 집무실에서 김정은은 폼페이오를 만나 이렇게 말했다고 한다. "중국은 거짓말쟁이며 주한 미군이 철수하면 한반도를 티베트나 신장위구르 처럼 취급할 것이다." 그러면서 폼페이오는 "중국에 대한 불신은 아버지로부터 물려받은 것이고, 어쨌든 김정일의 유언은 '중국을 믿지 말라'는 것이었다"고 썼다. 트럼프의 실패 이후 바이든 정권이 들어서면서 북미 대화는 단절되었고, 김정은은 핵실험, 미사일 실험, ICBM 발사 실험을 반복했다. 폼페이오는 김정은의 말을 거의 믿지는 않았다고 회고록에 썼다.

    이와 관련해 2023년 12월 13일 워싱턴의 정치전문지 폴리티코에 기고한 알렉산더 워드Alexander Ward 기자의 칼럼을 소개한다.

    "트럼프가 재선되면 기존 대북 접근법을 전면 개편할 것이다. 트럼프와 김정은은 여전히 좋은 관계를 유지하고 있다. 트럼프는 북한 핵무기 보유를 허용하고 북한 정권에 새로운 폭탄 제조를 중단할 재정적 인센티브를 제공하는 방안을 고려하고 있다. 트럼프는 재임 기간 동안 이례적

으로 우호적인 관계를 발전시켰던 북한 지도자 김정은을 수용하는 방향으로 전환한 것을 의미한다. 미국 대통령들은 북한이 핵무기를 포기하도록 설득하는 데 대체로 소극적이었지만, 어쨌든 비핵화를 요구해왔다. 그러나, 트럼프는 효력도 없는 무기 협상에 시간을 낭비하지 않고 대신 중국과 경쟁하는 더 큰 임무에 집중하고자 할 것이다.

트럼프는 북한과의 합의를 이끌어내려는 의욕이 강하다. 트럼프의 전략은 북한이 경제 원조를 받는 댓가로 핵 프로그램을 동결하고 새로운 무기 개발을 중단하도록 유도하는 것이다. 북한이 약속을 지킬 수 있도록 검증도 포함된다.

트럼프는 이 기사가 나간 지 몇 시간 뒤 SNS에 올린 글에서 "이 기사는 민주당 공작원들이 오도하고 혼란을 주기 위해 꾸며낸 허위 정보다. 이 이야기에서 유일하게 정확한 것은 내가 김정은과 잘 지낸다는 것뿐이다!" 트럼프는 어쨌든 북핵 동결 구상을 구체적으로 부인하지 않았다. 자신의 대북 구상이 네오콘들에 의해 각색 포장되어 잘못 알려져 초점이 흐려질까 염려해서 한 말일 것이다.

트럼프의 대북 구상은 분명 미국의 종래 관행에서 벗어난다. 과거 미국의 행정부들의 요구는 완전한 핵포기다. 북한이 핵무기를 포기함으로써 핵보유국 지위를 벗어던지도록 설득하는 것을 목표로 해왔다. 한 때 식량 원조부터 제재 완화, 연료유에 이르기까지 북한에 인센티브를 제공해왔다.

트럼프의 첫 임기 동안 대북 정책도 "완전하고, 검증 가능하며, 불가역적인 비핵화"였다. 그러나, 여러 차례 개인적인 만남을 가진 후, 트럼프는 자신과 김정은이 "사랑에 빠졌다"고 말했고, 서로에게 편지를 보냈고 좋은 관계를 유지했다. 그러나, 이러한 선의는 일시적인 미사일 시험 중단을 제외하고는 합의로 이어지지 않았고, 북한의 핵기술은 진전되었다.

만약 트럼프가 대북 접근을 가속화 한다면, 한국과 일본과 같은 동맹국을 흔들 수 있고, 대북 강경론을 선호하는 공화당원들을 불안하게 만들 수 있다. 이는 또한 대이란 접근법에 대한 위선이라는 비판에 직면할 수 있다. 즉 오바마 행정부가 이란의 첫 번째 핵무기 개발을 향한 진전을 중단시키는 대가로 이란의 경제적 곤경을 덜어준 것에 대해 트럼프는 일관되게 비난했기 때문이다. 트럼프는 재임 시 오바마의 이란 핵협정을 파기한 바 있다. 북한과 이란에 대한 이중잣대란 의미다.

북한은 중국, 이스라엘-하마스, 우-러 전쟁과 같은 미국내 뜨거운 쟁점은 아니지만, 트럼프와 김정은의 친밀감은 2024년 대선에서 트럼프의 라이벌들에게 이따금씩 펀치라인으로 작용했다.

"조 바이든의 나약함도, 도널드 트럼프의 김정은에 대한 우호적인 태도도 북한의 방향을 더 좋게 바꾸지 못했다. 이 독재자는 오직 힘만을 이해한다." 트럼프 행정부 시절 유엔 주재 미국 대사를 지낸 니키 헤일리가 지난 9월 한 말이다.

론 드산티스 플로리다 주지사는 지난 9월 러시아가 재래식 무기와 교환하는 대가로 북한에 첨단 핵기술을 제공할 가능성이 있다는 보도에 대해 미국은 "김정은을 상자 안에 가둬야 한다. 그리고 계속 압박을 가해야 한다"고 말했다.

트럼프는 2017년 북한이 사상 최초의 대륙간탄도미사일을 발사한 이후 북한에 집착했다. 이어 김정은의 핵 개발을 막기 위해 핵전쟁을 하겠다고 위협했고, 김정은은 미국이 물러서지 않으면 공격하겠다고 위협했다.

트럼프가 김정은을 '리틀 로켓맨(Little Rocket Man)'이라고 부르면서 조성된 긴장은 개인 외교적 노력으로 바뀌었다. 남은 임기 동안 북한 문제에 관심을 가졌고 마라라고에서 여전히 북한 문제에 대해 이야기하고 생각했다고 폼페이오는 회고록에서 밝혔다.

트럼프 시절 북미간 긴장은 비교적 완화되었다. 2018년 갤럽 조사에서 응답자 51%가 북한이 미국의 가장 큰 적이라고 답했지만, 이듬해에는

14%로 급감했다. 트럼프는 북한의 비핵화를 추진하겠지만, 유일한 목표는 아니다. 대신 더 협상 가능한 목표를 추구할 것이다.

김정은은 그의 아버지와 할아버지가 그랬던 것처럼, 핵무기를 정권 유지의 담보로 보고 있다. 트럼프와 김정은은 1년 동안 상호 핵전쟁을 위협한 끝에, 역사적으로 대면했다. 그 사이 김정은의 핵프로그램의 진전되었고, 올해 초에는 북한 사상 최대 핵미사일을 선보였다.

바이든 행정부 관리들도 다급했는지, 전제 조건 없이 북한과 협상하겠다고 거듭 제안했지만, 북한은 침묵했다. 일부 분석가들은 트럼프의 구상이 비핵화 교착 상태를 타개할 수 있는 방법일 수 있다고 평가한다. 그러나, 트럼프의 생각에 명백한 위험이 있으며 가장 큰 위험은 한국이 자체 핵무기를 추구한다는 점이라고 지적했다.

북한은 대중국, 대러시아 레버리지

트럼프 대북 구상에 반대하는 압력은 워싱턴, 서울, 도쿄에서 거세질 것이 거의 확실하다. 트럼프에게 우호적인 공화당 의원들을 포함한 여야 의원들은 북한이 우크라이나와의 전쟁에서 러시아를 돕고 있기 때문에 트럼프에게 노선을 바꾸라고 조언할 가능성이 높다. 또한 미국이 적어도 당분간은 북한의 핵 보유를 사실상 승인한다면, 미국의 핵 비확산 의지에 중대한 의문이 제기될 것이다. 그러나, 북한이 핵무기를 해체할 가능성은 날이 갈수록 줄어들고 있다. 트럼프 역시 완전한 비핵화에는 도달하지 못할 것이라는 사실도 알고 있다. 지금 단계에서 완전한 비핵화는 결국 전쟁을 의미하기 때문이다.

만일 트럼프 2기 행정부에서 북한을 대중국 및 대러시아 협상 레버리지로 활용한다는 아이디어가 실제 이행된다면 그 파장은 간단치 않을 것이다. 동아시아 정세는 기존 판을 바꾸는 상황이 전개될 수 있다. 전통적인 동맹과 의존 관계를 바꾸는 것이기 때문이다. 특히 북한이 중국 및 러시아와의 긴밀한 관계에서 멀어지고 미국과 수교한다면, 동아시아에서 중-러의 영향력 또한 약화할 것이다.

그러나, 반론 또한 만만찮다. 북한은 중국과 러시아에 경제-군사적 지원에 의존했다. 미국이 매력적인 인센티브를 제공할 수 있지만, 북한의 중대한 변화를 이끌어내기에는 한계가 있다는 것이다. 트럼프와의 개인적 친밀감으로 대화의 장은 만들 수 있겠지만, 실질적이고 지속적인 정책 변화 없이는 뿌리 깊은 지정학적 연대를 바꾸기는 어렵다.

특히 북한과 중국의 거리를 떼어놓으려는 트럼프의 전략은 미-중 간의 군사적 긴장도를 높일 우려도 있다. 중국은 북한을 한일 주둔 미군에 대한 전략적 완충 장치로 간주하고 있기 때문이다. 북한이 미국과 수교 또는 관계가 긴밀해진다면 중국은 이를 국가 안보 차원에서 중대한 위협으로 인식할 것이다. 이에 대응해 중국은 북한과의 국경을 따라 군사력을 크게 늘릴 것이고, 추가 병력 배치 및 군사 훈련을 실시할 것이다. 아울러 중국은 러시아와 군사 및 전략적 공조로 밀착할 것이다.

만일 트럼프가 북한과의 협상에 성공한다면 미국 입장에서 그 효과는 상당할 것이다. 미국은 중국을 상대로 하는 무역, 대만, 남중국해와 같은 광범위한 협상에서 지렛대를 확보할 수 있다. 트럼프는 북한을 협상 카드로 사용하여 동아시아에서 러시아의 양보를 얻어낼 수도 있다.

북한의 중국-러시아에 대한 '변심'(실제로 일어나지는 않을 것이다)은 동아시아의 안보 균형을 불안정하게 만들 수 있다. 북한은 북한대로 미국의 원조를 역이용해 핵프로그램을 진전시킬 우려도 없지 않다. 북한의 핵 능력은 여전히 중요한 문제이다. 따라서 핵 관련 합의에 강력한 검증 메커니즘이 필요하다. 물론 한국이나 일본 입장에서는 크게 환영할 만한 사태 진전이다.

결론적으로 미국이 북한을 중국 및 러시아와의 협상에서 지렛대로 활용하는 것은 복잡하고 리스크가 큰 전략이다. 김정은 정권이 진정 신뢰할만 한 존재인가는 트럼프의 능력에 달려 있다. 재선 성공 이후 트럼프의 행보가 어떻게 전개될지 주의 깊게 지켜볼 일이다.

거듭 설명하지만, 트럼프는 북핵의 완전 폐기가 아니라 북핵 동결을 선호하면서, 중국과 러시아에 더욱 집중한다는 생각을 갖고 있다.

"미국에 더 책임이 있다?"

다음은 백학순 김대중학술원장이 CBS노컷뉴스와 인터뷰에서 트럼프-김정은의 이른바 '하노이 노딜'에 대해 풀이한 내용을 소개한다.

"미국의 책임이 매우 크다. 미국 강경파들은 북한이 영구히 폐기하겠다는 영변 핵시설이 북한 전체 핵능력의 10%밖에 안 된다고 했다. 의심이 가는 다른 5개 시설까지 모두 폐기하라고 요구했다. 김정은은 '현재의 북미관계의 신뢰수준'을 고려할 때, 영변핵시설 영구 폐기는 북한이 할 수 있는 최대치의 양보라면서 반복적으로 강조하면서 매달리다시피 했다. 사실 북한이 '영변핵시설 폐기'를 대가로 단지 경제·통상 분야에서 '대북재제의 부분해제'를 요구한 것은 그전의 '비핵화 대 (군사·안보, 정치·외교, 경제·통상 분야 등에서의) 적대시 정책 폐기' 요구에 비해 매우 큰 양보를 한 것이다.

핵협상의 역사를 아는 전문가들 입장에선 등가성 측면에서 북한에 불리한 비대칭적인 양보였다. 김정은은 '경제 살리기'를 위주로 자신의 시대를 개막하기 위해 매우 큰 위험을 감수한 셈이었다. 그러나, 미국은 북한에게 조금이라도 양보하는 것은 트럼프 대통령의 재선에 도움이 되지 않는 것으로 이미 결론을 내리고 하노이에 갔고, 북한이 수용하지 않을 것을 미리 알면서 핵과 생화학 무기, 미사일 등 모든 것의 폐기를 요구하는 리비아식 해법을 요구했다.

　보다 근본적으로 볼 때, 미국은 북한을 주고받기의 대상이자 평화공존의 대상으로 삼겠다는 정책적 결단이 없었다. 미국은 힘으로 무엇이든지 성취해 낼 수 있다는 강대국 멘털리티를 갖고 있는데다 북한에 대한 깊은 불신을 갖고 있었던 것이다.”

트럼프, 우-러 전쟁 끝낸다

　트럼프는 집권 2기에서 북한에 집중하기 이전 먼저 우크라이나 전쟁을 끝내려 할 것이다. 북한 문제에 비하면 우크라 문제는 보다 쉽게 처리할 수 있다.

　빅토르 오르반 헝가리 총리는 2023년 9월 ‘화해의 날’ 기념식 자리에서, 트럼프가 조속히 전쟁을 끝낼 것이라고 장담했다. 오르반 총리는 우-러 전쟁에 대해 기본적으로 슬라브 민족 사이의 분쟁이며, 서방의 군사-정치적 개입을 중단할 것을 촉구하면서 이런 견해를 피력했다.

　친러 성향의 그는 특히 미국의 개입으로 전쟁의 장기화를 초래했으며, 우크라이나에 대한 바이든 행정부의 군사 지원은 오히려 분쟁을 심화시키고 적대감을 키웠다고 주장한다. 트럼프 대통령 재임 중 해외 분쟁에 대한 미국의 개입을 줄이고, 시리아와 아프간에서의 철수를 주장한 바 있다.

　트럼프의 견해에 따르면 서방 국가들이 무기 공급을 줄이면 양측이 협상 테이블로 나오도록 압력을 가하여 전쟁 장기화를 방지할 수 있다. 이를 테면 트럼프와 김정은의 만남은 미국에서도 많은 반대가 있었지만, 전례 없는 북미 직접 대화와 일시적인 한반도 긴장 완화를 이끌어냈다.

마찬가지로 트럼프의 직접 협상은 외교적 교착 상태를 깨고, 푸틴에게 평화를 향한 다른 길을 제시할 수도 있다.

그러나, 트럼프의 전략에 대해 우크라이나 주권 훼손과 일방적 양보라는 반론도 만만찮다. 트럼프의 단기적인 거래나 협상은 향후 불안정을 초래할 임시 방편일 뿐이라는 지적도 없지 않다. 그럼에도 트럼프는 푸틴을 직접 만나 우- 러 전쟁 종식에 나설 것이 분명하다.

● 지난 3월 트럼프 전 대통령이 플로리다에 있는 자신의 별장에서
오르반 총리를 만나 우의를 다지고 있다.

석학 니얼 퍼거슨의 대선 분석

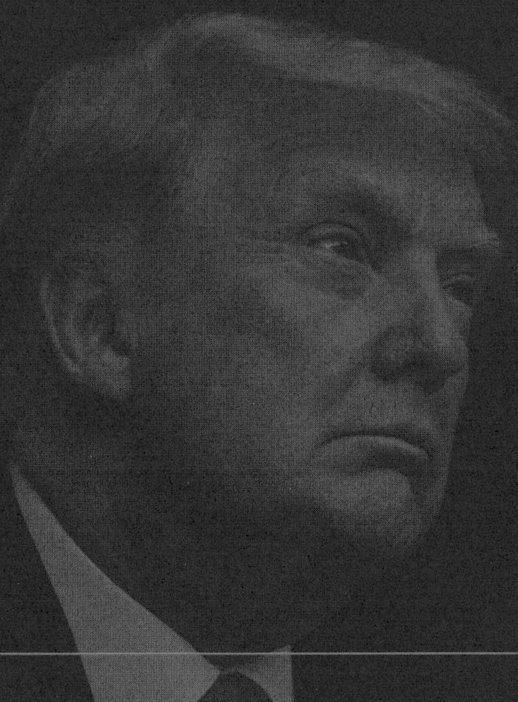

석학 니얼 퍼거슨의 대선 분석

니얼 퍼거슨은 러시아의 우크라이나 침공을 예측한 역사학자이다.

그는 2023년 12월 하순 인도 투데이와의 인터뷰에서 이렇게 말했다.

"도널드 트럼프는 블라디미르 푸틴 러시아 대통령과의 브로맨스를 좋아한다. 반면 젤렌스키를 탐탁치 않게 본다. 앞서 2011년 나는 미국의 힘과 서구 문명의 근본적인 문제에 대해 지적한 바 있지만, 지금은 미국의 힘에 문제가 있다. 문제는 미국이 제국을 운영하기를 원치 않으면서도 전 세계에 군대를 배치하고 있다는 것이다."

퍼거슨은 또한 트럼프와 조 바이든 현 미국 대통령의 차이를 언급했다.

"도널드 트럼프와 조 바이든 두 명의 대통령 가운데 2024년에 누가 대통령이 되든 같은 문제를 안고 있다. 그들은 우크라이나든 이스라엘이든 대만이든 문제가 있는 먼 곳에 관여하고 싶지 않을 것이다. 그들은 그냥 떠난다."

퍼거슨은 "바이든 행정부가 저지른 큰 실수는 이란이 하마스의 행동을 방관하도록 한 것"이라며 "문제는 계속될 것 같다"고 했다.

퍼거슨은 앞서 2월 23일, 뉴욕포스트와 인터뷰에서도 "2년 전 우크라이나에서 전쟁이 시작되었을 때 저는 한국전쟁에 비유할 수 있다고 생각했다"면서 "지금 우리가 겪고 있는 상황을 2차 냉전으로, 우크라이나를 2차 냉전의 첫 번째 뜨거운 전쟁으로 생각해야 한다"고 했다. 그는 "시진핑 주석의 사전 승인 없이는 러시아가 그런 공세를 시작하지 않았을 것"이라면서 "중국의 지원 없이는 러시아는 전쟁을 지속할 수 없었을 것이다. 중국의 막대한 반도체 수출 등이 러시아의 전쟁 기계를 계속 가동시키는 원동력이기 때문"이라고 했다.

그는 "푸틴이 1953년 (한국전쟁에서)스탈린이 그랬던 것처럼 조만간 죽어서 휴전이 가능할 수도 있겠지만, 그렇지 않다면 전쟁은 계속될 것 같다"고 전망했다.

트럼프의 승리 가능성

"현재로서는 55%의 확률로 트럼프의 재선이 우크라이나에 끔찍한 타격이 될 것이지만 반드시 치명적이지는 않을 것이다. 유럽인들은 이제 스스로의 힘으로 살아가야 할 가능성을 직시해야 한다는 것을 알고 있다.

다음은 대만이다.

탈레반이 2021년에 끔찍한 야만적 정권을 매우 빠르게 복원하는 것을 완전히 막지 못했기 때문에 바이든 행정부의 실적은 생각보다 훨씬 더 나쁘다. 2022년 푸틴이 우크라이나 침공을 확대하는 것을 막는 데도 실패했다. 그리고 2023년에 이란이 이스라엘을 상대로 대리전을 펼치는 것을 막는 데 실패했다. 2년 전 모든 러시아 전문가들은 푸틴이 우크라이나를 전면적으로 침공하지 않을 것이라고 말했다.

저는 전쟁이 일어날 것이라고 말한 몇 안 되는 사람 중 한 명이었다. 지금도 비슷한 생각이 든다. 전문가들은 중국이 2027년까지 대만에 움직일 준비가 되어 있지 않다고 한다. 빌 번스 중앙정보국장은 작년에 이 말을 몇 번 했다.

시진핑 주석이 가장 최근에는 신년 연설에서 대만과 본토의 통일이 여전히 최우선 과제라고 말했기 때문에 난 그것에 대해 궁금하다. 많은 전문가들이 저지르는 실수는 행동이 곧 전면적인 침략을 의미한다고 가정한다는 점이다. 대만 해협을 건너는 것은 정말 어려운 일이며, 인민해방군은 그런 일을 할 준비가 되어 있지 않다고 생각한다.

하지만, 그럴 필요는 없다. 그들은 대만을 봉쇄하기만 하면 되고, 올해 언젠가 중국이 일종의 경제 봉쇄를 단행해도 전혀 놀랍지 않을 것이다. 내가 시진핑에게 조언한다면 "그렇게 하세요, 이보다 더 좋은 기회는 없을 겁니다" 라고 말하고 싶다.

또 다른 냉전 시대의 비유가 있다.

쿠바는 소련이 미사일 기지로 만들려고 했던 미국 바로 앞바다의 섬이었다. 존 F. 케네디는 쿠바를 봉쇄했고, 소련은 해군을 보냈으며, 이는 냉전 전체에서 3차 세계 대전에 가장 근접한 상황이었다. 대만 위기가 발생한다면 쿠바 미사일 위기와 비슷하겠지만 역할이 뒤바뀌게 될 것이다. 중국이 봉쇄하는 쪽이 될 것이기 때문이다. 그리고 우리는 흐루시초프가 되어 해군을 파견하고 3차 세계대전의 위험을 무릅쓰고 있을 것이다. 내가 틀렸으면 좋겠다. 빌 번스의 말이 맞았으면 좋겠고, 2027년까지는 이런 걱정을 하지 않아도 되길 바란다.

하지만 이렇게 생각해 보자. 과거에도 정보 전문가들의 예측이 틀린 적이 있기 때문에 올해 대만 위기가 발생해도 전혀 놀랍지 않을 것이다.

제가 확보한 정보에 따르면 중동에서는 이스라엘 방위군이 하마스를 파괴하고 있다. 이스라엘은 원하는 만큼의 시간을 얻지 못하고 있다.

문제는 헤즈볼라가 방대한 미사일과 로켓을 보유하고 있는 이스라엘과 레바논 국경이 언제든 폭발할 수 있는 또 다른 전장이라는 점이다. 중요한 문제는 가자지구에서 일어나는 일이 아니다. 헤즈볼라와 레바논에서 어떤 일이 벌어지느냐가 중요한 문제다. 현재 미국은 이란과 어떤 종류의 전쟁에도 개입하는 것을 극도로 꺼리고 있다.

다른 행정부라면 10월 7일을 기회로 삼아 이란에 막대한 대가를 치렀을 것이고, 그렇게 하는 것이 옳은 일이었다.

바이든 행정부의 약한 억지력의 결과는 적어도 악의 축이 형성되었다는 것이다. 지난 10년 동안 시진핑과 블라디미르 푸틴보다 더 자주 만난 세계 지도자는 없다. 그리고 저는 그들이 러시아와 중국 요리의 각각의 장점에 대해 논의하는 것이 아니라고 장담한다. 두 정상은 우크라이나 공습 직전에 만났고, 그 만남에서 제한 없는 파트너십을 선언했다.

이란이 우크라이나에 대한 러시아 공습에 드론을 공급한 주요 공급처라는 사실이 그 증거이다. 이스라엘에 대한 공격에 앞서 이란 정부 관리와 하마스 및 헤즈볼라 지도자, 팔레스타인 이슬람 지하드는 말할 것도 없고 사우디와 이란 사이에 모종의 휴전을 이끌어내기 위한 중국의 외교적 개입이 테헤란에서 있었다는 사실도 마찬가지다.

중국은 여전히 명목상으로는 마르크스-레닌주의 공산주의 정권이고, 러시아는 피터 대제에 대한 일종의 제국주의 향수이며, 이란은 이슬람 시아파 신정국가이지만 모두 미국의 우위가 끝나기를 원한다.

많은 결함이 있는 팍스 아메리카나는 중국과 러시아의 유라시아 공동 번영 지대로 대체되기를 바랄 정도로 국제 질서가 나쁘지는 않았다.

그러나 미국의 경제력과 동맹을 기반으로 한 팍스 아메리카나는 2차 세계대전 종전 이후 그 어느 때보다 취약한 상태이다.

2차 냉전의 한 가지 흥미로운 점은 1차 냉전보다 더 빠르게 진행되고 있다는 점이다.

한국전쟁은 또 다른 냉전이라는 공감대가 형성되기도 전에 발발했다.

대만에 대한 쿠바 미사일 위기가 한국전쟁 종전 후 9년이 아닌 바로 코 앞에 닥칠지도 모른다. 젊은이들의 태도를 보면 1968년으로 거슬러 올라가면 내부에서 미국의 권력에 대한 엄청난 반발이 있었기 때문에 우리는 어떻게든 이미 1968년으로 돌아간 것 같다.

하버드 캠퍼스에서 호치민 지지를 외치던 사람들이 지금은 하마스를 지지하는 구호를 외치고 있다. 그 캠퍼스에는 항상 유용한 바보들이 많다.

패배의 결과

러시아, 이란, 중국이 소셜 미디어를 통해 반미 감정이나 반이스라엘 정서를 동원하는 것이 1차 냉전 때보다 더 쉬워졌다고 생각한다. 2차 냉전은 1차 냉전과 공통점이 많지만 경제적으로는 1차 냉전보다 훨씬 더 강해졌다. 러시아 대사관 앞에서 전쟁 반대와 러시아군 철수를 요구하는 시위를 벌이는 알렉세이 나발니를 위해 우크라이나 국기, 꽃, 촛불이 놓여 있다.

둘째, 저는 우리가 더 분열되어 있고 더 분열될 수 있다고 생각하며, 그런 의미에서 냉전 2차 대전에서 패배할 가능성이 높다. 우리는 패배가 어떤 의미인지 잘 모른다.

그리고 미국 젊은이들은 전혀 개념이 없다. 사실 미국 젊은이들은 자유에 대해 너무 안일하게 생각해서 지금은 기본적으로 자유에 반대하고 있는데, 이는 기괴하다.

우리가 패배하면 실제로 어떤 일이 벌어질지 조금 더 생각해 볼 필요가 있다.

대만 위기가 발생해 중국이 항공모함 두 척을 보냈는데, 중국이 두 항공모함을 침몰시키고 미국은 평화를 위해 소송을 제기하고 대만이 점령되고 시진핑이 타이베이에서 열병식을 한다고 상상해 보자.

퍼거슨이 말하는 서구에 대한 4대 위협[37]

　2023년 10월 12일 대담에서 역사학자이자 작가인 니얼 퍼거슨은 "나는 '연착륙' 이야기를 믿지 않는다"라고 말했다. 대담은 미국의 인기 인터넷 방송 At Barron's에 출연해 이뤄졌다.

앤디 서워　At Barron's에 오신 것을 환영한다. 저는 앤디 서워이며 역사학자이자 작가, 때로는 예후 예측가인 니얼 퍼거슨을 게스트로 모셨다.

앤디 길티　바로 본론으로 들어가서 지금 서구 사회의 가장 큰 위험이 무엇인가. 그리고 지난 1년여 동안 그러한 위험이 어떻게 변화했다고 생각하는지...

니얼 퍼거슨　좋은 질문이다. 저는 경제에 대한 안일함의 위험이 있다고 생각한다. 난 연착륙 이야기를 믿지 않는데, 실질 금리가 엄청나게 인상되었고 그 결과가 초래될 것이기 때문이다.

　내년 경기 침체 가능성은 시장 컨센서스보다 훨씬 더 높다고 생각한다.

　둘째, 미국 대선이라는 큰 정치적 리스크가 다가오고 있다. 그 위험은 민주당이 다른 나라 같으면 내년 1월 6일에 선거에 출마할 수 없는 도널드 트럼프 후보에 대해 매우 연로한 후보와 약한 러닝메이트를 내세우고 있다는 사실이다. 따라서 현재 트럼프가 직면한 모든 기소를 고려할 때 이것은 놀라운 잠재적 헌법 위기다.

　세 번째 위험은 미국에는 눈에 보이지 않고 마음에 들지 않는

37　THURSDAY, OCTOBER 12, 2023 10/12/2023 12:51:00 PMShare This Episode The 4 Biggest Threats to the West, According to Historian Ferguson

주요 사회 문제가 있다. 정신 건강 전염병이든 오피오이드 전염병이든, 미국에는 제가 걱정하는 매우 심각한 사회 문제가 많이 있다.

마지막으로 지정학적 문제다. 미국과 중국은 2차 냉전 상태에 있다. 모든 사람이 그 의미를 완전히 이해하지는 못했다고 생각하지만, 냉전 초기에는 열전의 위험이 상당히 컸고, 현재 가장 큰 위험은 아마도 그것이 과소평가되고 있는 것 같다.

앤디 서워 하나하나 자세히 살펴보고 싶다. 정치부터 시작하겠다. 조 바이든이 재선되면 어떻게 될까?

니얼 퍼거슨 지금은 그런 경우를 가정하지 않을 것이다. 나의 기본 가정은 경기 침체가 발생한다면, 즉 거리에서 생각하는 것보다 더 가능성이 높다고 생각한다면 그가 후보가 된다면 그가 패배할 것이다. 예비선거가 가까워질수록 많은 민주당원들이 유력한 공화당 후보인 도널드 트럼프에 비해 조 바이든이 얼마나 저조한 여론조사를 받고 있는지에 대해 상당히 심각하게 걱정할 것이다. 이 때문에 궁극적으로 그가 후보가 될지는 확신할 수 없다. 따라서 2024년에 다른 후보가 실제로 민주당 후보가 될 가능성도 배제할 수 없다. 경기 침체가 없다면 제가 틀렸고 바이든이 재선된다면 그는 자신이나 그의 행정부가 만든 모든 문제를 물려받는다. 특히 이 나라가 처한 엄청난 재정 위기를… 의회 예산국은 방금 계산을 해본 결과 올해 재정 적자가 불과 몇 달 전에 생각했던 것보다 훨씬 더 커질 것이라고 했다. 국내총생산의 8%에 달할 것으로 예상된다. 이는 완전 고용을 달성한 경제에 비하면 엄청난 적자 규모다. 그리고 많은 사람들이 이 뜨거운 경제가 계속되는 대규모 재정 확장으로 인해 뜨겁다는 사실을 충분히 인식하지 못하고 있다. 연준이 금리를 인상하고 인플레이션으로 인해 금리를 인상해야 했기 때문에 정부 차입 비용이 불과 몇 년 전보다 훨씬 높아졌기 때문에 이러한 상황이 무한정 지속될 수는 없다. 그래서 우리는 진짜 재정 문제에 직면해 있다. 2025년에 누가 대통령이 되든 매우 가혹한 현실과 맞서 싸워야 할 것이다. 예를 들어 보겠다. 미국은 대부분의 역사 동안 부채 상환보다 국방비에 더 많은 예산을 편안하게 지출해 왔다. 하지만, 이제는 더 이상 그렇지 않다. 올해 말에는 국방비보다 훨씬 더 많은 부채를 상환하거나 다소 더 많은 부채를 상환하게 될 것이 분명하다. 이는 중국과 지정학적으로 중요한 경쟁 관계에 있는 국가에겐 문제이다.

앤디 서워 　경제에 대해 몇 가지 질문이 더 있지만 도널드 트럼프가 승리하면 어떻게 될지...

니얼 퍼거슨 　도널드 트럼프가 승리한다면 2017년과는 매우 달라질 것이다. 많은 사람들이 당시 트럼프 행정부의 다소 혼란스러웠던 모습을 기억할 것이다. 트럼프가 승리할 것이라고는 전혀 예상하지 못했다. 사실 그들은 정부를 장악할 준비가 되어 있지 않았다. 즉흥적이었다.

돌이켜보면 상당히 혼란스러웠다. 또한 트럼프는 모든 부처와 기관에 배치된 인력이 안정적이지 않았고, 후버의 동료였던 짐 매티스, 맥마스터 보좌관과 같은 장군들이 가장 분명하게 연속성을 유지했다. 트럼프가 재선된다면 2기 트럼프 행정부는 매우 달라질 것이다.

첫째, 그들은 집권을 계획하고 있다. 미국 우선주의 싱크탱크의 트럼프 지지자들은 2017년에 보았던 것과는 매우 다른 계획을 가지고 있다.

둘째, 그 계획에는 기성 정치인들이 포함되지 않는다. 따라서 트럼프 1기의 특징이었던 제한적인 영향력은 없을 것이다. 1기와는 전혀 다를 것이다. 그리고 인사가 매우 달라질 것으로 예상한다. 그리고 그들의 우선 순위는 많은 사람들에게 충격으로 다가올 것이다.

셋째, 트럼프는 보호무역주의로 돌아갈 것이다. 그는 여전히 관세에 대한 확고한 신봉자다. 관세에서 다소 멀어지긴 했지만 사라지지는 않았다. 최근 그의 무역 대표였던 로버트 라이트하이저에게 물어봤다. 그는 최근 전기를 출간했다. 그는 트럼프가 2020년에 당선되었다면 어떻게 했을 것이라고 생각했을까? 그의 대답은 "관세를 올리겠다"였다. 그래서 저는 보호주의 전략으로 돌아갈 것이라고 생각한다. 그리고 다른 하나는 법무부를 숙청하고 관료주의를 숙청하고 트럼프 대통령과 그의 보좌관들이 첫 임기 동안 매번 그를 방해했다고 생각하는 모든 반트럼프 요소의 늪을 제거하는 것이 최우선 순위가 될 것이다. 트럼프가 재선된다면 2017년과 2025년은 매우 다른 시나리오가 될 것이다.

앤디 서워   만약 니얼 퍼거슨이 내기를 하는 사람이라면 무엇에 베팅할까?

니얼 퍼거슨 핵심적인 질문은 경기 침체가 있느냐 없느냐다. 불황이 오면 공화당 후보가 누가 되든 당선될 가능성이 높다. 지난 100년 동안 불황 이후 재선에 성공한 사람은 아무도 없었기 때문이다. 1924년 캘빈 쿨리지가 마지막으로 재선에 성공한 사람이었다. 경기 침체를 바로 뒤에 두고 재선에 도전한 다른 모든 사람들은 모두 실패했다. 지금 조 바이든의 지지율을 보면 제럴드 포드가 대통령 재임 당시의 지지율과 비슷하다. 조지 HW 부시가 대통령 재임 중 이 시기의 지지율과 비슷하다. 따라서 경기 침체가 발생한다면, 제가 생각하기에 여론보다 더 가능성이 높다고 생각한다면 조 바이든이 재선되기는 정말 어려울 것이다. 실제로 공화당 후보를 꼽아보면 도널드 트럼프가 될 것 같지만 당선 확률은 60%에 가까울 것 같다. 아직 많은 사람들이 그 확률을 계산하지 않은 것 같다.

앤디 서워   바이든 행정부의 정책에서 비롯된 몇 가지 경제 문제에 대해 말씀하셨다. 주로 연방준비제도이사회 정책, 즉 시장에 돈을 풀거나 양적 완화, 즉 A와 B, 금리 인하, 첫 번째 때문이 아닌가 싶다. 그리고 두 번째는 높은 재정 적자가 문제라고 말했다. 사람들이 항상 그렇게 말하지 않나, 니얼?

니얼 퍼거슨 글쎄, 2021년 초로 거슬러 올라가면 래리 서머스 등 소수의 사람들이 인플레이션이 발생하고 있다고 주장했다. 당시 제 생각도 그랬다. 저는 블룸버그에 이 글을 썼다. 그리고 워싱턴포스트에 실린 래리 서머스의 원고를 읽어보면 재정 정책에 관한 내용이었다. 그는 통화 정책에 대해서는 거의 언급하지 않다. 그리고 경기 부양책을 계속했기 때문에 엄청난 재정 초과 지출이 있었다고 올바른 분석했다. 경제가 회복되고 나서...우리는 백신을 가지고 있었다. 팬데믹은 끝나지 않았지만, 매우 효과적인 백신이 나오면 종식이 임박했다는 것은 분명했다. 그리고 연준은 이를 수용했다. 실제로 연준은 21년과 22년에 재무부가 발행한 신규 부채의 상당 부분을 수용했다. 그리고 계속 진행되었다. 인플레이션 충격을 알리는 빨간불이 깜박이는데도 불구하고 2022년까지 통화정책 기조에 변화가 없었다는 사실을 기억해야 한다. 그래서 작년 중반에 9%의 인플레이션을 기록한 것은 재정 정책과 통화 정책의 실패가 복합적으로 작용한 결과다. 물론 그 이후 인플레이션은 하락했지만 이는 통화 정책을 상당히 긴축했기 때문이다. 그리고 금리가 올라간 방식과 인플레이션을 조정하는 방식만 보면 폴 볼커 시대 이후 실질 차입 비용이 가장 많이 증가했다. 따라서 이런 통화 긴축을 보려면 40년 전으로 거슬러 올라가야 합니다(사실 40년이 조금 넘었다). 폴 볼커 당시보다 훨씬 더 레버리지가 높은 경제에 전혀 영향을 미치지 않을 것이라는 생각이 들었다. 믿을 수 없다. 그래서 저는 현재 미국의 경제 강세 분위기에는 어떤 환상이 있다고 생각한다.

앤디 서워 요즘 영국에 있다. 다른 나라에서는 지금 미국에 대해 어떻게 생각하고 있으며 어떻게 변했나?

니얼 퍼거슨 좋은 질문이다. 후버 연구소에서 1년 동안 휴가를 나와 영국에 있는데, 제가 보기에 영국 사람들은 미국 정치에 대해 한국 사람들보다 더 걱정하고 있는 것 같아서 흥미롭다. 일반적으로 유럽에서도 마찬가지다. 저는 지난 주말 키예프에 있었는데 도널드 트럼프가 재선되면 우크라이나에 대한 지원을 중단할 것이라는 우려가 크다. 이는 모든 유럽인들이 걱정하는 부분이다. 유럽인들은 우크라이나의 대러시아 전쟁 노력에 대한 헌신을 정말로 강화했지만 미국이 없으면 유럽 혼자서 전쟁 노력을 지속하기가 매우 어려울 것이라는 것을 알고 있다. 그래서 내년 미국 대선에서 어떤 일이 벌어질지 불안해하고 있다. 다른 한편으로는 일종의 부러움이 있는데, 그 부러움은 미국 경제 성장, 미국 경제의 역동성을 향한 것이다. 유럽에는 기본적으로 인공지능이 없고 영국에는 거의 없기 때문에 모두 인공지능에 대한 부러움을 가지고 있다. 그래서 이상한 분기점이다. 사람들은 미국 정치에 대해 걱정하면서도 미국 경제에 대해 부러워하고 있다.

앤디 서워   세계주의와 자유민주주의가 영구적으로 쇠퇴하고 있는 것일
까, 아니면 우리가 겪고 있는 일시적인 현상일까?

니얼 퍼거슨 최근 들어 세계화가 죽었다는 말이 자주 나오고 있다. 사실 국
제 무역과 자본 흐름의 회복력을 보면 세계화는 그렇게 죽은
것이 아니다. 글로벌 금융위기 이전인 2007년을 정점으로 약
간 주춤한 상태이다. 하지만 1929년 이후와 같은 세계화의 거
대한 후퇴를 보고 있지는 않다. 사람들이 미국과 중국의 디커
플링에 대해 이야기할 때 저는 애플이 하드웨어의 100%가 아
니라 80%를 중국에서 생산한다는 뜻이냐고 묻는다. 80%는 여
전히 상당히 큰 숫자이기 때문이다. 미국의 대중국 무역 적자
는 여전히 막대하다. 미국의 중국과의 무역은 여전히 거대하
다. 따라서 실제로 일어나고 있는 일은 세계화의 형태가 변화
하고 있으며 다양한 요인에 따라 변화하고 있고, 그 중 일부는
의식적으로 변화하고 있다는 것이다. 미국 정부가 의식적으로
중국에 대한 노출을 줄이려고 노력하는 것처럼, 공급망도 의식
적으로 중국에서 멀어지고 있다. 하지만 어차피 일어날 수 있
는 다른 일들도 있다. 중국의 인건비가 더 이상 매력적이지 않
다는 사실, 멕시코의 대미 무역이 중국을 추월한 데에는 다 이
유가 있다. 가깝고 실제로 꽤 경쟁력이 있다. 어차피 일어났을
정책적 변화와 구조적 변화의 조합이지만, 그 변화의 정도를
과장해서는 안 된다. 미국 기업이 중국이 아닌 베트남이나 멕
시코에서 제조하는 것도 여전히 글로벌화다. 미국에서 마이크
로칩을 만드는 것이 훨씬 더 비싸기 때문에 어떻게든 모든 제
조업을 미국으로 다시 가져올 수 있다는 생각은 그다지 그럴듯
하지 않다.

앤디 서워   중국에 대한 좋은 단서이다. 중국과의 관계는 얼마나 나쁘고

시진핑은 얼마나 나쁜 지도자인가, 아니면 좋은 지도자인가?

니얼 퍼거슨 하나하나 짚어보겠다. 양국 관계는 좋은 상태가 아니다. 얼마 전까지만 해도 바이든 대통령이 완전한 히로시마에 대해 이야기했지만, 그의 행정부 구성원들이 중국을 방문한 것은 실제로 잘 진행되지 않았고, 실제로 많은 것을 얻지 못했고, 미국이 인도 태평양에서 중국을 확고하게 2위로 유지하기 위해 고안된 의식적인 기술 및 경제 봉쇄 정책을 추구하고 있다는 베이징의 정서를 바꾸지 못했다. 따라서 시진핑 주석과 중국 공산당 고위 인사들의 말을 들어보면 양국 관계는 좋지 않으며, 이번 방중을 통해 관계가 개선되었다고 생각하지 않는다.

시 주석은 두 가지 이유로 중국에 좋지 않은 영향을 미쳤다고 생각합니다.

첫째, 명시적으로 전략적인… 미국과의 동등 또는 평등을 명시적으로 말하는 것은 어리석은 일이라고 생각한다. 그것은 경고를 보내는 것과 같다. 덩샤오핑 이후 이전 중국 지도자들이 피했던 일이다. 그들은 일종의 불빛을 숨기고 있었던 것이다.

두 번째로 더 큰 피해를 준 것은 시 주석이 중국 경제에 끼친 영향이라고 생각한다. 시진핑은 여러 면에서 마르크스-레닌주의 신봉자로서 경제, 사회, 심지어 학계까지 중국공산당의 권력을 재확인했다. 12년 전 제가 정기적으로 방문하던 중국과는 매우 다른 중국이다. 표현의 자유가 훨씬 덜 자유롭고 경제적으로도 역동적이지 않은데, 이는 거대 기술 기업들이 지배하고 있었기 때문이다. 마윈은 시진핑에 의해 본질적으로 낮아졌다. 그리고 중국 경제의 약 29% 또는 30%를 차지하던 거대 부동산 부문이 위기에 처했다. 그래서 저는 시진핑이 정치 지도자이자 경제 지도자로서 중국을 매우 위험한 수렁으로 이끌고 있다고 생각한다.

앤디 서워 블라디미르 푸틴에 대해 얼마나 우려해야 할까? 어떤 사람들은 미국에게는 그다지 큰 문제가 아니라고 말한다. 다른 사람들은 치명적인 적이라고 말한다.

니얼 퍼거슨 우크라이나 국민의 관점에서 볼 때 그는 매달 수많은 우크라이나 군인과 민간인을 죽이고 있는 숙적이다. 방금 키예프에서 돌아왔다. 제가 그곳에 있기 전후로 공습이 있었고, 그곳에서 복무하던 군인들이 최전선에서 받은 보고는 매우 암울했다. 이것은 매우 피비린내 나는 전쟁이며 프리고진 반란 당시 러시아 군대가 무너지기를 바랐던 사람이라면 누구나 실망했을 것이다. 그들은 땅을 파고 지뢰밭을 설치했다. 그들은 우크라이나 남부에 있는 영토를 거의 난공불락의 방어선을 구축했다. 그리고 진실은 올 여름(2023년) 우크라이나의 공세가 젤렌스키 대통령이 기대했던 것과 같은 성과를 거두지 못했다는 것이다. 그게 미국에게 중요할까? 일면에서는 그렇지 않다. 전쟁은 아직 멀었고 전투를 벌이고 있는 것은 미군이 아니니까. 문제는 우리가 우크라이나를 지원했다는 것이다. 재정적으로, 무기로만 지원한 것이 아니라 공개적으로, 도덕적으로 우크라이나를 지원했다. 그리고 약 일주일 전 키예프에서 블링컨 국무장관이 말했듯이 우리는 필요한 만큼 그곳에 있을 것이라고 말했지만 그것은 오랜 시간이 될 수 있다. 주말에 키예프를 방문한 한 독일 장군은 독일의 계획이 2032년까지라고 말했다. 이는 미국 사람들이 생각하는 것보다 훨씬 더 긴 전쟁이다. 따라서 단기적으로 문제는 우리가 끝이 분명하지 않은 전쟁에 갇혀 있다는 것이며, 조 바이든이 예상했던 것보다 더 오래 이 전쟁을 구매할 것이라는 것을 의미한다.

하지만 더 큰 문제는 푸틴이 시진핑과 긴밀하게 동맹을 맺고 있다는 점이다. 이는 중국 지도자에게 매우 중요한 파트너십이다. 중국은 러시아가 이 전쟁에서 패배하도록 내버려두지 않을 것이다. 따라서 우크라이나 전쟁을 고립된 상태로만 볼 수는 없다. 미국과 유럽 및 기타 동맹국이 우크라이나를 지원하고 중국과 이란이 러시아를 지원하는 더 광범위한 지정학적 투쟁의 일부이다. 이는 사실 상당히 우려스러운 상황입니다. 유럽이나 동유럽의 전쟁이 아니라 제2차 냉전의 첫 번째 뜨거운 전쟁이라고 생각할 수 있다.

그런 의미에서 푸틴은 동유럽뿐만 아니라 중동과 잠재적으로 대만의 경우처럼 극동 지역에서 미국에 도전할 중국, 러시아, 이란으로 구성된 일종의 축의 위협, 즉 더 광범위한 위협의 일부라고 생각한다.

앤디 서워　　마지막 질문이다, 니얼, 세상에 옳은 일은 무엇일까?

니얼 퍼거슨　러시아 군대가 갑자기 풀려나 누워서 죽고 우크라이나가 전쟁에서 승리하면 좋겠다. 하지만 1년 전 러시아군이 하르키우와 헤르손에서 도주하던 때보다 가능성이 낮아진 것 같다. 그렇게 되면 좋겠지만 아직은 기대하지 않고 있다. 중국의 경제 문제가 러시아의 정치적 위기로 이어지면 좋겠다. 시진핑이 일당 독재를 재확인하려는 시도는 중국뿐만 아니라 전 세계에 위험하다고 생각하기 때문이다. 그래서 변화를 기대할 수 있다. 그리고 저는 냉전에 대해 낙관적이다. 냉전을 많이 겪어보지는 못했지만 지난 냉전들을 보면 자유와 민주주의를 믿는 사회가 그 반대를 믿는 사회보다 더 역동적인 경향이 있다. 따라서 궁극적으로 일어날 일은 일당 정부의 문제와 병리가 드러나고 중국의 성장률이 둔화되고 위협이 줄어들고 아마도 리더십이 바뀔 것이라고 생각한다. 그리고 또 무엇이 옳을 수 있을까? 현재 기술 영역에서 일어나고 있는 모든 일들, 특히 인공지능의 획기적인 발전이 미국 경제에 정말 좋은 것으로 판명될 수도 있다. 어쩌면 우리 모두가 면접 등을 준비하기 위해 ChatGPT를 사용하기 시작하면서 엄청난 생산성 충격이 올 수도 있다. 그리고 그 다음에는 미국 경제가 예상보다 높은 성장률을 달성하고 제가 걱정했던 모든 것들이 허상에 불과한 것으로 밝혀질 수도 있다.

그래서 낙관적인 낙관론이 생겼다.

앤디 서워   마지막으로 시간 내주셔서 정말 감사하다.

니얼 퍼거슨 고마워요, 앤디.

앤디 서워   여기는 배런스이다. 앤디 서워이다. 다음에 뵙겠다. At Barron's의 제작진은 Elia Malidu, Rebecca Bisdale, Kinga Royjack, Joe Lusby, Laura Salibury이다. 총괄 프로듀서는 크리스틴 벨스트롬과 멜리사 해거티입니다. 다음 주에 새로운 에피소드로 돌아오겠습니다.

에필로그

이 글을 쓰는 도중에 민주당 대선 후보가 조 바이든 대통령에서 해리스 부통령으로 바뀌었다.

하지만, 트럼프 승리라는 구도는 변화가 없을 것이다.

현재 미국의 대도시 가운데 LA나 뉴욕, 특히 워싱턴의 경우 밤거리를 걷기가 매우 두려운 나라가 되었다. 민주당 정권의 정책이 잘못되었다기 보다도, 미국사회가 다민족 다인종 사회에다 갖가지 이민족이 들어와 뒤섞이면서 혼란이 가중되기 때문이다.

이런 혼란한 사회에서는 자유 민주적 가치 또는 인권을 들먹이기 보다는 사회 안정적인 지도자가 나타나 우선 안정적이고 편안한 삶의 여건을 만들어야 국민들이 편안해진다.

필자가 사는 버지니아 외곽 아난데일은 비교적 평온한 시골도시이지만, 밤거리를 나가는 것이 꺼려진다. 미국민 가운데 중산층 이하 사람들은 먹고 사는 문제보다도 정신적으로 방황하면서, 마약에서 위안을 찾는 구하는 경우가 다반사이다. 마약 거래가 불법이지만, 암암리에 누구나 마약에 한번쯤 접해본 사람들이 대부분이다. 그만큼 정신적 황폐해지고 있다는 말이다.

본인은 자유민주 인권적 가치를 존중하는 의사이지만, 먼저 사회적 안정이 우선이라고 생각한다. 그래서 트럼프의 정책에 좀 더 다가가 있다. 그렇다고 이 글을 트럼프를 위한 것이라고 보지 않는다. 미국의 현실을 깊이 이해하자는 점에서 이 책을 썼다.

해리스 부통령이 8월초부터 트럼프 지지율을 앞서고 있다고 미국 언론들은 떠들고 있다. 그러나, 컨벤션 효과가 끝나면 다시 트럼프 지지율이 앞설 것이다. 미국 사람들은 경제도 경제이지만, 편안한 생활 여건을 갈망하고 있다. 이 책을 통해 미국 사람들의 갈망을 대변해주고 싶다.

특히 젊은이들은 향후 디지털 경제로 도약하는 미국의 현실을 제대로 이해할 필요가 있다. 돈 벌 기회는 먼저 아는 사람에게 다가오게 마련이다. 트럼프는 미국 우선주의를 내세우며, 디지털 경제의 선도자로 미국을 이끌고자 하는 인물이다. 조만간 김정은과 만남도 고대하고 있다. 향후 동아시아 특히 한반도를 둘러싸고 트럼프의 정책이 어떻게 펼쳐질지 가슴 두근거리면서 지켜볼 것이다.

트럼프혁명 암호화폐

초판 1쇄 인쇄 2024년 8월 6일
초판 1쇄 발행 2024년 8월 9일

지은이   한정환·정승욱
편집 번역   정승욱
펴낸곳   쇼팽의 서재
편집디자인   송혜근
표지디자인   정예슬

출판등록   2011년 10월 12일 제2021- 000253호
주소   서울 강남구 역삼동 613- 14
도서문의 및   jswook843100@naver.com
원고모집   j44776002@gmail.com
인쇄 제본   예림인쇄
배본 발송   출판물류 비상
ISBN   979-11-981869-7-3 03320

정가 21,000원